Conhecendo
a Deus

Publicações
Pão Diário

Conhecendo a Deus

UM ANO DE LEITURAS BÍBLICAS SOBRE O CARÁTER DE DEUS

Joel Armstrong

Editor-geral

Originally published in the USA under the title:
Know Him: A Year of Daily Bible Readings on the Character of God
© 2023 by Our Daily Bread
All rights reserved.

Coordenação editorial: Adolfo A. Hickmann
Tradução: Lozane Winter
Revisão: Adolfo A. Hickmann, Giovana Caetano
Capa: Audrey Novac Ribeiro
Projeto gráfico: Darren Welch
Diagramação: Audrey Novac Ribeiro

Dados internacionais de Catalogação na Publicação (CIP)

ARMSTRONG, Joel (Editor-geral)
Conhecendo a Deus — Um ano de leituras bíblicas sobre o caráter de Deus
Tradução: Lozane Winter — Curitiba/PR, Publicações Pão Diário
Título original em inglês: *Know Him: A Year of Daily Bible Readings on the Character of God*
1. Devocional   2. Bíblia   3. Vida cristã   4. Fé

Exceto quando indicado no texto, os trechos bíblicos mencionados são da edição Nova Almeida Atualizada (NAA) © 2017 Sociedade Bíblica do Brasil.

Proibida a reprodução total ou parcial sem prévia autorização, por escrito, da editora.

Todos os direitos reservados e protegidos pela Lei 9.610, de 19/02/1998. Permissão para reprodução: permissao@paodiario.org.

Publicações Pão Diário
Caixa Postal 9740
82620-981 Curitiba/PR, Brasil
publicacoes@paodiario.org
www.publicacoespaodiario.com.br
Telefone: (41) 3257-4028

Código: YJ142
ISBN: 978-65-5350-389-2

1.ª edição: 2024
Impresso na China

SUMÁRIO

Introdução | 7

Janeiro — Sábio | 10

Fevereiro — Santo | 43

Março — Misericordioso | 74

Abril — Fiel | 107

Maio — Transcendente | 139

Junho — Trino | 172

Julho — Criativo | 203

Agosto — Glorioso | 237

Setembro — Justo | 270

Outubro — Verdadeiro | 302

Novembro — Bom | 335

Dezembro — Amor | 367

INTRODUÇÃO
Avançando em conhecer a Deus

A Bíblia, do início ao fim, apresenta Deus para nós. Suas páginas revelam — por meio das ações, palavras e relacionamentos do Senhor — quem Ele é.

"No princípio, Deus criou os céus e a terra" (Gênesis 1:1). Desde a primeira página do Livro de Deus, já podemos perceber o quanto Ele é criativo, soberano sobre o Céu e a Terra e extremamente poderoso, pois Ele chama à existência um vasto exército de estrelas bem como um pequenino peixe usando apenas poucas palavras.

"E vi novo céu e nova terra, pois o primeiro céu e a primeira terra passaram [...]. E aquele que estava sentado no trono disse: —Eis que faço novas todas as coisas..." (Apocalipse 21:1,5). Até o final, Deus continuará manifestando a si mesmo sendo a mesma pessoa que Ele sempre foi: o verdadeiro Rei do mundo, fiel para com o Seu povo e Suas promessas, Aquele que jamais deixará de criar coisas novas.

Hoje em dia, existem muitas coisas que esperamos encontrar nas páginas da Bíblia. Talvez estejamos procurando pessoalmente por um aperfeiçoamento espiritual, visto que nossos líderes dizem que devemos lê-la. Ou estejamos buscando por alívio devido a algum sentimento de culpa, embora não sejamos culpados. Quem sabe, desejamos aquela sensação de aprovação, que sempre nos invade, quando contamos a um amigo que lemos a Bíblia hoje pela manhã.

Nossas razões para ler as Escrituras são frequentemente baseadas no que temos dito que a Bíblia *é*: um mapa que nos orienta a percorrer a estrada da vida; uma bússola moral para guiar as decisões que fazemos; um manual de bolso com instruções para todas as nossas questões espirituais.

Um questionamento válido é este: Como Jesus, o próprio Deus "que se fez carne e habitou entre nós" (João 1:14), abordou as Escrituras? No início de Seu ministério terreno, Jesus leu, em Isaías, que curas miraculosas aconteceriam, que os oprimidos seriam libertos e que as boas-novas seriam anunciadas aos pobres. Ao terminar de ler essas profecias, Ele afirmou: "Hoje se cumpriu a Escritura que vocês acabam de ouvir" (Lucas 4:21). As Escrituras discorrem sobre Jesus, sobre Seu justo caráter e sobre Sua obra de redenção. Depois de Ele ressuscitar dentre os mortos, Jesus apareceu a dois de Seus discípulos que lutavam para entender o que tinha acontecido com Ele: Sua morte brutal sobre a cruz. Então, para elucidar o propósito de Sua morte e de Sua ressurreição, o Senhor se voltou novamente para Bíblia: "E, começando por Moisés e todos Profetas, explicou-lhes o que constava a respeito dele em todas as Escrituras" (Lucas 24:27). Jesus olhou para as Escrituras a fim de revelar a Sua Pessoa.

Quaisquer que tenham sido as nossas expectativas anteriores sobre a Bíblia, este é o tempo de buscar que ela fale conosco sobre quem Deus é. Ao percorrermos as páginas das Escrituras, encontraremos uma representação complexa, profunda e, às vezes, indescritível de Deus. Ele é amor. Ele é totalmente santo. Ele está aqui e em todo lugar ao mesmo tempo. Ele é três em um. Ele é íntegro e justo, misericordioso, fiel e onisciente. Ele tornou-se um ser humano, mas Ele é infinito, para além da nossa compreensão, impossível de ser completamente descrito por qualquer meio de registros, pois "penso que nem no mundo inteiro caberiam os livros que seriam escritos" (João 21:25).

No entanto, ansiamos conhecer essa Pessoa que nos criou, que nos amou e nos redimiu. Mesmo que palavras como *Eterno* e *Santo* não consigam abarcar tudo que Deus é, elas são ferramentas que Ele mesmo nos deu para entendê-lo. Então, neste ano de leituras bíblicas, todos os dias de cada mês, aprenderemos sobre os atributos de Deus revelados em Sua Palavra: Sua glória, transcendência, verdade e muito mais. Leremos diariamente passagens de Salmos, de livros do Antigo e do Novo Testamento para aprofundar nosso conhecimento sobre o Senhor.

Enquanto preparava a proposta deste devocional — *Conhecendo a Deus* — eu prontamente questionei: Por onde devo começar? Com o apóstolo João que fez esta célebre declaração: "Deus é amor" (1 João 4:8)? Ou com as primeiras palavras proferidas na criação, quando Deus revela a si mesmo como a fonte de toda a nossa criatividade? Sem sombra de dúvida, há muitos e excelentes pontos de partida na Bíblia. No entanto, como iniciei mapeando os atributos de Deus, pensando em distribuí-los nos meses do ano, considerei como as épocas do nosso calendário cristão realçam diferentes aspectos do caráter do Senhor. Por exemplo, durante o Natal, saboreamos o amor de Deus, Seu imanente desejo de ser "Deus conosco" (Mateus 1:23). Durante a Quaresma, nos dias que antecedem a Páscoa, relembramos a misericórdia de Deus, visto que o "Senhor é compassivo e bondoso; tardio em irar-se" (Salmo 103:8) conosco por conta dos nossos pecados. Por ocasião da Epifania[1] vemos a sabedoria de Deus em trazer salvação para todas as nações (veja Mateus 2:10-11), e em celebrar a

Transfiguração (veja Marcos 9:2-7) nos deparamos com a glória revelada de Deus. Enfim, quer seja parte ou não da tradição de sua igreja observar o Advento, o Pentecostes, ou a Ascensão de Cristo, uma coisa é certa: esses acontecimentos registrados no Novo Testamento nos indicam facetas distintas da Pessoa de Deus. Logo, os trechos bíblicos que compõem as leituras deste devocional se dispõem a isso também.

Bem, *não* necessariamente facetas distintas da Pessoa de Deus! Obviamente existem diferenças entre o amor de Deus e Sua santidade; porém, ao estudarmos Seu amor, veremos que há uma conexão entre esses dois atributos. Inclusive, nem podemos falar sobre a santidade de Deus sem descrever como Ele é totalmente diferente de todos os seres com quem Ele se relaciona em amor. Assim, ao passarmos este ano examinando o caráter de Deus, retornaremos a aspectos relacionados a quem Ele é e experienciaremos a rica sobreposição entre Seus traços de *fidelidade, justiça, misericórdia* e demais. Deus não é contraditório e todos os Seus atributos se ajustam perfeitamente como um todo.

Cada bloco de leituras diárias é curto e fácil de assimilar em poucos minutos. Oro para que as verdades bíblicas aqui expostas permaneçam com você durante os dias, as semanas e os meses enquanto percorre as páginas da Bíblia. Que à medida que for acumulando esse aprendizado, uma completa e perfeita imagem do nosso grande Deus seja gerada para você a partir das Escrituras. Que antes de tudo, você cresça "na graça e no conhecimento de nosso Senhor e Salvador Jesus Cristo. A ele seja a glória, tanto agora como no dia eterno" (2 Pedro 3:18).

JOEL ARMSTRONG, Editor-geral

---

[1] Epifania, em maiúsculo, faz referência à primeira manifestação de Cristo aos gentios, na ocasião em que os reis magos, após o Seu nascimento, foram visitá-lo e o presentearam. É também o nome de uma festa religiosa em que se comemora o batismo de Cristo e as bodas de Caná.

JANEIRO

Sábio

Ó, sabedoria ilimitada, Deus poderoso,
Criador de tudo, nosso Pai tão bondoso.
Dos céus, as águas oceânicas separaste,
E, ao firmamento, um limite colocaste.

As enchentes acima ordenaste,

As de baixo restringiste,

Para que a umidade o calor atenuasse,

E a Terra, em sequidão, não se destruísse.

Aos que procuram a Tua face,

Derrama as águas da Tua bondade.

Renova a fonte da vida em nós,

Extingue a chama do pecado atroz.

Permite que a fé encontre a Luz

Que, em meio à noite escura, conduz.

Para além das brumas da falsidade,

Encontre-se o caminho da Tua verdade.

Ó Pai, atende o nosso canto,

Por meio do Teu Filho santo,

Que, contigo e com o Espírito fiel,

Vive e reina eternamente no Céu.

Ó Deus altíssimo (Tradução livre)
Autor desconhecido — Escrito em latim no século 6.º d.C.

JANEIRO 1

A sabedoria de Deus manifesta na criação

SALMO 104:24-25

    Que variedade, Senhor, nas tuas obras! Fizeste todas elas com sabedoria; a terra está cheia das tuas riquezas.

    Eis o mar vasto, imenso, no qual se movem seres sem conta, animais pequenos e grandes.

JEREMIAS 10:12-13

    O Senhor fez a terra pelo seu poder. Com a sua sabedoria, estabeleceu o mundo; e, com a sua inteligência, estendeu os céus. Quando ele faz soar a sua voz, logo há tumulto de águas no céu, e nuvens sobem das extremidades da terra. Ele cria os relâmpagos para a chuva e dos seus depósitos faz sair o vento.

ROMANOS 11:33-36

    Ó profundidade da riqueza, tanto da sabedoria como do conhecimento de Deus! Quão inexplicáveis são os seus juízos, e quão insondáveis são os seus caminhos!

    "Pois quem conheceu a mente do Senhor? Ou quem foi o seu conselheiro? Ou quem primeiro deu alguma coisa a Deus para que isso lhe seja restituído?"

    Porque dele, e por meio dele, e para ele são todas as coisas. A ele seja a glória para sempre. Amém!

O que na natureza, dentre todas as coisas criadas por Deus, manifesta a sabedoria dele a você? Ore e agradeça ao Senhor pelo estupendo entendimento que Ele tem.

JANEIRO 2

A sabedoria de Deus revelada em Suas obras

SALMO 111:7-8,10

As obras de suas mãos são verdade e justiça; fiéis são todos os seus preceitos. Estáveis são eles para todo o sempre, instituídos em fidelidade e retidão. [...]
O temor do SENHOR é o princípio da sabedoria; revelam prudência todos os que o praticam. O seu louvor permanece para sempre.

JÓ 28:25-28

Quando Deus [...] determinou leis para a chuva e caminho para o relâmpago dos trovões, então ele viu a sabedoria e a manifestou; estabeleceu-a e também a examinou. E disse ao ser humano: "Eis que o temor do Senhor é a sabedoria, e afastar-se do mal é o entendimento".

1 CORÍNTIOS 2:7,9-10

Pelo contrário, transmitimos a sabedoria de Deus em mistério, a sabedoria que estava oculta e que Deus predeterminou desde a eternidade para a nossa glória. [...]
Mas, como está escrito:
"Nem olhos viram, nem ouvidos ouviram, nem jamais penetrou em coração humano o que Deus tem preparado para aqueles que o amam".
Deus, porém, revelou isso a nós por meio do Espírito. Porque o Espírito sonda todas as coisas, até mesmo as profundezas de Deus.

Senhor, agradeço-te por revelares Tua sabedoria por meio de Tuas grandiosas obras e gloriosos propósitos. Ensina-me o temor do Senhor — maravilhamento e reverência por ti. Em nome de Jesus. Amém!

JANEIRO 3

A sabedoria de Deus em Seus caminhos

SALMO 19:7-9

A lei do Senhor é perfeita e restaura a alma; o testemunho do Senhor é fiel e dá sabedoria aos simples.

Os preceitos do Senhor são retos e alegram o coração; o mandamento do Senhor é puro e ilumina os olhos.

O temor do Senhor é límpido e permanece para sempre; os juízos do Senhor são verdadeiros e todos igualmente, justos.

PROVÉRBIOS 3:5-7

Confie no Senhor de todo o seu coração e não se apoie no seu próprio entendimento.
Reconheça o Senhor em todos os seus caminhos, e ele endireitará as suas veredas.

Não seja sábio aos seus próprios olhos; tema o Senhor e afaste-se do mal.

TIAGO 3:17-18

Mas a sabedoria lá do alto é, primeiramente, pura; depois, pacífica, gentil, amigável, cheia de misericórdia e de bons frutos, imparcial, sem fingimento. Ora, é em paz que se semeia o fruto da justiça, para os que promovem a paz.

A sabedoria de Deus é pura, pacificadora, atenciosa, misericordiosa, frutífera, imparcial e sincera.

JANEIRO 4

A sabedoria de Deus e a "sabedoria" do mundo

SALMO 49:3,5-6

Os meus lábios falarão sabedoria, e o meu coração terá pensamentos profundos. [...]

Por que temerei nos dias maus, quando me cercar a iniquidade dos que me perseguem, dos que confiam nos seus bens e se gloriam na sua muita riqueza?

JÓ 12:13,17,21

Com Deus estão a sabedoria e a força; ele tem conselho e entendimento. [...]
Ele leva os conselheiros embora, descalços, e faz os juízes de tolos. [...]
Lança desprezo sobre os príncipes e afrouxa o cinto dos fortes.

1 CORÍNTIOS 1:21-23,30

Visto que, na sabedoria de Deus, o mundo não o conheceu por sua própria sabedoria, Deus achou por bem salvar os que creem por meio da loucura da pregação. Porque os judeus pedem sinais e os gregos buscam sabedoria, mas nós pregamos o Cristo crucificado, escândalo para os judeus, loucura para os gentios. [...]
Mas vocês são dele, em Cristo Jesus, o qual se tornou para nós, da parte de Deus, sabedoria, justiça, santificação e redenção.

Em que área da sua vida você tem confiado na sabedoria do mundo, e não na de Deus? Converse com o Senhor sobre isso; peça a Ele que abra seus olhos para os Seus caminhos e derrame a sabedoria dele sobre sua vida.

JANEIRO 5

A sabedoria de Deus e o nosso pecado

SALMO 51:3,5-6

Pois eu conheço as minhas transgressões, e o meu pecado está sempre diante de mim. […]
Eu nasci na iniquidade, e em pecado me concebeu a minha mãe.
Eis que te agradas da verdade no íntimo e no oculto me fazes conhecer a sabedoria.

JÓ 9:2-4

Na verdade, sei que assim é; porque, como pode o mortal ser justo diante de Deus?
Se quiser discutir com ele, nem a uma de mil coisas lhe poderá responder.
Ele é sábio de coração e grande em poder; quem ousou desafiá-lo e sobreviveu?

TIAGO 3:14-16

Se, pelo contrário, vocês têm em seu coração inveja amargurada e sentimento de rivalidade, não se gloriem disso, nem mintam contra a verdade. Esta não é a sabedoria que desce lá do alto; pelo contrário, é terrena, animal e demoníaca. Pois, onde há inveja e rivalidade, aí há confusão e toda espécie de coisas ruins.

Senhor, eu conheço os lugares em meu coração onde luto contra inveja, amargura e ambição egoísta. Por favor, ensina-me a Tua sabedoria para que eu vença essas coisas. Em nome de Jesus. Amém!

JANEIRO 6

O convite à sabedoria de Deus

SALMO 90:10,12

Os dias da nossa vida sobem a setenta anos ou, em havendo vigor, a oitenta; neste caso, o melhor deles é canseira e enfado, porque tudo passa rapidamente, e nós voamos. […]
Ensina-nos a contar os nossos dias, para que alcancemos coração sábio.

PROVÉRBIOS 1:20,22-23

A Sabedoria grita nas ruas; nas praças, levanta a sua voz. […]
Até quando vocês, ingênuos, amarão a ingenuidade? E vocês, zombadores, até quando terão prazer na zombaria? E vocês, tolos, até quando odiarão o conhecimento? Deem ouvidos à minha repreensão; eis que derramarei o meu espírito sobre vocês e lhes darei a conhecer as minhas palavras.

EFÉSIOS 3:10-12

E isso para que agora, pela igreja, a multiforme sabedoria de Deus se torne conhecida dos principados e das potestades nas regiões celestiais, segundo o eterno propósito que Deus estabeleceu em Cristo Jesus, nosso Senhor. Em Cristo, temos ousadia e acesso a Deus com confiança, mediante a fé nele. Portanto, eu peço que não desanimem por causa das minhas tribulações em favor de vocês, pois isso é motivo de honra para vocês.

Deus deseja compartilhar verdadeiramente a sabedoria dele com você.

JANEIRO 7

Jesus, a plenitude da sabedoria

SALMO 49:13-14

Tal proceder é tolice deles; mas os seus seguidores aplaudem o que eles dizem.

Como ovelhas são postos na sepultura; a morte é o seu pastor; eles descem diretamente para a cova, onde a sua formosura se consome; o mundo dos mortos é o lugar em que habitam.

ISAÍAS 11:1-2

Do tronco de Jessé sairá um rebento, e das suas raízes brotará um renovo.

Repousará sobre ele o Espírito do Senhor, o Espírito de sabedoria e de entendimento, o Espírito de conselho e de fortaleza, o Espírito de conhecimento e de temor do Senhor.

COLOSSENSES 2:2-3

Faço isto para que o coração deles seja consolado e para que eles, vinculados em amor, tenham toda a riqueza da plena convicção do entendimento, para conhecimento do mistério de Deus, que é Cristo, em quem estão ocultos todos os tesouros da sabedoria e do conhecimento.

Quais palavras ou frases dos trechos bíblicos acima chamaram a sua atenção? Separe um tempo e converse com Deus sobre isso.

JANEIRO 8

Deus conhece cada palavra

SALMO 139:4-6

A palavra ainda nem chegou à minha língua, e tu, Senhor, já a conheces toda.
Tu me cercas por todos os lados e pões a tua mão sobre mim.
Tal conhecimento é maravilhoso demais para mim: é tão elevado, que não o posso atingir.

ISAÍAS 40:27-28

Por que, então, você diz, ó Jacó, e você fala, ó Israel: "O meu caminho está encoberto ao Senhor, e o meu direito passa despercebido ao meu Deus"?
Será que você não sabe, nem ouviu que o eterno Deus, o Senhor, o Criador dos confins da terra, nem se cansa, nem se fatiga?
A sabedoria dele é insondável.

MATEUS 6:7-8

E, orando, não usem vãs repetições, como os gentios; porque eles pensam que por muito falar serão ouvidos. Não sejam, portanto, como eles; porque o Pai de vocês sabe o que vocês precisam, antes mesmo de lhe pedirem.

Senhor, agradeço-te por conheceres prontamente cada palavra oculta em meu coração. Eu quero descansar no conhecimento de que Tu estás por trás e adiante de mim com a Tua amorosa mão sobre mim. Em nome de Jesus. Amém!

JANEIRO 9

Deus conhece cada coração

SALMO 44:20-21

> Se tivéssemos esquecido o nome do nosso Deus ou se tivéssemos estendido as mãos a um deus estranho, será que Deus não teria descoberto isso, ele, que conhece os segredos dos corações?

JEREMIAS 20:11-12

> Mas o Senhor está comigo como um poderoso guerreiro. Por isso, os meus perseguidores tropeçarão e não vencerão. Ficarão muito envergonhados por causa do seu fracasso; sofrerão afronta perpétua, que jamais será esquecida.
>
> Ó Senhor dos Exércitos, que provas o justo e vês o mais íntimo do coração, permite que eu veja a tua vingança contra eles, pois te confiei a minha causa.

APOCALIPSE 2:23

> Matarei os seus filhos, e todas as igrejas saberão que eu sou aquele que sonda mentes e corações, e retribuirei a cada um de vocês segundo as suas obras.

Deus conhece todo pensamento, na mente de cada pessoa, e todo desejo no coração de cada pessoa.

JANEIRO 10

Deus conhece todo e qualquer segredo

SALMO 90:8

> Puseste as nossas iniquidades diante de ti e, sob a luz do teu rosto, os nossos pecados ocultos.

DEUTERONÔMIO 29:29

> As coisas encobertas pertencem ao Senhor, nosso Deus, porém as reveladas nos pertencem, a nós e aos nossos filhos, para sempre, para que cumpramos todas as palavras desta lei.

MATEUS 6:5-6

> E, quando orarem, não sejam como os hipócritas, que gostam de orar em pé nas sinagogas e nos cantos das praças, para serem vistos pelos outros. Em verdade lhes digo que eles já receberam a sua recompensa. Mas, ao orar, entre no seu quarto e, fechada a porta, ore ao seu Pai, que está em secreto. E o seu Pai, que vê em secreto, lhe dará a recompensa.

Existe algo que você está fazendo publicamente que realmente é apenas entre você e Deus? Ou algo que você está escondendo que precisa ser compartilhado com alguém confiável? Fale com Deus a respeito disso, pois Ele já sabe.

JANEIRO 11

Deus conhece todas as coisas

SALMO 147:4-5

Conta o número das estrelas, chamando-as todas pelo seu nome.
Grande é o Senhor nosso e mui poderoso; o seu entendimento não se pode medir.

PROVÉRBIOS 8:22-26

O Senhor me possuía no início da sua obra, antes das suas obras mais antigas.
Fui estabelecida desde a eternidade, desde o princípio, antes do começo da terra.
Nasci antes de haver abismos, quando ainda não havia fontes carregadas de águas.
Antes que os montes fossem firmados, antes de haver colinas, eu nasci.
Deus ainda não tinha feito a terra, nem os seus campos, nem sequer o princípio do pó do mundo.

HEBREUS 4:13

E não há criatura que não seja manifesta na sua presença; pelo contrário, todas as coisas estão descobertas e expostas aos olhos daquele a quem temos de prestar contas.

Senhor, Tu conheces os pormenores do meu passado, tudo em meu presente e todo o meu futuro. Por favor, ajuda-me a descansar em Tua infinita sabedoria. Em nome de Jesus. Amém!

JANEIRO 12

Deus conhece o incognoscível

SALMO 139:16-18

Os teus olhos viram a minha substância ainda informe, e no teu livro foram escritos todos os meus dias, cada um deles escrito e determinado, quando nem um deles ainda existia.
Que preciosos para mim, ó Deus, são os teus pensamentos! E como é grande a soma deles!
Se os contasse, seriam mais do que os grãos de areia; quando acordo, ainda estou contigo.

ISAÍAS 40:13-14

Quem guiou o Espírito do Senhor? Ou, como seu conselheiro, o ensinou?
Com quem ele se aconselhou, para que lhe desse compreensão? Quem lhe ensinou a vereda da justiça ou quem lhe ensinou sabedoria? E quem lhe mostrou o caminho de entendimento?

1 CORÍNTIOS 2:10-11

Deus, porém, revelou isso a nós por meio do Espírito. Porque o Espírito sonda todas as coisas, até mesmo as profundezas de Deus. Pois quem conhece as coisas do ser humano, a não ser o próprio espírito humano, que nele está? Assim, ninguém conhece as coisas de Deus, a não ser o Espírito de Deus.

Deus conhece todas as coisas ocultas, inclusive todas as desconhecidas que preocupam você.

JANEIRO 13

Deus nos conhece por inteiro

SALMO 139:1-3

Senhor, tu me sondas e me conheces.
Sabes quando me sento e quando me levanto; de longe conheces os meus pensamentos.
Observas o meu andar e o meu deitar e conheces todos os meus caminhos.

1 REIS 8:38-40

...toda oração e súplica que qualquer homem ou todo o teu povo de Israel fizer, conhecendo cada um a ferida do seu coração e estendendo as mãos na direção deste templo, ouve tu nos céus, lugar da tua habitação, perdoa, age e dá a cada um segundo todos os seus caminhos, visto que lhe conheces o coração, porque tu, só tu, és conhecedor do coração de todos os filhos dos homens; para que te temam todos os dias que viverem na terra que deste aos nossos pais.

ATOS 1:24-25

E, orando, disseram: —Tu, Senhor, que conheces o coração de todos, revela-nos qual dos dois escolheste para preencher a vaga neste ministério e apostolado, do qual Judas se desviou, indo para o seu próprio lugar.

Como o fato de saber que Deus conhece completamente quem você é e tudo que você faz traz consolo a sua vida? Compartilhe com o Senhor como você se sente e peça a Ele para ensinar você a enxergar a si mesmo da forma como Ele vê você.

JANEIRO 14

A disciplina onisciente oriunda de Deus

SALMO 94:11-12

O Senhor conhece os pensamentos do ser humano, e sabe que são pensamentos vãos.
Bem-aventurado, Senhor, é aquele a quem tu repreendes, a quem ensinas a tua lei.

PROVÉRBIOS 2:6

Porque o Senhor dá a sabedoria, e da sua boca vem o conhecimento e a inteligência.

JOÃO 21:17-18

Pela terceira vez Jesus lhe perguntou:
—Simão, filho de João, você me ama?
Pedro ficou triste por Jesus ter perguntado pela terceira vez: "Você me ama?". E respondeu:
—O Senhor sabe todas as coisas; sabe que eu o amo.
Jesus lhe disse:
—Apascente as minhas ovelhas. Em verdade, em verdade lhe digo que, quando era mais moço, você se cingia e andava por onde queria. Mas, quando você for velho, estenderá as mãos, e outro o cingirá e o levará para onde você não quer ir.

Senhor, agradeço-te por desejares compartilhar Tua sabedoria comigo. Por favor, mostra-me em que área eu preciso da Tua sabedoria, orientação ou disciplina em minha vida. Em nome de Jesus. Amém!

JANEIRO 15

Deus está em todo lugar

SALMO 139:7-10

Para onde me ausentarei do teu Espírito? Para onde fugirei da tua face?
Se subo aos céus, lá estás; se faço a minha cama no mais profundo abismo, lá estás também; se tomo as asas da alvorada e me detenho nos confins dos mares, ainda ali a tua mão me guiará, e a tua mão direita me susterá.

PROVÉRBIOS 5:21

Porque os caminhos do homem estão diante dos olhos do Senhor, e ele considera todas as suas veredas.

ATOS 17:24

O Deus que fez o mundo e tudo o que nele existe, sendo ele Senhor do céu e da terra, não habita em santuários feitos por mãos humanas.

Deus está presente em todo lugar, desde os mais altos Céus até os lugares mais profundos da alma ou da Terra.

JANEIRO 16

Deus tudo vê

SALMO 33:13-15

O Senhor olha dos céus e vê todos os filhos dos homens; do lugar de sua morada, observa todos os moradores da terra, ele, que forma o coração de todos eles, que contempla todas as suas obras.

PROVÉRBIOS 15:3

Os olhos do Senhor estão em todo lugar, contemplando os maus e os bons.

MATEUS 10:29-31

Não se vendem dois pardais por uma moedinha? Entretanto, nenhum deles cairá no chão sem o consentimento do Pai de vocês. E, quanto a vocês, até os cabelos da cabeça de vocês estão todos contados. Portanto, não temam! Vocês valem bem mais do que muitos pardais.

Em que área da sua vida você sente como se Deus não estivesse vendo você? Ore e agradeça a Ele por ser soberano sobre todas as coisas, por conhecer cada pardal que cai, por saber quantos fios de cabelo há em sua cabeça e por se importar profundamente com você.

JANEIRO 17

Deus está perto de todos

SALMO 14:2

Do céu o Senhor olha para os filhos dos homens, para ver se há quem tenha entendimento, se há quem busque a Deus.

JEREMIAS 23:23-24

—Sou eu Deus apenas de perto, diz o Senhor, e não também Deus de longe? Pode alguém se ocultar em esconderijos, de modo que eu não o veja? — diz o Senhor. Não encho eu os céus e a terra? — diz o Senhor.

ATOS 17:26-27

De um só homem fez todas as nações para habitarem sobre a face da terra, havendo fixado os tempos previamente estabelecidos e os limites da sua habitação; para buscarem Deus se, porventura, tateando, o possam achar, ainda que não esteja longe de cada um de nós.

Senhor, agradeço-te por estares perto dos meus amigos e entes queridos, de todos que conheço e de todos que passam por mim na rua. Por favor, ajuda todas as pessoas com as quais convivo a se tornarem cada vez mais conscientes da Tua presença com elas. Em nome de Jesus. Amém!

JANEIRO 18

Deus enxerga na luz e na escuridão

SALMO 139:11-12

> Se eu digo: "As trevas, com certeza, me encobrirão, e a luz ao redor de mim se fará noite", até as próprias trevas não te serão escuras, e a noite é tão clara como o dia. Para ti, as trevas e a luz são a mesma coisa.

JÓ 34:21-23

> Os olhos de Deus estão sobre os caminhos do homem e veem todos os seus passos.
> Não há trevas nem sombra profunda o bastante, onde os que praticam a iniquidade possam se esconder. Pois Deus não precisa observar o homem por muito tempo antes de o fazer comparecer em juízo diante dele.

JOÃO 1:3-5

> Todas as coisas foram feitas por ele, e, sem ele, nada do que foi feito se fez. A vida estava nele e a vida era a luz dos homens. A luz resplandece nas trevas, e as trevas não prevaleceram contra ela.

Não existem trevas em sua vida ou no mundo que Deus não possa enxergar e vencer.

JANEIRO 19

Deus contempla cada decisão

SALMO 10:11-14

Diz [o perverso], no seu íntimo: "Deus se esqueceu, virou o rosto e nunca verá isto".
Levanta-te, Senhor! Ó Deus, ergue a tua mão! Não te esqueças dos pobres.
Por que o ímpio despreza Deus, dizendo no seu íntimo que Deus não lhe pedirá contas?
Tu, porém, tens visto isso, porque atentas ao sofrimento e à dor, para que os possas tomar em tuas mãos. A ti se entrega o desamparado; tu tens sido o defensor do órfão.

JEREMIAS 17:10

Eu, o Senhor, sondo o coração. Eu provo os pensamentos, para dar a cada um segundo os seus caminhos, segundo o fruto das suas ações.

COLOSSENSES 1:16-17

Pois nele foram criadas todas as coisas, nos céus e sobre a terra, as visíveis e as invisíveis, sejam tronos, sejam soberanias, quer principados, quer potestades. Tudo foi criado por meio dele e para ele. Ele é antes de todas as coisas. Nele tudo subsiste.

Pense em uma escolha que fez pela qual você é grato a Deus por Ele ter lhe orientado. Agradeça a Ele por conhecer todas as escolhas que você já fez e os efeitos delas sobre seus relacionamentos com as pessoas ao seu redor.

JANEIRO 20

Deus está próximo do Seu povo

SALMO 11:4

O Senhor está no seu santo templo; nos céus o Senhor tem o seu trono; os seus olhos estão atentos, as suas pálpebras sondam os filhos dos homens.

ISAÍAS 43:2

Quando você passar pelas águas, eu estarei com você; quando passar pelos rios, eles não o submergirão; quando passar pelo fogo, você não se queimará; as chamas não o atingirão.

MATEUS 18:18-20

Em verdade lhes digo que tudo o que ligarem na terra terá sido ligado nos céus, e tudo o que desligarem na terra terá sido desligado nos céus. Em verdade também lhes digo que, se dois de vocês, sobre a terra, concordarem a respeito de qualquer coisa que vierem a pedir, isso lhes será concedido por meu Pai, que está nos céus. Porque, onde estiverem dois ou três reunidos em meu nome, ali estou no meio deles.

Senhor, Teus discípulos me apresentaram tantas vezes a Tua presença e a Tua sabedoria. Agradeço-te pela comunidade de fiéis que Tu colocaste em minha vida. Em nome de Jesus. Amém!

JANEIRO 21

Deus caminha conosco

SALMO 32:8

Eu o instruirei e lhe ensinarei o caminho que você deve seguir; e, sob as minhas vistas, lhe darei conselho.

DEUTERONÔMIO 31:6

Sejam fortes e corajosos, não tenham medo, nem fiquem apavorados diante deles, porque o Senhor, seu Deus, é quem vai com vocês; ele não os deixará, nem os abandonará.

JOÃO 10:2-4

Aquele, porém, que entra pela porta, esse é o pastor das ovelhas. Para este o porteiro abre, as ovelhas ouvem a sua voz, ele chama as suas próprias ovelhas pelo nome e as conduz para fora. Depois de levar para fora todas as que lhe pertencem, vai na frente delas, e elas o seguem, porque reconhecem a voz dele.

Deus sempre o acompanha, mesmo em lugares desconhecidos ou assustadores, desde que você esteja sob Sua orientação.

JANEIRO 22

A sabedoria da vontade de Deus

SALMO 135:5-7

De fato, eu sei que o Senhor é grande e que o nosso Deus está acima de todos os deuses.
Tudo o que agrada ao Senhor, ele o faz, nos céus e na terra, no mar e em todos os abismos.
Faz subir as nuvens dos confins da terra, faz os relâmpagos para a chuva, faz sair o vento dos seus reservatórios.

1 SAMUEL 2:6-8

O Senhor é quem tira a vida e quem a dá; ele faz descer à sepultura e faz subir.
O Senhor empobrece e enriquece; humilha e também exalta.
Levanta o pobre do pó e tira o necessitado do monte de lixo, para o fazer assentar ao lado de príncipes, para o fazer herdar o trono de glória. Porque do Senhor são as colunas da terra, e ele firmou o mundo sobre elas.

EFÉSIOS 1:11

Em Cristo fomos também feitos herança, predestinados segundo o propósito daquele que faz todas as coisas conforme o conselho da sua vontade.

Quando foi que você questionou os propósitos de Deus em sua vida? Converse com Ele sobre isso; peça ao Senhor que o ajude a confiar que Ele está cumprindo a Sua vontade neste mundo.

JANEIRO 23

A irresistível vontade de Deus

SALMO 115:2-3

Por que diriam as nações: "Onde está o Deus deles?". O nosso Deus está no céu e faz tudo como lhe agrada.

JÓ 9:12,14

Eis que arrebata a presa! Quem o pode impedir? Quem lhe dirá: 'O que estás fazendo?' […]
Como então poderei eu responder a ele? Como escolher as minhas palavras, para argumentar com ele?

ROMANOS 9:19-21

Mas você vai me dizer: "Por que Deus ainda se queixa? Pois quem pode resistir à sua vontade?". Mas quem é você, caro amigo, para discutir com Deus? Será que o objeto pode perguntar a quem o fez: "Por que você me fez assim?". Será que o oleiro não tem direito sobre a massa, para do mesmo barro fazer um vaso para honra e outro para desonra?

~~~

Senhor, nada pode impedir o Teu querer. Agradeço-te porque, mesmo quando não entendo os Teus feitos, posso saber que Tu estás agindo com perfeita sabedoria. Em nome de Jesus. Amém!

JANEIRO 24

A vontade de Deus na Terra

SALMO 2:1-4

Por que se enfurecem as nações e os povos imaginam coisas vãs? Os reis da terra se levantam, e as autoridades conspiram contra o Senhor e contra o seu Ungido, dizendo: "Vamos romper os seus laços e sacudir de nós as suas algemas". Aquele que habita nos céus dá risada; o Senhor zomba deles.

DANIEL 4:35

Todos os moradores da terra são considerados como nada, e o Altíssimo faz o que quer com o exército do céu e com os moradores da terra. Não há quem possa deter a sua mão, nem questionar o que ele faz.

MATEUS 6:9-10

Portanto, orem assim: "Pai nosso, que estás nos céus, santificado seja o teu nome; venha o teu Reino; seja feita a tua vontade, assim na terra como no céu...".

Não importa quem ou o que se opõe a Deus, Ele está estabelecendo o Seu Reino na Terra assim como é no Céu.

JANEIRO 25

A vontade de Deus realizada por Seus servos

SALMO 103:20-22

Bendigam o Senhor os seus anjos, valorosos em poder, que executam as suas ordens e lhe obedecem à palavra.
Bendigam o Senhor todos os seus exércitos, ministros seus, que fazem a sua vontade.
Bendigam o Senhor todas as suas obras, em todos os lugares do seu domínio.
Bendiga, minha alma, o Senhor.

ISAÍAS 44:24,28

Assim diz o Senhor, o seu Redentor, o mesmo que o formou desde o ventre materno: "Eu Sou o Senhor, que faço todas as coisas. Sozinho estendi os céus e sozinho espraiei a terra". [...]
Eu digo a respeito de Ciro: "Ele é meu pastor e cumprirá tudo o que me agrada". Digo também de Jerusalém: "Será edificada"; e do templo: "Seus alicerces serão lançados".

EFÉSIOS 5:15-18,20

Portanto, tenham cuidado com a maneira como vocês vivem, e vivam não como tolos, mas como sábios, aproveitando bem o tempo, porque os dias são maus. Por esta razão, não sejam insensatos, mas procurem compreender qual é a vontade do Senhor. E não se embriaguem com vinho, pois isso leva à devassidão, mas deixem-se encher do Espírito, [...] dando sempre graças por tudo a nosso Deus e Pai, em nome de nosso Senhor Jesus Cristo.

Quando você viu a vontade de Deus se cumprir, por intermédio de outra pessoa, talvez até mesmo de alguém que não estava procurando fazer a vontade de Deus? Louve a Deus porque Ele é poderoso para orquestrar todas as coisas.

JANEIRO 26

A vontade de Deus contra o pecado

SALMO 107:33-36

Deus transformou rios em desertos e mananciais, em terra seca; fez da terra frutífera um deserto salgado, por causa da maldade dos seus habitantes. Transformou o deserto em lençóis de água e a terra seca, em mananciais. Estabeleceu aí os famintos, os quais construíram uma cidade em que pudessem morar.

LAMENTAÇÕES 3:37-39

Quem é aquele que diz, e assim acontece, sem que o Senhor o tenha ordenado? Por acaso, não é da boca do Altíssimo que procedem tanto o mal como o bem? Por que se queixa o homem? Queixe-se cada um dos seus próprios pecados.

1 PEDRO 2:15-16

Porque assim é a vontade de Deus, que, pela prática do bem, vocês silenciem a ignorância dos insensatos. Como pessoas livres que são, não usem a liberdade como desculpa para fazer o mal; pelo contrário, vivam como servos de Deus.

Senhor, eu sei que há pecados em minha vida que conflitam com a Tua boa e perfeita vontade. Por favor, concede-me a Tua sabedoria e ensina-me os Teus caminhos. Em nome de Jesus. Amém!

JANEIRO 27

A vontade de Deus e a vontade humana

SALMO 33:10-11

O Senhor frustra os planos das nações e anula os intentos dos povos.
O plano do Senhor dura para sempre; os intentos do seu coração, por todas as gerações.

PROVÉRBIOS 21:1-2

Como correntes de águas, assim é o coração do rei na mão do Senhor; este o dirige para onde quiser.
Todo caminho de uma pessoa é reto aos seus próprios olhos, mas o Senhor sonda os corações.

LUCAS 22:39-42

E, saindo, Jesus foi, como de costume, para o monte das Oliveiras; e os discípulos o acompanharam. Chegando ao lugar escolhido, Jesus lhes disse:

—Orem, para que vocês não caiam em tentação.

Ele, por sua vez, se afastou um pouco, e, de joelhos, orava, dizendo:

—Pai, se queres, afasta de mim este cálice! Contudo, não se faça a minha vontade, e sim a tua.

Que a vontade de Deus seja feita! O Senhor convida você para submeter a sua vontade a Ele e se unir a Ele em Seus sábios propósitos.

JANEIRO 28

A vontade soberana de Deus

SALMO 24:1-2

Ao Senhor pertence a terra e a sua plenitude, o mundo e os que nele habitam. Porque ele fundou-a sobre os mares e sobre as correntes a estabeleceu.

JÓ 34:13-15

Quem lhe entregou o governo da terra? Quem lhe confiou o universo? Se Deus pensasse apenas em si mesmo e fizesse voltar para si o seu espírito e o seu sopro, toda a humanidade morreria ao mesmo tempo, e o homem voltaria para o pó.

APOCALIPSE 4:11

Tu és digno, Senhor e Deus nosso, de receber a glória, a honra e o poder, porque criaste todas as coisas e por tua vontade elas vieram a existir e foram criadas.

Há alguma área em sua vida que parece estar fora do controle de Deus? Respire fundo e lembre-se de que Deus criou tudo que existe e é Soberano sobre todas as coisas.

JANEIRO 29

A sabedoria de Deus abrange tudo

SALMO 94:7-9

[Os ímpios] dizem: "O Senhor não está vendo; o Deus de Jacó não faz caso disso".
Prestem atenção, ó estúpidos dentre o povo; e vocês, tolos, quando se tornarão sábios? Aquele que fez o ouvido será que não ouve? Aquele que formou os olhos será que não enxerga?

ISAÍAS 29:15

Ai dos que escondem profundamente o seu propósito do Senhor! Ai dos que fazem as suas próprias obras às escuras, e dizem: "Quem nos vê? Quem sabe o que estamos fazendo?".

1 JOÃO 3:20-22

Pois, se o nosso coração nos acusar, Deus é maior do que o nosso coração e conhece todas as coisas. Amados, se o coração não nos acusar, temos confiança diante de Deus; e aquilo que pedimos dele recebemos, porque guardamos os seus mandamentos e fazemos diante dele o que lhe é agradável.

Senhor, Tu criaste a visão e a audição, a mente e o coração. Agradeço-te por me enxergares e me conheceres completamente como sou. Em nome de Jesus. Amém!

JANEIRO 30

A ampla sabedoria de Deus

SALMO 46:7-9

O Senhor dos Exércitos está conosco; o Deus de Jacó é o nosso refúgio. Venham contemplar as obras do Senhor, que tem feito desolações na terra. Ele faz cessar as guerras até os confins do mundo, quebra o arco e despedaça a lança; queima os carros no fogo.

JÓ 28:23-24

Deus lhe entende o caminho, e ele é quem sabe o seu lugar. Porque o seu olhar alcança as extremidades da terra; ele vê tudo o que há debaixo dos céus.

EFÉSIOS 1:8-10

...Deus derramou abundantemente sobre nós em toda a sabedoria e entendimento. Ele nos revelou o mistério da sua vontade, segundo o seu propósito, que ele apresentou em Cristo, de fazer convergir nele, na dispensação da plenitude dos tempos, todas as coisas, tanto as do céu como as da terra.

Nada no Universo — coisas, lugares ou pessoas — está fora do pleno conhecimento de Deus.

JANEIRO 31

A sabedoria de Deus em todas as coisas

SALMO 104:2-4

[Estás] coberto de luz como de um manto. Tu estendes o céu como uma cortina, pões nas águas o vigamento da tua morada, tomas as nuvens por carruagem e voas nas asas do vento.
Fazes a teus anjos ventos e a teus ministros, labaredas de fogo.

PROVÉRBIOS 3:19-20

O Senhor com sabedoria lançou os fundamentos da terra; com inteligência estabeleceu os céus. Pelo seu conhecimento os abismos se romperam, e as nuvens destilam o orvalho.

EFÉSIOS 4:4-6

Há somente um corpo e um só Espírito, como também é uma só a esperança para a qual vocês foram chamados. Há um só Senhor, uma só fé, um só batismo, um só Deus e Pai de todos, o qual é sobre todos, age por meio de todos e está em todos.

———

Hoje, onde você enxerga a sabedoria de Deus entrelaçada na estrutura da própria criação? Agradeça a Ele por Sua sabedoria que sustenta todas as coisas que existem.

FEVEREIRO

Santo

Santo! Santo! Santo! Deus Onipotente!
Cedo de manhã cantaremos teu louvor.
Santo! Santo! Santo! Deus Jeová triúno,
És um só Deus, excelso Criador.

Santo! Santo! Santo! Todos os remidos,
Juntos com os anjos, proclamam teu louvor.
Antes de formar-se o firmamento e a terra.
Eras, e sempre és e hás de ser, Senhor.

Santo! Santo! Santo! Nós, os pecadores,
Não podemos ver tua glória sem tremor.
Tu somente és Santo; não há nenhum outro,
Puro e perfeito, excelso Benfeitor.

Santo! Santo! Santo! Deus Onipotente!
Tuas obras louvam teu nome com fervor.
Santo! Santo! Santo! Justo e compassivo,
És um só Deus, supremo Criador.

Santo, Santo (CC 009)
Autor: Reginald Heber (1783–1826)

FEVEREIRO 1

O Deus santo entronizado

SALMO 22:3-5

Contudo, tu és santo, entronizado entre os louvores de Israel. Nossos pais confiaram em ti; confiaram, e tu os livraste. A ti clamaram e escaparam; confiaram em ti e não foram envergonhados.

ISAÍAS 6:1-3

No ano da morte do rei Uzias, eu vi o Senhor assentado sobre um alto e sublime trono, e as abas de suas vestes enchiam o templo. Serafins estavam por cima dele. Cada um tinha seis asas: com duas cobria o rosto, com duas cobria os pés e com duas voava. E clamavam uns para os outros, dizendo:

"Santo, santo, santo é o Senhor dos Exércitos; toda a terra está cheia da sua glória".

APOCALIPSE 4:6,8

Diante do trono havia algo como um mar de vidro, semelhante ao cristal. No meio do trono e à volta do trono havia também quatro seres viventes cheios de olhos por diante e por detrás. […]
E os quatro seres viventes, tendo cada um deles, respectivamente, seis asas, estavam cheios de olhos, ao redor e por dentro. Não tinham descanso, nem de dia nem de noite, proclamando:

"Santo, santo, santo é o Senhor Deus, o Todo-Poderoso, aquele que era, que é e que há de vir".

Senhor, somente Tu és completamente santo, puro, único e incomparável. Por isso, o mais sensato é que toda a criação se prostre perante o Teu trono e te adore. Em nome de Jesus. Amém!

FEVEREIRO 2

A incomparável santidade de Deus

SALMO 77:13-15

O teu caminho, ó Deus, é de santidade. Que deus é tão grande como o nosso Deus? Tu és o Deus que operas maravilhas e, entre os povos, tens feito notório o teu poder. Com o teu braço remiste o teu povo, os filhos de Jacó e de José.

ISAÍAS 40:25-26

"Com quem vocês vão me comparar? A quem eu seria igual?"
— diz o Santo.
Levantem os olhos para o alto e vejam.
Quem criou estas coisas?
Aquele que faz sair o seu exército de estrelas, todas bem-contadas, as quais ele chama pelo nome; por ser ele grande em força e forte em poder, nem uma só vem a faltar.

HEBREUS 7:26-28

Porque nos convinha um sumo sacerdote como este, santo, inculpável, sem mácula, separado dos pecadores e exaltado acima dos céus, que não tem necessidade, como os outros sumos sacerdotes, de oferecer sacrifícios todos os dias, primeiro, por seus próprios pecados, depois, pelos do povo; porque fez isto uma vez por todas, quando a si mesmo ofereceu.

Em Sua perfeição, poder miraculoso e soberania sobre a criação, Deus é incomparável.

FEVEREIRO 3

Separados para a santidade de Deus

SALMO 106:47

Salva-nos, Senhor, nosso Deus, e congrega-nos dentre as nações, para que demos graças ao teu santo nome e nos gloriemos no teu louvor.

LEVÍTICOS 11:44-45

Eu sou o Senhor, o Deus de vocês; portanto, consagrem-se e sejam santos, porque eu sou santo; e não se contaminem por nenhuma dessas criaturas que rastejam sobre o chão, entre todas as criaturas que se movem sobre a terra. Eu sou o Senhor, que os tirei da terra do Egito, para que eu seja o Deus de vocês; portanto, sejam santos, porque eu sou santo.

2 CORÍNTIOS 6:17–7:1

Por isso, o Senhor diz: "Saiam do meio deles e separem-se deles. Não toquem em coisa impura, e eu os receberei".

"Serei o Pai de vocês, e vocês serão meus filhos e minhas filhas", diz o Senhor Todo-Poderoso.

Portanto, meus amados, tendo tais promessas, purifiquemo-nos de toda impureza, tanto da carne como do espírito, aperfeiçoando a nossa santidade no temor de Deus.

De que forma, em seus relacionamentos, você pode praticar o se manter separado para Deus? Peça ao seu Santo Pai, que une você a Ele mesmo, para purificar sua vida.

FEVEREIRO 4

A sagrada habitação de Deus

SALMO 5:4-5,7

> Pois tu não és Deus que se agrade com a iniquidade, e contigo não subsiste o mal.
> Os arrogantes não permanecerão na tua presença; odeias todos os que praticam a iniquidade.
> Eu, porém, pela riqueza da tua misericórdia, entrarei na tua casa e me prostrarei diante do teu santo templo, no teu temor.

OBADIAS 1:17-18

> Mas, no monte Sião, haverá livramento. O monte será santo, e os da casa de Jacó tomarão posse de sua herança. A casa de Jacó será fogo e a casa de José será chama, mas a casa de Esaú será a palha. O fogo e a chama incendiarão a palha e a consumirão; e ninguém mais restará da casa de Esaú, porque o Senhor o falou.

1 CORÍNTIOS 3:16-17

> Vocês não sabem que são santuário de Deus e que o Espírito de Deus habita em vocês? Se alguém destruir o santuário de Deus, Deus o destruirá. Porque o santuário de Deus, que são vocês, é sagrado.

Senhor, ser o Teu templo — uma parte do Corpo de Cristo — é um tremendo privilégio. Agradeço-te por agires entre o Teu povo para tornar nosso coração e nosso corpo uma morada santa para o Teu Espírito. Em nome de Jesus. Amém!

FEVEREIRO 5

Sacerdotes pela santidade de Deus

SALMO 96:9-10

Adorem o S̲e̲n̲h̲o̲r̲ na beleza da sua santidade; tremam diante dele, todas as terras.
Digam entre as nações: "Reina o S̲e̲n̲h̲o̲r̲".
Ele firmou o mundo para que não se abale e julga os povos com justiça.

DEUTERONÔMIO 7:5-6

Mas o que vocês devem fazer é derrubar os altares dessas nações, quebrar as suas colunas sagradas, cortar os postes da deusa Aserá e queimar as suas imagens de escultura.
—Porque vocês são povo santo para o S̲e̲n̲h̲o̲r̲, seu Deus. O S̲e̲n̲h̲o̲r̲, seu Deus, os escolheu, para que, de todos os povos que há sobre a terra, vocês fossem o seu povo próprio.

1 PEDRO 2:9-10

Vocês, porém, são geração eleita, sacerdócio real, nação santa, povo de propriedade exclusiva de Deus, a fim de proclamar as virtudes daquele que os chamou das trevas para a sua maravilhosa luz. Antes, vocês nem eram povo, mas agora são povo de Deus; antes, não tinham alcançado misericórdia, mas agora alcançaram misericórdia.

Pertencer ao povo santo de Deus significa dar testemunho de Seu poder redentor e demonstrar aos outros como é viver em um relacionamento apropriado com o Senhor e com as pessoas.

FEVEREIRO 6

A graça santa de Deus

SALMO 103:1-4

Bendiga, minha alma, o Senhor, e tudo o que há em mim bendiga o seu santo nome.

Bendiga, minha alma, o Senhor, e não se esqueça de nem um só de seus benefícios.

Ele é quem perdoa todas as suas iniquidades; quem cura todas as suas enfermidades; quem da cova redime a sua vida e coroa você de graça e misericórdia.

OSEIAS 11:9-10

Não executarei o furor da minha ira; não voltarei para destruir Efraim. Porque eu sou Deus e não homem; sou o Santo no meio de vocês. Não virei com ira.

Seguirão o Senhor, que rugirá como leão. E, quando ele rugir, os filhos, tremendo, virão do Ocidente.

COLOSSENSES 1:21-23

E vocês que, no passado, eram estranhos e inimigos no entendimento pelas obras más que praticavam, agora, porém, ele os reconciliou no corpo da sua carne, mediante a sua morte, para apresentá-los diante dele santos, inculpáveis e irrepreensíveis, se é que vocês permanecem na fé, alicerçados e firmes, não se deixando afastar da esperança do evangelho que vocês ouviram e que foi pregado a toda criatura debaixo do céu, e do qual eu, Paulo, me tornei ministro.

Em que ocasião você experimentou o perdão e a graça incomparável do Senhor? Graças a Deus que Ele não é como nós.

FEVEREIRO 7
O relacionamento santo de Deus

SALMO 99:9

> Exaltem o Senhor, nosso Deus, e prostrem-se diante do seu santo monte, porque santo é o Senhor, nosso Deus.

LEVÍTICOS 20:23,26

> Não andem nos costumes dos povos que eu vou expulsar de diante de vocês, porque fizeram todas estas coisas; por isso, me aborreci deles. [...]
> Sejam santos para mim, porque eu, o Senhor, sou santo e os separei dos outros povos, para que sejam meus.

HEBREUS 12:14-16

> Procurem viver em paz com todos e busquem a santificação, sem a qual ninguém verá o Senhor. Cuidem para que ninguém fique afastado da graça de Deus, e que nenhuma raiz de amargura, brotando, cause perturbação, e, por meio dela, muitos sejam contaminados. E cuidem para que não haja nenhum impuro ou profano, como foi Esaú, o qual, por um prato de comida, vendeu o seu direito de primogenitura.

Senhor, é desafiador saber que Tu queiras que eu seja santo como Tu és. Por favor, instrui-me em Tua paz e graça. Guia-me para longe da amargura a fim de que eu não faça mau uso do meu corpo nem viva como se Tu não existisses. Em nome de Jesus. Amém!

FEVEREIRO 8

EU SOU quem EU SOU

SALMO 81:8-10

>Escute, meu povo, as minhas admoestações. Ó Israel, se ao menos você me escutasse!
>Não haja no meio de vocês nenhum deus estranho, nem se prostrem diante de um deus estrangeiro.
>Eu sou o Senhor, o Deus de vocês, que os tirei da terra do Egito.
>Abram bem a boca, e eu a encherei.

ÊXODO 3:14-15

>Deus disse a Moisés:
>—Eu Sou o Que Sou.
>Disse mais:
>—Assim você dirá aos filhos de Israel: "Eu Sou me enviou a vocês".
>Deus disse ainda mais a Moisés:
>—Assim você dirá aos filhos de Israel: "O Senhor, o Deus dos seus pais, o Deus de Abraão, o Deus de Isaque e o Deus de Jacó, me enviou a vocês. Este é o meu nome eternamente, e assim serei lembrado de geração em geração".

JOÃO 8:56-58

>Abraão, o pai de vocês, alegrou-se por ver o meu dia; e ele viu esse dia e ficou alegre.
>Então os judeus lhe perguntaram:
>—Você não tem nem cinquenta anos e viu Abraão?
>Jesus respondeu:
>—Em verdade, em verdade lhes digo que, antes que Abraão existisse, Eu Sou.

Deus foi, é e sempre será Deus. Ele é incriado, eterno e autodefinido.

FEVEREIRO 9

EU SOU o Salvador

SALMO 46:10

Aquietem-se e saibam que eu sou Deus; sou exaltado entre as nações, sou exaltado na terra.

ISAÍAS 43:11-12

"Eu, eu sou o Senhor, e fora de mim não há salvador. Eu anunciei salvação, eu a realizei e a fiz ouvir; deus estranho não houve entre vocês, pois vocês são as minhas testemunhas", diz o Senhor. Eu sou Deus.

JOÃO 4:13-14,25-26

Jesus respondeu:
—Quem beber desta água voltará a ter sede, mas aquele que beber da água que eu lhe der nunca mais terá sede. Pelo contrário, a água que eu lhe der será nele uma fonte a jorrar para a vida eterna. [...]
A mulher respondeu:
—Eu sei que virá o Messias, chamado Cristo. Quando ele vier, nos anunciará todas as coisas.
Então Jesus disse:
—Eu sou o Messias, eu que estou falando com você.

O que, no mundo, ou na sua vida, hoje parece alto, opressor ou fora de controle? Faça uma pausa e se aquiete diante de Deus. Lembre-se de que Ele é Deus, e você não.

FEVEREIRO 10

EU SOU, fui e serei

SALMO 83:18

Então reconhecerão que só tu, cujo nome é Senhor, és o Altíssimo sobre toda a terra.

ISAÍAS 44:6-7

Assim diz o Senhor, o Rei e Redentor de Israel, o Senhor dos Exércitos:
Eu sou o primeiro e eu sou o último, e além de mim não há Deus. Quem, assim como eu, fez predições desde que estabeleci o mais antigo povo? Que o declare e o exponha diante de mim! Que esse anuncie as coisas futuras, as coisas que hão de vir!

APOCALIPSE 1:7-8

Eis que ele vem com as nuvens, e todo olho o verá, até mesmo aqueles que o traspassaram. E todas as tribos da terra se lamentarão por causa dele. Certamente. Amém!
"Eu sou o Alfa e o Ômega", diz o Senhor Deus, "aquele que é, que era e que há de vir, o Todo-Poderoso".

~~~

Senhor, Tu já eras Deus, antes de qualquer outra coisa existir, e és Deus por toda a eternidade. Agradeço-te por seres Deus sobre o meu passado, presente e futuro. Em nome de Jesus. Amém!

FEVEREIRO 11

EU SOU a Luz do mundo

SALMO 118:26-27

> Bendito o que vem em nome do Senhor.
> Da Casa do Senhor, nós os abençoamos.
> O Senhor é Deus, ele é a nossa luz; adornem a festa com ramos até as pontas do altar.

ISAÍAS 45:5-7

> Eu sou o Senhor, e não há outro; além de mim não há Deus; eu o cingirei, mesmo que você não me conheça. Para que se saiba, desde o nascente do sol até o poente, que além de mim não há outro; eu sou o Senhor, e não há outro. Eu formo a luz e crio as trevas; promovo a paz e crio os conflitos; eu, o Senhor, faço todas estas coisas.

JOÃO 8:12

> De novo, Jesus lhes falou, dizendo:
> —Eu sou a luz do mundo. Quem me segue não andará nas trevas; pelo contrário, terá a luz da vida.

Deus é luz. Ele é o único que traz vida e sentido para ela. Nele, enxergamos todas as coisas como elas realmente são.

FEVEREIRO 12

EU SOU o bom Pastor

SALMO 100:1-3

Celebrem com júbilo ao Senhor, todas as terras. Sirvam ao Senhor com alegria, apresentem-se diante dele com cântico.
Saibam que o Senhor é Deus; foi ele quem nos fez, e dele somos; somos o seu povo e rebanho do seu pastoreio.

ISAÍAS 40:10-11

Eis que o Senhor Deus virá com poder, e o seu braço dominará; eis que o seu galardão está com ele, e diante dele vem a sua recompensa.
Como pastor, ele apascentará o seu rebanho; entre os seus braços recolherá os cordeirinhos e os carregará no colo; as que amamentam ele guiará mansamente.

JOÃO 10:14-15

Eu sou o bom pastor. Conheço as minhas ovelhas, e elas me conhecem, assim como o Pai me conhece, e eu conheço o Pai; e dou a minha vida pelas ovelhas.

～

Quais palavras ou frases dos trechos bíblicos acima chamaram a sua atenção? Separe um tempo e converse com Deus sobre isso.

FEVEREIRO 13

EU SOU o Pão da vida

SALMO 78:18-20

Tentaram a Deus no seu coração, pedindo alimento que lhes fosse do gosto. Falaram contra Deus, dizendo: "Será que Deus pode preparar-nos uma mesa no deserto? É verdade que ele feriu a rocha, e dela manaram águas, transbordaram as torrentes. Mas será que ele pode dar-nos pão também? Ou fornecer carne para o seu povo?".

ÊXODO 16:14-16

E, quando o orvalho que havia caído se evaporou, na superfície do deserto restava uma coisa fina e semelhante a escamas, fina como a geada sobre a terra. Quando os filhos de Israel viram aquilo, perguntaram uns aos outros:
—Que é isso?
Pois não sabiam o que era. Moisés respondeu:
—Isso é o pão que o Senhor dá a vocês para comerem. Isto é o que o Senhor ordenou: "Que cada um recolha o que se consegue comer: dois litros por cabeça, segundo o número de pessoas. Cada um pegará para todos os que vivem em sua tenda".

JOÃO 6:32-35

Jesus lhes disse:
—Em verdade, em verdade lhes digo que não foi Moisés quem deu o pão do céu para vocês; quem lhes dá o verdadeiro pão do céu é meu Pai. Porque o pão de Deus é o que desce do céu e dá vida ao mundo.
Então lhe disseram:
—Senhor, dê-nos sempre desse pão.
Jesus respondeu:
—Eu sou o pão da vida. Quem vem a mim jamais terá fome, e quem crê em mim jamais terá sede.

Senhor, Tu manténs todas as coisas. Dá-me o pão diário conforme a Tua vontade para mim. Em nome de Jesus. Amém!

FEVEREIRO 14

EU SOU a Salvação

SALMO 35:2-3

> Embraça o escudo e a couraça e ergue-te em meu auxílio.
> Empunha a lança e reprime o passo dos meus perseguidores.
> Dize à minha alma: "Eu sou a sua salvação".

ÊXODO 15:2-3

> O Senhor é a minha força e o meu cântico; ele se tornou a minha salvação. Este é o meu Deus; portanto, eu o louvarei; ele é o Deus de meu pai; por isso, o exaltarei.
> O Senhor é homem de guerra; Senhor é o seu nome.

JOÃO 11:25-27

> Então Jesus declarou:
> —Eu sou a ressurreição e a vida. Quem crê em mim, ainda que morra, viverá. E todo o que vive e crê em mim não morrerá eternamente. Você crê nisto?
> Marta respondeu:
> —Sim, Senhor! Eu creio que o senhor é o Cristo, o Filho de Deus que devia vir ao mundo.

Deus é o único que pode resgatar você da escravidão do pecado, da falta de comunhão com Ele, da doença e da morte que todos nós experimentamos nesta vida.

FEVEREIRO 15

O único autoexistente

SALMO 90:1-2

> Senhor, tu tens sido o nosso refúgio, de geração em geração.
> Antes que os montes nascessem e tu formasses a terra e o mundo, de eternidade a eternidade, tu és Deus.

NEEMIAS 9:5-6

> Os levitas Jesua, Cadmiel, Bani, Hasabneias, Serebias, Hodias, Sebanias e Petaías disseram:
> —Levantem-se e bendigam o Senhor, seu Deus, de eternidade a eternidade.
> Então se disse:
> —Bendito seja o teu nome glorioso, que ultrapassa todo bendizer e louvor. Só tu és o Senhor! Fizeste o céu, o céu dos céus e todo o seu exército, a terra e tudo o que nela há, os mares e tudo o que há neles. Tu conservas a todos com vida, e o exército dos céus te adora.

ATOS 17:25

> ...nem é servido por mãos humanas, como se precisasse de alguma coisa, pois ele mesmo é quem a todos dá vida, respiração e tudo mais.

Há algo em sua vida em que você se apoia e pela qual é grato a Deus por Ele ter lhe concedido? Agradeça ao Senhor pelo que Ele fornece a você devido a Sua ilimitada existência.

FEVEREIRO 16

O único e incriado Deus

SALMO 102:25-26

Em tempos remotos, lançaste os fundamentos da terra; e os céus são obra das tuas mãos.

Eles perecerão, mas tu permaneces; todos eles envelhecerão como veste, como roupa os mudarás, e serão mudados.

ISAÍAS 45:20-21

Reúnam-se e venham; aproximem-se todos juntos, vocês que escaparam das nações. Não sabem nada os que carregam as suas imagens de madeira e fazem súplicas a um deus que não pode salvar. Declarem e apresentem as suas razões. Que tomem conselho uns com os outros. Quem fez ouvir isto desde a antiguidade? Quem desde aquele tempo o anunciou? Será que não fui eu, o Senhor? Pois não há outro Deus, além de mim, Deus justo e Salvador não há além de mim.

JOÃO 17:4-5

Eu te glorifiquei na terra, realizando a obra que me deste para fazer. E agora, ó Pai, glorifica-me contigo mesmo com a glória que eu tive junto de ti, antes que houvesse mundo.

Senhor, eu não consigo compreender-te completamente. Tu és incriado, ilimitado, sem idade ou deterioração. Ensina-me a manter a Tua glória, todo tempo, em mente. Em nome de Jesus. Amém!

FEVEREIRO 17

A única Fonte de vida

SALMO 36:7-9

Como é preciosa, ó Deus, a tua misericórdia! Por isso, os filhos dos homens se acolhem à sombra das tuas asas. Fartam-se da abundância da tua casa, e na torrente das tuas delícias lhes dás de beber.

ISAÍAS 48:12-13

Escute, ó Jacó, e também você, Israel, a quem chamei: "Eu sou o mesmo, sou o primeiro e também o último. Também a minha mão fundou a terra, e a minha mão direita estendeu os céus; quando eu os chamar, eles se apresentarão juntos".

JOÃO 5:25-26

Em verdade, em verdade lhes digo que vem a hora — e já chegou — em que os mortos ouvirão a voz do Filho de Deus; e os que a ouvirem viverão. Porque assim como o Pai tem vida em si mesmo, também concedeu ao Filho ter vida em si mesmo.

Toda a vida tem origem na vida de Deus — Pai, Filho e Espírito Santo, em comunhão eterna — que Ele sempre teve em si mesmo.

FEVEREIRO 18

A única Fonte para o ser

SALMO 90:3,5-6

Tu reduzes o ser humano ao pó e dizes: "Voltem ao pó, filhos dos homens". [...]
Tu os arrastas na torrente; são como um sono. São como a relva que floresce de madrugada; de madrugada, viceja e floresce; à tarde, murcha e seca.

HABACUQUE 1:12

Não és tu desde a eternidade, ó Senhor, meu Deus, ó meu Santo? Não morreremos. Ó Senhor, puseste aquele povo para executar juízo; tu, ó Rocha, o estabeleceste para servir de disciplina.

HEBREUS 2:10

Porque convinha que Deus, por causa de quem e por meio de quem todas as coisas existem, conduzindo muitos filhos à glória, aperfeiçoasse, por meio de sofrimentos, o Autor da salvação deles.

~~~~

Em que momento você viu claramente o poder de Deus sobre a vida e a morte? Louvado seja Deus por todas as coisas existirem para Ele e por meio dele.

FEVEREIRO 19

O único que sustenta a criação

SALMO 93:1-2

Reina o Senhor. Ele se revestiu de majestade; o Senhor se revestiu de poder e se cingiu. Firmou o mundo, que não vacila. O teu trono está firme desde a antiguidade; tu és desde a eternidade.

JÓ 38:4-7

Onde você estava, quando eu lancei os fundamentos da terra? Responda, se você tem entendimento. Quem determinou as medidas da terra, se é que você o sabe? Ou quem estendeu sobre ela uma linha de medir? Sobre o que estão firmadas as suas bases ou quem lhe assentou a pedra angular, quando as estrelas da alva, juntas, alegremente cantavam, e todos os filhos de Deus gritavam de alegria?

1 CORÍNTIOS 8:6

...para nós, porém, há um só Deus, o Pai, de quem são todas as coisas e para quem existimos, e um só Senhor, Jesus Cristo, por meio de quem todas as coisas existem e por meio de quem também nós existimos.

Senhor, Tua capacidade de criar e sustentar tudo que criastes é algo maravilhoso para mim. Toda a criação provém de ti e é mantida por ti. Agradeço-te por me abençoares com pessoas, lugares e coisas que Tu também amas. Em nome de Jesus. Amém!

FEVEREIRO 20

O único Rei sobre todos

SALMO 102:27-28

Tu, porém, és sempre o mesmo, e os teus anos jamais terão fim. Os filhos dos teus servos habitarão seguros, e diante de ti se estabelecerá a sua descendência.

DANIEL 4:34

Mas ao fim daqueles dias, eu, Nabucodonosor, levantei os olhos ao céu, e recuperei o entendimento. Então eu bendisse o Altíssimo, e louvei e glorifiquei aquele que vive para sempre: "O seu domínio é eterno, e o seu reino se estende de geração em geração".

1 TIMÓTEO 6:13-16

Diante de Deus, que preserva a vida de todas as coisas, e diante de Cristo Jesus, que, na presença de Pôncio Pilatos, fez a boa confissão, eu exorto você a guardar este mandato imaculado, irrepreensível, até a manifestação de nosso Senhor Jesus Cristo, a qual, no tempo certo, há de ser revelada pelo bendito e único Soberano, o Rei dos reis e Senhor dos senhores, o único que possui imortalidade, que habita em luz inacessível, a quem ninguém jamais viu, nem é capaz de ver. A ele honra e poder eterno. Amém!

Deus é o verdadeiro Rei sobre todas as pessoas. Seu reinado de santidade e amor será para todo o sempre e jamais terá fim.

FEVEREIRO 21
O único Deus de todas as épocas

SALMO 146:3-6

Não confiem em príncipes, nem nos filhos dos homens, em quem não há salvação. Sai-lhes o espírito, e eles voltam ao pó; nesse mesmo dia, acabam todos os seus planos. Bem-aventurado aquele que tem o Deus de Jacó por seu auxílio, cuja esperança está no Senhor, seu Deus, que fez os céus e a terra, o mar e tudo o que neles há e mantém para sempre a sua fidelidade.

ISAÍAS 41:4

Quem fez e executou tudo isso? Aquele que desde o princípio tem chamado as gerações à existência, eu, o Senhor, o primeiro, e aquele que estará com os últimos; eu mesmo.

APOCALIPSE 1:17-18

Ao vê-lo, caí aos seus pés como morto. Porém ele pôs sobre mim a mão direita, dizendo:
—Não tenha medo. Eu sou o primeiro e o último e aquele que vive. Estive morto, mas eis que estou vivo para todo o sempre e tenho as chaves da morte e do inferno.

Há algo sobre o seu futuro que o preocupa? Peça a Deus para lembrar você de que, assim como Ele sustentou todas as coisas no passado, Ele as sustentará também no futuro.

FEVEREIRO 22

Deus é completamente autossuficiente

SALMO 50:9-11

Não aceitarei novilhos da sua casa, nem bodes dos seus apriscos. Pois são meus todos os animais do bosque e o gado aos milhares sobre as montanhas. Conheço todas as aves dos montes, e são meus todos os animais que vivem no campo.

JÓ 12:7-10

Mas pergunte agora aos animais, e cada um deles o ensinará; pergunte às aves do céu, e elas lhe contarão. Ou fale com a terra, e ela o instruirá; até os peixes do mar lhe contarão. De todos estes, quem não sabe que a mão do SENHOR fez isto? Na sua mão está a vida de todos os seres vivos e o espírito de todo o gênero humano.

2 TIMÓTEO 1:9-10

[Deus] nos salvou e nos chamou com santa vocação, não segundo as nossas obras, mas conforme a sua própria determinação e graça que nos foi dada em Cristo Jesus, antes dos tempos eternos, e manifestada agora pelo aparecimento de nosso Salvador Cristo Jesus. Ele não só destruiu a morte, como trouxe à luz a vida e a imortalidade, mediante o evangelho.

Senhor, Tu não necessitas nada de mim, pois, na verdade, tudo já pertence a ti. Agradeço-te por me convidares a ter um santo relacionamento contigo por causa do Teu propósito e graça. Em nome de Jesus. Amém!

FEVEREIRO 23

A suficiência eterna de Deus na Trindade

SALMO 95:3-5

Porque o Senhor é o Deus supremo e o grande Rei acima de todos os deuses. Nas suas mãos estão as profundezas da terra, e as alturas dos montes lhe pertencem. Dele é o mar, pois ele o fez; obra de suas mãos, os continentes.

PROVÉRBIOS 30:1-4

Palavras de Agur, filho de Jaque, de Massá. O homem disse: "Estou cansado, ó Deus; estou cansado, ó Deus, e exausto porque sou demasiadamente estúpido para ser homem. Não tenho a inteligência de um ser humano, não aprendi a sabedoria, nem tenho o conhecimento do Santo. Quem subiu ao céu e desceu? Quem pegou o vento com as suas mãos? Quem amarrou as águas na sua roupa? Quem estabeleceu todas as extremidades da terra? Qual é o seu nome, e qual é o nome de seu filho, se é que você o sabe?".

JOÃO 1:1-2

No princípio era o Verbo, e o Verbo estava com Deus, e o Verbo era Deus. Ele estava no princípio com Deus.

Deus não precisa da criação. Ele sempre teve tudo aquilo de que precisa, no relacionamento eterno de Pai, Filho e Espírito Santo.

FEVEREIRO 24

A provisão de Deus pela Sua suficiência

SALMO 65:9-11

> Tu visitas a terra e a regas; tu a enriqueces grandemente. Os ribeiros de Deus são abundantes de água; provês o cereal, porque para isso preparas a terra, regando-lhe os sulcos e desmanchando os torrões. Tu a amoleces com chuviscos e lhe abençoas a produção. Coroas o ano da tua bondade; as tuas pegadas destilam fartura.

ÊXODO 16:11-12

> E o SENHOR disse a Moisés:
> —Tenho ouvido as murmurações dos filhos de Israel. Diga-lhes: "Ao crepúsculo da tarde, vocês comerão carne, e, pela manhã, vocês comerão pão à vontade, e saberão que eu sou o SENHOR, seu Deus".

FILIPENSES 4:19-20

> E o meu Deus, segundo a sua riqueza em glória, há de suprir, em Cristo Jesus, tudo aquilo de que vocês precisam. A nosso Deus e Pai seja a glória para todo o sempre. Amém!

Em que área você vê diariamente a provisão de Deus em sua vida? Agradeça a Ele por suprir suas necessidades a partir da riqueza dele.

FEVEREIRO 25

A suficiência do governo de Deus

SALMO 93:3-5

Levantam os rios, ó Senhor, levantam os rios o seu bramido; levantam os rios o seu fragor. Mas o Senhor nas alturas é mais poderoso do que o bramido das grandes águas, do que as poderosas ondas do mar. Os teus testemunhos são fidelíssimos; à tua casa convém a santidade, Senhor, para todo o sempre.

DANIEL 6:26-27

Faço um decreto pelo qual, em todo o domínio do meu reino, todos tremam e temam diante do Deus de Daniel. Porque ele é o Deus vivo e que permanece para sempre. O seu reino não será destruído, e o seu domínio não terá fim. Ele livra, salva, e faz sinais e maravilhas no céu e na terra. Foi ele quem livrou Daniel do poder dos leões.

MATEUS 6:31-34

Portanto, não se preocupem, dizendo: "Que comeremos?", "Que beberemos?" ou "Com que nos vestiremos?". Porque os gentios é que procuram todas estas coisas. O Pai de vocês, que está no céu, sabe que vocês precisam de todas elas. Mas busquem em primeiro lugar o Reino de Deus e a sua justiça, e todas estas coisas lhes serão acrescentadas.

—Portanto, não se preocupem com o dia de amanhã, pois o amanhã trará os seus cuidados; basta ao dia o seu próprio mal.

Senhor, penso frequentemente que eu sei melhor como as coisas devem ser conduzidas. Por favor, ensina-me a crer que somente Tu conheces a melhor forma de administrar todas as coisas. Em nome de Jesus. Amém!

FEVEREIRO 26

Deus é suficiente para salvar

SALMO 40:16-17

> Exultem e em ti se alegrem todos os que te buscam; os que amam a tua salvação digam sempre: "O Senhor seja engrandecido!". Eu sou pobre e necessitado, porém o Senhor cuida de mim. Tu és o meu amparo e o meu libertador; não te demores, ó Deus meu!

DEUTERONÔMIO 32:39

> Vejam, agora, que eu, sim, eu sou Ele, e que não há nenhum deus além de mim; eu mato e eu faço viver; eu firo e eu saro; e não há quem possa livrar alguém da minha mão.

ATOS 4:11-12

Este Jesus é a pedra que vocês, os construtores, rejeitaram, mas ele veio a ser a pedra angular. E não há salvação em nenhum outro, porque debaixo do céu não existe nenhum outro nome, dado entre os homens, pelo qual importa que sejamos salvos.

― ~ ―

Deus salva o Seu povo, no tempo dele e da maneira dele. A salvação providenciada por Ele é suficiente para você.

FEVEREIRO 27

A criação a partir da autossuficiência de Deus

SALMO 139:13-15

> Pois tu formaste o meu interior, tu me teceste no ventre de minha mãe. Graças te dou, visto que de modo assombrosamente maravilhoso me formaste; as tuas obras são admiráveis, e a minha alma o sabe muito bem. Os meus ossos não te foram encobertos, quando no oculto fui formado e entretecido como nas profundezas da terra.

GÊNESIS 2:7

> Então o Senhor Deus formou o homem do pó da terra e lhe soprou nas narinas o fôlego de vida, e o homem se tornou um ser vivente.

ATOS 17:28

> [Em Deus] vivemos, nos movemos e existimos, como alguns dos poetas de vocês disseram: "Porque dele também somos geração".

Existe algum aspecto seu ou em seu corpo que, às vezes, parece um erro? Converse com Deus sobre isso, e peça que Ele lembre você de que Ele cria e sustenta a vida a partir da vida eterna dele.

FEVEREIRO 28

Totalmente suficiente sem nossos sacrifícios

SALMO 51:15-16

Abre, Senhor, os meus lábios, e a minha boca manifestará o teu louvor. Pois não te agradas de sacrifícios; do contrário, eu os ofereceria; e não tens prazer em holocaustos.

ISAÍAS 1:11-13

O Senhor diz: "De que me serve a multidão dos sacrifícios que vocês oferecem? Estou farto dos holocaustos de carneiros e da gordura de animais cevados. Não me agrado do sangue de novilhos, nem de cordeiros, nem de bodes. Quando comparecem diante de mim, quem requereu de vocês esse pisotear dos meus átrios? Não me tragam mais ofertas vãs! O incenso é para mim abominação, e também as Festas da Lua Nova, os sábados e a convocação das assembleias. Não posso suportar iniquidade associada à reunião solene".

HEBREUS 10:5-7

Por isso, ao entrar no mundo, Cristo disse: "Sacrifício e oferta não quiseste, mas preparaste um corpo para mim; não te agradaste de holocaustos e ofertas pelo pecado. Então eu disse: 'Eis aqui estou! No rolo do livro está escrito a meu respeito. Estou aqui para fazer, ó Deus, a tua vontade'".

Senhor, Tu não precisas de esforço algum de minha parte para apaziguar-te ou impressionar-te. Por favor, ensina-me que Tu és inteiramente suficiente sem que eu precise fazer algo por ti. Em nome de Jesus. Amém!

FEVEREIRO 29

Deus é santo

SALMO 29:2-4

Deem ao Senhor a glória devida ao seu nome, adorem o Senhor na beleza da sua santidade.
Ouve-se a voz do Senhor sobre as águas; o Deus da glória troveja; o Senhor está sobre as muitas águas.
A voz do Senhor é poderosa; a voz do Senhor é cheia de majestade.

ÊXODO 15:11

Ó Senhor, quem é como tu entre os deuses? Quem é como tu, glorificado em santidade, terrível em feitos gloriosos, que operas maravilhas?

APOCALIPSE 15:3-4

E entoavam o cântico de Moisés, servo de Deus, e o cântico do Cordeiro, dizendo: "Grandes e admiráveis são as tuas obras, Senhor Deus, Todo-Poderoso! Justos e verdadeiros são os teus caminhos, ó Rei das nações! Quem não temerá e não glorificará o teu nome, ó Senhor? Pois só tu és santo. Por isso, todas as nações virão e se prostrarão diante de ti, porque os teus atos de justiça se fizeram manifestos".

Deus é o único e verdadeiro Deus. Seu poder, glória e majestade são inigualáveis, não há quem se compare a Ele.

MARÇO

Misericordioso

Preciosa a graça de Jesus,
Que um dia me salvou.
Perdido andei, sem ver a luz,
Mas Cristo me encontrou.

A graça, então, meu coração
Do medo libertou.
Oh, quão preciosa salvação
A graça me outorgou!

Promessas deu-me o Salvador,
E nele eu posso crer
É meu refúgio e protetor
Em todo o meu viver.

Perigos mil atravessei
E a graça me valeu.
Eu são e salvo agora irei
Ao santo lar no céu.

Preciosa a graça de Jesus (HCC 314)
Autor: John Newton (1725–1807)

MARÇO 1

A eterna misericórdia de Deus

SALMO 25:6-7

Lembra-te, Senhor, das tuas misericórdias e das tuas bondades, que são desde a eternidade. Não te lembres dos meus pecados da mocidade, nem das minhas transgressões. Lembra-te de mim, segundo a tua misericórdia, por causa da tua bondade, ó Senhor.

ISAÍAS 63:8-9

Porque ele dizia: "Certamente eles são o meu povo, filhos que nunca me trairão". E ele se tornou o Salvador deles. Em toda a angústia deles, também ele se angustiava; e o Anjo da sua presença os salvou. Por seu amor e por sua compaixão, ele mesmo os remiu, os tomou e os conduziu todos os dias da antiguidade.

LUCAS 1:50,54-55

A sua misericórdia vai de geração em geração sobre os que o temem. [...]
Amparou Israel, seu servo, a fim de lembrar-se da sua misericórdia a favor de Abraão e de sua descendência, para sempre, como havia prometido aos nossos pais.

~~~

O que lembra você das misericórdias de Deus sobre sua vida? De que maneira você tem visto a misericórdia do Senhor na vida de outros ao seu redor ou em sua comunidade de fé?

MARÇO 2

O Deus que revela Sua misericórdia

SALMO 27:7-9

Ouve, Senhor, a minha voz; eu clamo; tem compaixão de mim e responde-me.
Ao meu coração me ocorre: "Busquem a minha presença".
Buscarei, pois, Senhor, a tua presença. Não me escondas, Senhor, a tua face; não rejeites com ira o teu servo. Tu és o meu auxílio; não me deixes, nem me abandones, ó Deus da minha salvação.

ÊXODO 33:18-19

Então Moisés disse:
—Peço que me mostres a tua glória.
O Senhor respondeu:
—Farei passar toda a minha bondade diante de você e lhe proclamarei o nome do Senhor; terei misericórdia de quem eu tiver misericórdia e me compadecerei de quem eu me compadecer.

ROMANOS 9:14-16

Que diremos, então? Que Deus é injusto? De modo nenhum! Pois ele diz a Moisés: "Terei misericórdia de quem eu tiver misericórdia e terei compaixão de quem eu tiver compaixão". Assim, pois, isto não depende de quem quer ou de quem corre, mas de Deus, que tem misericórdia.

Senhor, às vezes eu me esqueço da Tua misericórdia e acredito que o meu sofrimento significa que Tu estás contra mim. Revela-te a mim, eu quero conhecer quem Tu és. Em nome de Jesus. Amém!

MARÇO 3

A misericórdia de Deus sobre nosso pecado

SALMO 51:1-2

Compadece-te de mim, ó Deus, segundo a tua benignidade; e, segundo a multidão das tuas misericórdias, apaga as minhas transgressões. Lava-me completamente da minha iniquidade e purifica-me do meu pecado.

MIQUEIAS 7:18-20

Quem é semelhante a ti, ó Deus, que perdoas a iniquidade e te esqueces da transgressão do remanescente da tua herança? O Senhor não retém a sua ira para sempre, porque tem prazer na misericórdia. Ele voltará a ter compaixão de nós; pisará aos pés as nossas iniquidades e lançará todos os nossos pecados nas profundezas do mar. Mostrarás a Jacó a fidelidade e a Abraão, a misericórdia, as quais juraste aos nossos pais, desde os dias antigos.

TITO 3:3-5

Pois nós também, no passado, éramos insensatos, desobedientes, desgarrados, escravos de todo tipo de paixões e prazeres, vivendo em maldade e inveja, sendo odiados e odiando-nos uns aos outros. Mas quando se manifestou a bondade de Deus, nosso Salvador, e o seu amor por todos, ele nos salvou, não por obras de justiça praticadas por nós, mas segundo a sua misericórdia. Ele nos salvou mediante o lavar regenerador e renovador do Espírito Santo,

Deus nos salva mediante a Sua misericórdia, pois Ele é bom, compassivo e amoroso.

MARÇO 4

A misericórdia de Deus com o Seu povo

SALMO 135:13-14

O teu nome, Senhor, permanece para sempre; a tua memória, Senhor, passará de geração em geração. Pois o Senhor julga o seu povo e se compadece dos seus servos. Os ídolos das nações são prata e ouro, obra de mãos humanas.

DEUTERONÔMIO 4:30-31

Quando estiverem em angústia, e todas estas coisas lhes sobrevierem nos últimos dias, e vocês se voltarem para o Senhor, seu Deus, e lhe atenderem a voz, então o Senhor, o Deus de vocês, não os abandonará, porque é Deus misericordioso, nem os destruirá, nem se esquecerá da aliança que jurou aos pais de vocês.

1 PEDRO 1:3-5

Bendito seja o Deus e Pai de nosso Senhor Jesus Cristo, que, segundo a sua grande misericórdia, nos regenerou para uma viva esperança, mediante a ressurreição de Jesus Cristo dentre os mortos, para uma herança que não pode ser destruída, que não fica manchada, que não murcha e que está reservada nos céus para vocês, que são guardados pelo poder de Deus, mediante a fé, para a salvação preparada para ser revelada no último tempo.

Qual área de sua vida você precisa submeter a Deus? Converse com Ele sobre isso e peça que lhe mostre a profundidade da misericórdia dele e a viva esperança que há para você em Cristo.

MARÇO 5

A misericórdia de Deus por meio de Seu povo

SALMO 30:8-9

Por ti, Senhor, clamei; ao Senhor implorei. Que proveito obterás no meu sangue, quando baixo à cova? Será que o pó é capaz de te louvar? Poderá ele declarar a tua verdade?

MIQUEIAS 6:7-8

Será que o Senhor se agrada com milhares de carneiros, com dez mil ribeiros de azeite? Darei o meu primogênito pela minha transgressão, o fruto do meu corpo, pelo pecado da minha alma? Ele já mostrou a você o que é bom; e o que o Senhor pede de você? Que pratique a justiça, ame a misericórdia e ande humildemente com o seu Deus.

MATEUS 9:10-13

Estando Jesus à mesa, na casa de Mateus, muitos publicanos e pecadores vieram e tomaram lugares com Jesus e os seus discípulos. Vendo isto, os fariseus perguntavam aos discípulos de Jesus:

—Por que o Mestre de vocês come com os publicanos e pecadores?

Mas Jesus, ouvindo, disse:

—Os sãos não precisam de médico, e sim os doentes. Vão e aprendam o que significa: "Quero misericórdia, e não sacrifício". Pois não vim chamar justos, e sim pecadores.

Senhor, Tu és o Deus de misericórdia e desejas que eu seja misericordioso também. Ajuda-me a contar aos outros sobre a misericórdia que tens me revelado. Que eu trate os outros com misericórdia, justiça e humildade. Em nome de Jesus. Amém!

MARÇO 6

A misericórdia de Deus quando Ele disciplina

SALMO 77:7-9

Será que o Senhor nos rejeitará para sempre? Acaso, não voltará a ser propício? Cessou perpetuamente a sua graça? Caducou a sua promessa para todas as gerações? Será que Deus se esqueceu de ser bondoso? Ou será que encerrou as suas misericórdias na sua ira?"

HABACUQUE 3:2

Senhor, tenho ouvido a tua fama, e me sinto alarmado. Aviva a tua obra, ó Senhor, no decorrer dos anos, e, no decurso dos anos, faze-a conhecida. Na tua ira, lembra-te da misericórdia.

JUDAS 1:20-23

Mas vocês, meus amados, edificando-se na fé santíssima que vocês têm, orando no Espírito Santo, mantenham-se no amor de Deus, esperando a misericórdia do nosso Senhor Jesus Cristo, que conduz para a vida eterna. E tenham compaixão de alguns que estão em dúvida; salvem outros, arrebatando-os do fogo; quanto a outros, sejam também compassivos, mas com temor, detestando até a roupa contaminada pela carne.

A ira de Deus contra o pecado pode nos parecer injustiça ou rejeição; mas, em Sua misericórdia, Ele está nos conduzindo para a vida eterna, mesmo quando não conseguimos enxergar isso.

MARÇO 7

A misericórdia de Deus nas dificuldades da vida

SALMO 57:1-3

Tem misericórdia de mim, ó Deus, tem misericórdia, pois em ti a minha alma se refugia; à sombra das tuas asas me abrigo, até que passem as calamidades. Clamarei ao Deus Altíssimo, ao Deus que por mim tudo executa. Dos céus ele me envia o seu auxílio e me livra; cobre de vergonha os que procuram me destruir. Envia a sua misericórdia e a sua fidelidade.

2 SAMUEL 24:14

Então Davi disse a Gade:
—Estou muito angustiado. Porém é preferível que caiamos nas mãos do Senhor, porque muitas são as suas misericórdias; não quero cair nas mãos dos homens.

HEBREUS 4:15-16

Porque não temos sumo sacerdote que não possa se compadecer das nossas fraquezas; pelo contrário, ele foi tentado em todas as coisas, à nossa semelhança, mas sem pecado. Portanto, aproximemo-nos do trono da graça com confiança, a fim de recebermos misericórdia e encontrarmos graça para ajuda em momento oportuno.

Quais palavras ou frases dos trechos bíblicos acima chamaram a sua atenção? Separe um tempo e converse com Deus sobre isso.

MARÇO 8

A compaixão infalível de Deus

SALMO 85:5-7

Estarás para sempre irado contra nós? Prolongarás a tua ira por todas as gerações? Será que não tornarás a vivificar-nos, para que em ti se alegre o teu povo? Mostra-nos, Senhor, a tua misericórdia e concede-nos a tua salvação.

LAMENTAÇÕES 3:22-24

As misericórdias do Senhor são a causa de não sermos consumidos, porque as suas misericórdias não têm fim; renovam-se cada manhã. Grande é a tua fidelidade.
"A minha porção é o Senhor", diz a minha alma; "portanto, esperarei nele".

2 CORÍNTIOS 1:3-5

Bendito seja o Deus e Pai de nosso Senhor Jesus Cristo, o Pai de misericórdias e Deus de toda consolação! É ele que nos consola em toda a nossa tribulação, para que, pela consolação que nós mesmos recebemos de Deus, possamos consolar os que estiverem em qualquer espécie de tribulação. Porque, assim como transbordam sobre nós os sofrimentos de Cristo, assim também por meio de Cristo transborda o nosso consolo.

Senhor, toda manhã eu posso acordar confiantemente crendo que tens compaixão por mim. Por favor, ajuda-me a entender que não há nada mais seguro do que a Tua compaixão. Em nome de Jesus. Amém!

MARÇO 9

Deus, nosso Pai compassivo

SALMO 72:3-4

> Os montes trarão paz ao povo; também as colinas a trarão, com justiça. Que o rei julgue os aflitos do povo, salve os filhos dos necessitados e esmague o opressor.

ISAÍAS 49:15-16

> O Senhor responde: "Será que uma mulher pode se esquecer do filho que ainda mama, de maneira que não se compadeça do filho do seu ventre? Mas ainda que esta viesse a se esquecer dele, eu, porém, não me esquecerei de você. Eis que eu gravei você nas palmas das minhas mãos; as suas muralhas estão continuamente diante de mim".

LUCAS 15:20-24

> E, arrumando-se, foi para o seu pai. — Vinha ele ainda longe, quando seu pai o avistou e, compadecido dele, correndo, o abraçou e beijou. E o filho lhe disse: "Pai, pequei contra Deus e diante do senhor; já não sou digno de ser chamado de seu filho". O pai, porém, disse aos servos: "Tragam depressa a melhor roupa e vistam nele. Ponham um anel no dedo dele e sandálias nos pés. Tragam e matem o bezerro gordo. Vamos comer e festejar, porque este meu filho estava morto e reviveu, estava perdido e foi achado". E começaram a festejar.

Seja qual for a sua experiência com seus pais terrenos, Deus, o Pai celestial, tem compaixão com os Seus filhos.

MARÇO 10

A compaixão de Deus por Seu povo da aliança

SALMO 102:13-14

Tu te levantarás e terás piedade de Sião; é tempo de te compadeceres dela, e já chegou a sua hora. Porque os teus servos amam até as pedras de Sião e se compadecem do seu pó.

ZACARIAS 10:6

Fortalecerei a casa de Judá e salvarei a casa de José. Eu os farei voltar, porque me compadeço deles; e serão como se eu não os tivesse rejeitado, porque eu sou o Senhor, seu Deus, e os ouvirei.

LUCAS 1:76-79

E você, menino, será chamado profeta do Altíssimo, porque precederá o Senhor, preparando-lhe os caminhos, para dar ao seu povo conhecimento da salvação, por meio da remissão dos seus pecados, graças à profunda misericórdia de nosso Deus, pela qual nos visitará o sol nascente das alturas, para iluminar os que jazem nas trevas e na sombra da morte, e dirigir os nossos pés pelo caminho da paz.

Em que momento você sentiu que Deus o rejeitou ou o deixou às escuras? Apresente esses sentimentos diante de Deus e peça a Ele que lhe mostre a Sua terna compaixão.

MARÇO 11

A compaixão convidativa de Deus

SALMO 90:13-14

> Volta-te, SENHOR! Até quando estarás indignado? Tem compaixão dos teus servos. Sacia-nos de manhã com a tua bondade, para que cantemos de júbilo e nos alegremos todos os nossos dias.

LAMENTAÇÕES 3:31-33

> O Senhor não rejeitará para sempre. Ainda que entristeça alguém, terá compaixão segundo a grandeza das suas misericórdias. Porque não aflige nem entristece de bom grado os filhos dos homens.

LUCAS 6:35-36

> Vocês, porém, amem os seus inimigos, façam o bem e emprestem, sem esperar nada em troca; vocês terão uma grande recompensa e serão filhos do Altíssimo. Pois ele é bondoso até para os ingratos e maus. Sejam misericordiosos, como também é misericordioso o Pai de vocês.

Senhor, Tu és tão diferente de mim. Tu amas Teus inimigos bem como aqueles que são ingratos e perversos. Tu não afliges ninguém a Teu bel-prazer. Ensina-me a ser misericordioso como Tu és. Em nome de Jesus. Amém!

MARÇO 12

A compaixão de Deus diante das necessidades diárias

SALMO 111:4-5

Ele fez memoráveis as suas maravilhas; bondoso e compassivo é o Senhor. Ele dá sustento aos que o temem; sempre se lembra da sua aliança.

NEEMIAS 9:19-21

Mas tu, pela multidão das tuas misericórdias, não os abandonaste no deserto. A coluna de nuvem nunca se afastou deles durante o dia, para os guiar pelo caminho, nem a coluna de fogo durante a noite, para iluminar o caminho por onde deviam seguir. E lhes concedeste o teu bom Espírito, para os ensinar. Não lhes negaste o teu maná, para poderem comer, e lhes deste água quando tiveram sede. Durante quarenta anos tu os sustentaste no deserto, e nada lhes faltou; as roupas que eles usavam não envelheceram, e os seus pés não ficaram inchados.

MARCOS 8:1-3

Naqueles dias, quando outra vez se reuniu grande multidão, e não tendo o que comer, Jesus chamou os discípulos e lhes disse: —Tenho compaixão desta gente, porque já faz três dias que eles estão comigo e não têm o que comer. Se eu os mandar para casa em jejum, desfalecerão pelo caminho; e alguns deles vieram de longe.

Deus se importa se você tem o que comer, o que beber ou o que vestir. Necessidade alguma é básica demais para a compaixão do Senhor.

MARÇO 13

A compaixão de Deus pelos necessitados

SALMO 116:5-6

Compassivo e justo é o Senhor; o nosso Deus é misericordioso.
   O Senhor vela pelos simples; quando eu estava prostrado, ele me salvou.

ÊXODO 22:25-27

Se você emprestar dinheiro a alguém do meu povo, ao pobre que está com você, não trate com ele como um credor que impõe juros. Se você pegar o manto do seu próximo como penhor, devolva-o antes do pôr do sol, porque é com ele que se cobre, é a roupa do seu corpo; em que ele se deitaria? Quando ele clamar a mim, eu o ouvirei, porque sou misericordioso.

MATEUS 9:35-36

E Jesus percorria todas as cidades e aldeias, ensinando nas sinagogas, pregando o evangelho do Reino e curando todo tipo de doenças e enfermidades. Ao ver as multidões, Jesus se compadeceu delas, porque estavam aflitas e exaustas como ovelhas que não têm pastor.

De que maneira você tem visto a compaixão de Deus se manifestar sobre sua vida quando você precisa? Como você pode demonstrar compaixão cristã para com os necessitados ao seu redor?

MARÇO 14

A compaixão das leis de Deus

SALMO 119:156-157

Muitas, Senhor, são as tuas misericórdias; vivifica-me, segundo os teus juízos. São muitos os meus perseguidores e os meus adversários, mas eu não me desvio dos teus testemunhos.

DEUTERONÔMIO 30:2-4

[Quando] voltarem para o Senhor, seu Deus, vocês e os seus filhos, de todo o seu coração e de toda a sua alma, e derem ouvidos à sua voz, segundo tudo o que hoje lhes ordeno, então o Senhor, seu Deus, mudará a sorte de vocês, e se compadecerá de vocês, e os reunirá de todos os povos entre os quais o Senhor, o Deus de vocês, os havia espalhado. Ainda que os desterrados estejam nos lugares mais distantes da terra, desde aí o Senhor, seu Deus, os ajuntará e os trará de volta.

MATEUS 23:23-24

Ai de vocês, escribas e fariseus, hipócritas, porque vocês dão o dízimo da hortelã, do endro e do cominho e desprezam os preceitos mais importantes da Lei: a justiça, a misericórdia e a fé. Mas vocês deviam fazer estas coisas, sem omitir aquelas! Guias cegos! Coam um mosquito, mas engolem um camelo!

Senhor, perdoa-me e mostra-me a Tua compaixão por eu negligenciar os Teus mandamentos sobre viver corretamente. Que meus relacionamentos sejam cheios de misericórdia, justiça e fidelidade, como os Teus relacionamentos são. Em nome de Jesus. Amém!

MARÇO 15

Deus é tardio em se irar

SALMO 103:7-10

Manifestou os seus caminhos a Moisés e os seus feitos aos filhos de Israel. O Senhor é compassivo e bondoso; tardio em irar-se e rico em bondade. Não repreende perpetuamente, nem conserva para sempre a sua ira. Não nos trata segundo os nossos pecados, nem nos retribui conforme as nossas iniquidades.

ÊXODO 34:5-6

O Senhor desceu na nuvem, esteve ali junto de Moisés e proclamou o nome do Senhor. O Senhor passou diante de Moisés e proclamou:
—O Senhor! O Senhor Deus compassivo e bondoso, tardio em irar-se e grande em misericórdia e fidelidade.

2 PEDRO 3:8-9

Mas há uma coisa, amados, que vocês não devem esquecer: que, para o Senhor, um dia é como mil anos, e mil anos são como um dia. O Senhor não retarda a sua promessa, ainda que alguns a julguem demorada. Pelo contrário, ele é paciente com vocês, não querendo que ninguém pereça, mas que todos cheguem ao arrependimento.

Ser longânimo para se irar foi uma das primeiras e fundamentais características que Deus revelou a Moisés quando ele pediu para ver a Deus.

A momentânea ira de Deus

MARÇO 16

SALMO 30:4-5

Cantem louvores ao Senhor, vocês que são os seus santos, e deem graças ao seu santo nome. Porque a sua ira dura só um momento, mas o seu favor dura a vida inteira. O choro pode durar uma noite, mas a alegria vem pela manhã.

ISAÍAS 54:7-8

"Por um breve momento abandonei você, mas com grande misericórdia tornarei a acolhê-la. Num ímpeto de indignação, escondi de você a minha face por um momento, mas com misericórdia eterna me compadeço de você", diz o Senhor, o seu Redentor.

1 CORÍNTIOS 13:4-5

O amor é paciente e bondoso. O amor não arde em ciúmes, não se envaidece, não é orgulhoso, não se conduz de forma inconveniente, não busca os seus interesses, não se irrita, não se ressente do mal.

Você sente que Deus está irado com algum pecado em sua vida? Converse com Ele a respeito disso. Arrependa-se daquilo que você precisa se arrepender, e lembre-se de que a bondade e a compaixão dele são eternas.

MARÇO 17

A incompreensível espera de Deus em se irar

SALMO 86:14-16

Ó Deus, os soberbos se levantaram contra mim, e um bando de violentos procura tirar-me a vida; eles não te consideram. Mas tu, Senhor, és Deus compassivo e bondoso, tardio em irar-se e grande em misericórdia e fidelidade. Volta-te para mim e tem compaixão de mim; concede a tua força ao teu servo e salva o filho da tua serva.

JONAS 4:1-3

Mas Jonas ficou muito aborrecido e com raiva. Ele orou ao Senhor e disse:
—Ah! Senhor! Não foi isso que eu disse, estando ainda na minha terra? Por isso, me adiantei, fugindo para Társis, pois sabia que tu és Deus bondoso e compassivo, tardio em irar-se e grande em misericórdia, e que mudas de ideia quanto ao mal que anunciaste. Agora, Senhor, peço que me tires a vida, porque para mim é melhor morrer do que viver.

ROMANOS 5:10-11

Porque, se nós, quando inimigos, fomos reconciliados com Deus mediante a morte do seu Filho, muito mais, estando já reconciliados, seremos salvos pela sua vida! E não apenas isto, mas também nos gloriamos em Deus por meio do nosso Senhor Jesus Cristo, mediante o qual recebemos, agora, a reconciliação.

Senhor, eu não entendo por que Tu não derramas Tua ira sobre o mal, a injustiça e o orgulho que eu vejo ao meu redor. Por favor, ajuda-me a perceber o que Tu estás fazendo enquanto esperas para irar-se. Em nome de Jesus. Amém!

MARÇO 18

Vivenciando a tardia ira de Deus

SALMO 145:6-8

Falarão do poder dos teus feitos tremendos, e eu anunciarei a tua grandeza. Divulgarão a memória da tua imensa bondade e com júbilo celebrarão a tua justiça. Bondoso e compassivo é o Senhor, tardio em irar-se e grande em misericórdia.

ECLESIASTES 7:8-9

Melhor é o fim das coisas do que o seu princípio; a paciência é melhor do que a arrogância. Não se apresse em ficar irado, porque a ira se abriga no íntimo dos tolos.

TIAGO 1:19-21

Vocês sabem estas coisas, meus amados irmãos. Cada um esteja pronto para ouvir, mas seja tardio para falar e tardio para ficar irado. Porque a ira humana não produz a justiça de Deus. Portanto, deixando toda impureza e acúmulo de maldade, acolham com mansidão a palavra implantada em vocês, a qual é poderosa para salvá-los.

Deus é tardio em irar-se; logo, você também pode demorar para se irar.

MARÇO 19

A ira e o perdão oriundos de Deus

SALMO 78:38-39

Ele, porém, que é misericordioso, perdoa a iniquidade e não destrói; muitas vezes desvia a sua ira e não desperta toda a sua indignação. Lembra-se de que eles são simples mortais, vento que passa e não volta mais.

NÚMEROS 14:17-19

Agora, pois, peço que a força do meu Senhor se engrandeça, como tens falado, dizendo: "O Senhor é tardio em irar-se e rico em bondade; ele perdoa a iniquidade e a transgressão, mas não inocenta o culpado, e visita a iniquidade dos pais nos filhos até a terceira e a quarta geração". Perdoa, pois, a iniquidade deste povo, segundo a grandeza da tua misericórdia e como também tens perdoado a este povo desde a terra do Egito até aqui.

EFÉSIOS 2:3-5

Entre eles também nós todos andamos no passado, segundo as inclinações da nossa carne, fazendo a vontade da carne e dos pensamentos; e éramos por natureza filhos da ira, como também os demais. Mas Deus, sendo rico em misericórdia, por causa do grande amor com que nos amou, e estando nós mortos em nossas transgressões, nos deu vida juntamente com Cristo — pela graça vocês são salvos.

O que você sente quando para e pensa sobre o fato de que Deus o perdoou de pecados que mereciam a ira dele? Separe um tempo para agradecer ao Senhor por Sua abundante misericórdia.

MARÇO 20

Deus é tardio, mas justo em irar-se

SALMO 7:6-8

Levanta-te, Senhor, na tua indignação, mostra a tua grandeza contra a fúria dos meus adversários e desperta-te em meu favor, segundo o juízo que designaste. Reúnam-se os povos ao redor de ti, e das alturas domina sobre eles. O Senhor julga os povos; julga-me, Senhor, segundo a minha justiça e segundo a integridade que há em mim.

NAUM 1:3-4

O Senhor é tardio em irar-se, mas grande em poder e jamais inocenta o culpado. O Senhor tem o seu caminho na tormenta e na tempestade, e as nuvens são a poeira dos seus pés. Repreende o mar, e ele seca; faz com que todos os rios fiquem secos. Basã e o Carmelo desfalecem, e as flores do Líbano murcham.

ROMANOS 2:2-4

Bem sabemos que o juízo de Deus é segundo a verdade contra os que praticam tais coisas. E você, que condena os que praticam tais coisas, mas faz o mesmo que eles fazem, pensa que conseguirá se livrar do juízo de Deus? Ou será que você despreza a riqueza da bondade, da tolerância e da paciência de Deus, ignorando que a bondade de Deus é que leva você ao arrependimento?

Senhor, Tu és tardio em irar-se, mas punes os culpados. Ensina-me que não estou acima do Teu justo juízo. Mostra-me, por meio de Tua disciplina ou de Tua paciência, os danos dos meus pecados. Em nome de Jesus. Amém!

MARÇO 21

A tardia ira do único e verdadeiro Deus

SALMO 69:16-18

Responde-me, Senhor, pois compassiva é a tua graça; volta-te para mim segundo a riqueza das tuas misericórdias. Não escondas o rosto ao teu servo, pois estou angustiado; responde-me depressa. Aproxima-te de minha alma e redime-a; resgata-me por causa dos meus inimigos.

NEEMIAS 9:17-18

Recusaram ouvir-te e não se lembraram das tuas maravilhas, que fizeste no meio deles. Foram teimosos e na sua rebelião escolheram um chefe, com o propósito de voltarem para a sua servidão no Egito. Porém tu, ó Deus perdoador, bondoso e compassivo, tardio em irar-te e grande em bondade, tu não os abandonaste, nem mesmo quando fizeram para si um bezerro de metal fundido e disseram: "Este é o seu deus, que o tirou do Egito"; e cometeram grandes blasfêmias.

1 TESSALONICENSES 1:9-10

Porque, no que se refere a nós, as pessoas desses lugares falam sobre como foi a nossa chegada no meio de vocês e como, deixando os ídolos, vocês se converteram a Deus, para servir o Deus vivo e verdadeiro e para aguardar dos céus o seu Filho, a quem ele ressuscitou dentre os mortos, a saber, Jesus, que nos livra da ira vindoura.

Mesmo quando você busca outros deuses, Deus não desiste de você, pois Ele é paciente.

MARÇO 22

A generosidade de Deus

SALMO 31:19

Como é grande a tua bondade, que reservaste aos que te temem, da qual usas, diante dos filhos dos homens, para com os que em ti se refugiam!

JEREMIAS 31:10-12

Escutem a palavra do Senhor, ó nações, e anunciem isto nas terras distantes do mar. Digam: "Aquele que espalhou Israel o congregará e o guardará, como um pastor faz com o seu rebanho". Porque o Senhor redimiu Jacó e o livrou das mãos do que era mais forte do que ele. Hão de vir e exultar no monte Sião, radiantes de alegria por causa dos bens que o Senhor lhes deu: o cereal, o vinho, o azeite, os cordeiros e os bezerros. Serão como um jardim regado, e nunca mais desfalecerão.

ROMANOS 8:31-32

Que diremos, então, à vista destas coisas? Se Deus é por nós, quem será contra nós? Aquele que não poupou o seu próprio Filho, mas por todos nós o entregou, será que não nos dará graciosamente com ele todas as coisas?

Existe alguma área em sua vida que parece que está vazia ou em falta? Peça a Deus para lembrá-lo da generosidade que Ele tem demonstrado a você, começando pela dádiva do Seu Filho, Jesus.

MARÇO 23

A generosidade de Deus é superior

SALMO 23:5

Preparas-me uma mesa na presença dos meus adversários, unges a minha cabeça com óleo; o meu cálice transborda.

PROVÉRBIOS 11:24-25

Uns dão com generosidade e têm cada vez mais; outros retêm mais do que é justo e acabam na pobreza. A pessoa generosa prosperará, e quem dá de beber terá a sua sede saciada.

MATEUS 7:7-11

Peçam e lhes será dado; busquem e acharão; batam, e a porta será aberta para vocês. Pois todo o que pede recebe; o que busca encontra; e, a quem bate, a porta será aberta. Ou quem de vocês, se o filho pedir pão, lhe dará uma pedra? Ou, se pedir um peixe, lhe dará uma cobra? Ora, se vocês, que são maus, sabem dar coisas boas aos seus filhos, quanto mais o Pai de vocês, que está nos céus, dará coisas boas aos que lhe pedirem?

Senhor, muitas pessoas generosas já passaram pela minha vida. Porém Tu és mais generoso do que qualquer um que conheço. Ensina-me a ser generoso como Tu és. Em nome de Jesus. Amém!

MARÇO 24

A generosidade de Deus com os pobres

SALMO 68:9-10

Chuva abundante derramaste, ó Deus, sobre a tua herança; quando ela já estava exausta, tu a restabeleceste. Aí habitou o teu povo; em tua bondade, ó Deus, fizeste provisão para os necessitados.

LEVÍTICOS 25:35-36,38

Se alguém do seu povo se tornar pobre e as suas mãos se enfraquecerem, então você tem o dever de sustentá-lo; ele viverá com você como estrangeiro e peregrino. Não cobre dele juros nem ganho, mas tema o seu Deus, para que esse seu irmão possa viver perto de você. [...]

Eu sou o Senhor, o Deus de vocês, que os tirei da terra do Egito, para dar a vocês a terra de Canaã e para ser o seu Deus.

1 JOÃO 3:16-18

Nisto conhecemos o amor: que Cristo deu a sua vida por nós; portanto, também nós devemos dar a nossa vida pelos irmãos. Ora, se alguém possui recursos deste mundo e vê seu irmão passar necessidade, mas fecha o coração para essa pessoa, como pode permanecer nele o amor de Deus? Filhinhos, não amemos de palavra, nem da boca para fora, mas de fato e de verdade.

Deus ama os pobres e necessitados. Assim, pelo amor do Senhor derramado em sua vida, você pode demonstrar generosidade compartilhando o que você tem com quem precisa.

MARÇO 25

A generosidade de Deus bem administrada

SALMO 112:5

Feliz aquele que se compadece e empresta; ele defenderá a sua causa em juízo.

DEUTERONÔMIO 8:16-18

[Deus] no deserto os sustentou com maná, que os pais de vocês não conheciam; para humilhar vocês, para pôr vocês à prova e, afinal, lhes fazer bem. — Portanto, não pensem: "A minha força e o poder do meu braço me conseguiram estas riquezas". Pelo contrário, lembrem-se do Senhor, seu Deus, porque é ele quem lhes dá força para conseguir riquezas; para confirmar a sua aliança, que, sob juramento, prometeu aos pais de vocês, como hoje se vê.

1 TIMÓTEO 6:17-18

Exorte os ricos deste mundo a que não sejam orgulhosos, nem depositem a sua esperança na instabilidade da riqueza, mas em Deus, que tudo nos proporciona ricamente para o nosso prazer. Que eles façam o bem, sejam ricos em boas obras, generosos em dar e prontos a repartir.

Em que ocasião você foi abençoado pela generosidade de um irmão na fé? Como você pode manifestar a generosidade de Deus a alguém hoje?

A generosidade dos mandamentos de Deus

SALMO 119:13-14

Com os lábios tenho narrado todos os juízos da tua boca. Mais me alegro com o caminho dos teus testemunhos do que com todas as riquezas.

ISAÍAS 58:6-7

Será que não é este o jejum que escolhi: que vocês quebrem as correntes da injustiça, desfaçam as ataduras da servidão, deixem livres os oprimidos e acabem com todo tipo de servidão?
Será que não é também que vocês repartam o seu pão com os famintos, recolham em casa os pobres desabrigados, vistam os que encontrarem nus e não voltem as costas ao seu semelhante?

MATEUS 25:37-40

Então os justos perguntarão: "Quando foi que vimos o senhor com fome e lhe demos de comer? Ou com sede e lhe demos de beber? E quando foi que vimos o senhor como forasteiro e o hospedamos? Ou nu e o vestimos? E quando foi que vimos o senhor enfermo ou preso e fomos visitá-lo?". — O Rei, respondendo, lhes dirá: "Em verdade lhes digo que, sempre que o fizeram a um destes meus pequeninos irmãos, foi a mim que o fizeram".

Senhor, Tu generosamente revelaste o caminho para que eu viva em um relacionamento correto contigo e com outros. Por favor, ensina-me a ser generoso com o Senhor, com aqueles ao meu redor, com a Tua criação e comigo mesmo. Em nome de Jesus. Amém!

MARÇO 27

A generosa provisão de Deus

SALMO 104:14-16

Fazes crescer a relva para os animais e as plantas que o ser humano cultiva, para que da terra tire o seu alimento: o vinho, que alegra o coração, o azeite, que lhe dá brilho ao rosto, e o pão, que lhe sustém as forças. São saciadas as árvores do Senhor e os cedros do Líbano que ele plantou.

EZEQUIEL 47:12

Nas duas margens do rio nascerá todo tipo de árvore frutífera. As folhas dessas árvores não murcharão, e elas nunca deixarão de dar o seu fruto. Produzirão frutos novos todos os meses, porque são regadas pelas águas que saem do santuário. Os seus frutos servirão de alimento, e as suas folhas, de remédio.

MATEUS 14:19-21

E, tendo mandado que a multidão se assentasse sobre a relva, pegando os cinco pães e os dois peixes, erguendo os olhos para o céu, os abençoou. Depois, tendo partido os pães, deu-os aos discípulos, e estes deram às multidões. Todos comeram e se fartaram, e ainda recolheram doze cestos cheios dos pedaços que sobraram. E os que comeram eram cerca de cinco mil homens, além de mulheres e crianças.

Deus geralmente provê o sustento para a Sua amada criação — mesmo de maneiras que você não consegue imaginar ou entender.

MARÇO 28

A generosa salvação propiciada por Deus

SALMO 65:4-5

Bem-aventurado aquele a quem escolhes e aproximas de ti, para que habite nos teus átrios. Ficaremos satisfeitos com a bondade de tua casa — o teu santo templo. Com tremendos feitos nos respondes em tua justiça, ó Deus, Salvador nosso, esperança de todos os confins da terra e dos mares longínquos.

JEREMIAS 33:6-7

Eis que lhe trarei saúde e cura e os sararei; e lhes revelarei abundância de paz e segurança. Restaurarei a sorte de Judá e de Israel e os edificarei como no princípio.

EFÉSIOS 1:7-8

Nele temos a redenção, pelo seu sangue, a remissão dos pecados, segundo a riqueza da sua graça, que Deus derramou abundantemente sobre nós em toda a sabedoria e entendimento.

Em que área de sua vida você está esperando por resgate ou restauração? Peça a Deus para lhe revelar a graça que Ele generosamente derramou sobre você e para fortalecer a sua esperança em Sua redenção vindoura.

MARÇO 29

A resposta misericordiosa de Deus

SALMO 86:2-4

Preserva a minha alma, pois eu sou piedoso. Ó Deus meu, salva o teu servo que em ti confia. Compadece-te de mim, ó Senhor, pois a ti clamo todo o dia. Alegra a alma do teu servo, porque a ti, Senhor, elevo a minha alma.

DANIEL 9:17-19

E agora, ó nosso Deus, ouve a oração e as súplicas do teu servo.
Por amor do Senhor, faze resplandecer teu rosto sobre o teu santuário, que está abandonado. Inclina, ó Deus meu, os ouvidos e ouve! Abre os olhos e olha para a nossa desolação e para a cidade que é chamada pelo teu nome! Lançamos as nossas súplicas diante de ti não porque confiamos em nossas justiças, mas porque confiamos em tuas muitas misericórdias. Ó Senhor, ouve! Ó Senhor, perdoa! Ó Senhor, atende-nos e age! Não te demores, por amor de ti mesmo, ó meu Deus, porque a tua cidade e o teu povo são chamados pelo teu nome.

MATEUS 20:30,32-34

E eis que dois cegos, sentados à beira do caminho, tendo ouvido que Jesus passava, começaram a gritar:
—Senhor, Filho de Davi, tenha compaixão de nós! […]
Jesus parou, chamou-os e perguntou:
—O que vocês querem que eu lhes faça?
Eles responderam:
—Senhor, que se abram os nossos olhos.
Profundamente compadecido, Jesus tocou nos olhos deles. E imediatamente recuperaram a vista e o seguiram.

Senhor, peço-te que me concedas o que realmente é necessário para mim, não porque sou justo, mas por causa da Tua grande misericórdia. Senhor Jesus Cristo, Filho de Deus, tem misericórdia de mim!

MARÇO 30

Esperando na infalível compaixão de Deus

SALMO 31:9-10

Compadece-te de mim, Senhor, porque estou angustiado; de tristeza se consomem os meus olhos, a minha alma e o meu corpo. Gasta-se a minha vida na tristeza, e os meus anos, em gemidos; debilita-se a minha força, por causa da minha iniquidade, e os meus ossos se consomem.

ISAÍAS 30:18

Por isso, o Senhor espera, para ter misericórdia de vocês, e se levanta, para se compadecer de vocês, porque o Senhor é Deus de justiça. Bem-aventurados todos os que nele esperam.

TIAGO 5:10-11

Irmãos, tomem como exemplo de sofrimento e de paciência os profetas, que falaram em nome do Senhor. Eis que consideramos felizes os que foram perseverantes. Vocês ouviram a respeito da paciência de Jó e sabem como o Senhor fez com que tudo acabasse bem; porque o Senhor é cheio de misericórdia e compaixão.

Mesmo em meio ao sofrimento e angústia, você pode esperar com segurança na infalibilidade da compaixão e da misericórdia de Deus.

MARÇO 31

A eterna misericórdia de Deus

SALMO 132:13-16

Pois o Senhor escolheu Sião, preferiu-a por sua morada, dizendo: "Este é para sempre o lugar do meu repouso; aqui habitarei, pois este é o meu desejo. Abençoarei com abundância o seu mantimento e de pão fartarei os seus pobres. Vestirei de salvação os seus sacerdotes, e de júbilo exultarão os seus fiéis".

ISAÍAS 55:6-7

Busquem o Senhor enquanto ele pode ser encontrado; invoquem-no enquanto ele está perto. Que o ímpio abandone o seu mau caminho, e o homem mau, os seus pensamentos; converta-se ao Senhor, que se compadecerá dele, e volte-se para o nosso Deus, porque é rico em perdoar.

TITO 3:5-7

[Deus] nos salvou, não por obras de justiça praticadas por nós, mas segundo a sua misericórdia. Ele nos salvou mediante o lavar regenerador e renovador do Espírito Santo, que ele derramou sobre nós ricamente, por meio de Jesus Cristo, nosso Salvador, a fim de que, justificados por graça, nos tornemos seus herdeiros, segundo a esperança da vida eterna.

De que maneira você tem experimentado o agir do Espírito Santo para renovar sua vida? Ore e agradeça a Deus por derramar Sua generosidade sobre você — hoje e por toda a eternidade.

ABRIL

Fiel

Tu és fiel, Senhor, meu Pai celeste,
Pleno poder aos teus filhos darás.
Nunca mudaste: Tu nunca faltaste,
Tal como eras, tu sempre serás.

Tu és fiel, Senhor! Tu és fiel, Senhor!
Dia após dia, com bênçãos sem fim.
Tua mercê me sustenta e me guarda,
Tu és fiel, Senhor, fiel a mim.

Flores e frutos, montanhas e mares,
Sol, Lua, estrelas no céu a brilhar.
Tudo criaste na terra e nos ares,
Todo o Universo vem, pois, te louvar!

Pleno perdão tu dás: paz, segurança,
Cada momento me guias, Senhor.
E, no porvir, oh, que doce esperança,
Desfrutarei do teu rico favor!

Tu és fiel, Senhor (HC 535)
Autor Thomas Obediah Chisholm (1866–1960)

ABRIL 1

A fidelidade do nosso Deus

SALMO 36:5-6

A tua misericórdia, Senhor, chega até os céus, a tua fidelidade vai até as nuvens. A tua justiça é como as grandes montanhas; os teus juízos são como um abismo profundo. Tu, Senhor, preservas as pessoas e os animais.

DEUTERONÔMIO 7:7-9

O Senhor os amou e os escolheu, não porque vocês eram mais numerosos do que outros povos, pois vocês eram o menor de todos os povos. Mas porque o Senhor os amava e, para cumprir o juramento que tinha feito aos pais de vocês, o Senhor os tirou com mão poderosa e os resgatou da casa da servidão, do poder de Faraó, rei do Egito. Portanto, saibam que o Senhor, seu Deus, é Deus; ele é o Deus fiel, que guarda a aliança e a misericórdia até mil gerações aos que o amam e cumprem os seus mandamentos.

1 CORÍNTIOS 1:7-9

...de maneira que não lhes falta nenhum dom, enquanto aguardam a revelação de nosso Senhor Jesus Cristo. Ele também os confirmará até o fim, para que vocês sejam irrepreensíveis no Dia de nosso Senhor Jesus Cristo. Fiel é Deus, pelo qual vocês foram chamados à comunhão de seu Filho Jesus Cristo, nosso Senhor.

Senhor, agradeço-te por sempre fazeres o que Tu planejas fazer. Tua fidelidade se estende para além do que eu posso ver. Eu espero confiantemente pelo dia em que minha comunhão com o Teu Filho, Jesus, será plena e irrestrita. Em nome de Jesus. Amém!

ABRIL 2

A fidelidade de Deus às Suas promessas

SALMO 119:74-76

Aqueles que te temem se alegram quando me veem, porque na tua palavra tenho esperado. Bem sei, ó Senhor, que os teus juízos são justos e que com fidelidade me afligiste. Que a tua bondade me sirva de consolo, segundo a palavra que deste ao teu servo.

ZACARIAS 8:7-8

Assim diz o Senhor dos Exércitos: Eis que salvarei o meu povo, tirando-o da terra do Oriente e da terra do Ocidente. Eu os trarei, e habitarão em Jerusalém. Eles serão o meu povo, e eu serei o seu Deus, em verdade e em justiça.

1 TESSALONICENSES 5:23-24

O mesmo Deus da paz os santifique em tudo. E que o espírito, a alma e o corpo de vocês sejam conservados íntegros e irrepreensíveis na vinda de nosso Senhor Jesus Cristo. Fiel é aquele que os chama, o qual também o fará.

Deus realizará tudo o que Ele prometeu que faria.

ABRIL 3

A fidelidade de Deus quando somos infiéis

SALMO 89:30,32-33

Se os filhos dele desprezarem a minha lei e não andarem nos meus juízos [...], então punirei com vara as suas transgressões e com açoites, a sua iniquidade. Mas jamais retirarei dele a minha bondade, nem desmentirei a minha fidelidade.

JEREMIAS 3:12-13

Vá, pois, e proclame estas palavras para o lado do Norte, dizendo: "Volte, ó rebelde Israel", diz o Senhor, "e não farei cair a minha ira sobre você, porque eu sou compassivo", diz o Senhor, "e não manterei para sempre a minha ira. Tão somente reconheça a sua iniquidade, reconheça que você transgrediu contra o Senhor, seu Deus, e que você se prostituiu com os estranhos debaixo de todas as árvores frondosas e não deu ouvidos à minha voz", diz o Senhor.

2 TIMÓTEO 2:11-13

Fiel é esta palavra: "Se já morremos com ele, também viveremos com ele; se perseveramos, também com ele reinaremos; se o negamos, ele, por sua vez, nos negará; se somos infiéis, ele permanece fiel, pois de maneira nenhuma pode negar a si mesmo".

Em que você tem sido infiel a Deus ultimamente? Reconheça seu pecado e agradeça ao Senhor por jamais deixar de ser fiel a você.

ABRIL 4

A fidelidade de Deus para com as nações

SALMO 98:2-3

O Senhor fez notória a sua salvação; manifestou a sua justiça diante dos olhos das nações. Lembrou-se da sua misericórdia e da sua fidelidade para com a casa de Israel; todos os confins da terra viram a salvação do nosso Deus.

ISAÍAS 55:3-5

Deem ouvidos e venham a mim; escutem, e vocês viverão. Porque farei uma aliança eterna com vocês, que consiste nas fiéis misericórdias prometidas a Davi. Eis que eu fiz dele uma testemunha aos povos, um príncipe e governador dos povos. Eis que você chamará uma nação que você não conhece, e uma nação que nunca o conheceu virá correndo para junto de você, por causa do Senhor, seu Deus, e do Santo de Israel, porque este o glorificou.

APOCALIPSE 1:4-5

João, às sete igrejas que estão na província da Ásia: Que a graça e a paz estejam com vocês, da parte daquele que é, que era e que há de vir, da parte dos sete espíritos que estão diante do seu trono e da parte de Jesus Cristo, a Fiel Testemunha, o Primogênito dos mortos e o Soberano dos reis da terra. Àquele que nos ama e, pelo seu sangue, nos libertou dos nossos pecados.

Senhor, agradeço-te por continuares a atrair aqueles que não te conhecem para ti mesmo. Peço-te que, por meio da minha vida e do Teu povo, Tu tornes a Tua fidelidade conhecida em toda a Terra. Em nome de Jesus. Amém!

ABRIL 5

A fidelidade diária de Deus

SALMO 85:10-12

A graça e a verdade se encontraram, a justiça e a paz se beijaram. Da terra brota a verdade, dos céus a justiça baixa o seu olhar. Também o Senhor dará o que é bom, e a nossa terra produzirá o seu fruto.

JOEL 2:23-24

Filhos de Sião, alegrem-se e exultem no Senhor, seu Deus, porque ele lhes dará as chuvas em justa medida; fará descer, como no passado, as primeiras e as últimas chuvas. As eiras se encherão de trigo, e os lagares transbordarão de vinho e de azeite.

MATEUS 6:26

Observem as aves do céu, que não semeiam, não colhem, nem ajuntam em celeiros. No entanto, o Pai de vocês, que está no céu, as sustenta. Será que vocês não valem muito mais do que as aves?

Por Deus ser fiel a nós todos os dias, Ele sustenta o mundo e os ciclos da vida que nele há.

ABRIL 6

A eterna fidelidade de Deus

SALMO 89:1-4

Cantarei para sempre as tuas misericórdias, ó Senhor; os meus lábios proclamarão a todas as gerações a tua fidelidade. Pois eu disse: "A misericórdia está edificada para sempre; a tua fidelidade, tu a confirmarás nos céus". Tu disseste: "Fiz uma aliança com o meu escolhido e jurei a Davi, meu servo: 'Para sempre estabelecerei a sua posteridade e firmarei o seu trono de geração em geração'".

OSEIAS 2:19-20

Farei de você a minha esposa para sempre. Farei de você a minha esposa em justiça, em juízo, em bondade e em misericórdia. Farei de você a minha esposa em fidelidade, e você conhecerá o Senhor.

HEBREUS 10:22-23

Aproximemo-nos com um coração sincero, em plena certeza de fé, tendo o coração purificado de má consciência e o corpo lavado com água pura. Guardemos firme a confissão da esperança, sem vacilar, pois quem fez a promessa é fiel.

O que você sente quando considera que Deus prometeu torná-lo dele para sempre. Ore e compartilhe com o Senhor os seus pensamentos.

ABRIL 7

Jesus, a plenitude da fidelidade de Deus

SALMO 33:4

Porque a palavra do Senhor é reta, e todo o seu proceder é fiel.

ISAÍAS 42:1-4

Eis aqui o meu servo, a quem sustenho; o meu escolhido, em quem a minha alma se agrada. Pus sobre ele o meu Espírito, e ele promulgará o direito para os gentios. Não clamará, não gritará, nem fará ouvir na praça a sua voz. Não esmagará a cana quebrada, nem apagará o pavio que fumega; com fidelidade, promulgará o direito. Não desanimará, nem será esmagado até que estabeleça na terra a justiça; e as terras do mar aguardarão a sua doutrina.

2 CORÍNTIOS 1:18-20

Mas, como Deus é fiel, a nossa palavra, dirigida a vocês, não é "sim e não". Porque o Filho de Deus, Jesus Cristo, que foi anunciado entre vocês por nós, isto é, por mim, Silvano e Timóteo, não foi "sim e não"; pelo contrário, nele sempre houve o "sim". Porque todas as promessas de Deus têm nele o "sim". Por isso, também por meio dele se diz o "amém" para glória de Deus, por meio de nós.

Senhor, todas as Tuas promessas trazem retidão, justiça e verdade ao mundo que Tu criaste, e o "sim" para elas encontra-se em Jesus. Agradeço-te por tornares a restauração possível depois de prometer que Tu assim o farias. Em nome de Jesus. Amém!

ABRIL 8

O justo ciúme de Deus

SALMO 78:56-58

Ainda assim, tentaram o Deus Altíssimo, e a ele resistiram, e não lhe guardaram os testemunhos. Tornaram atrás e foram infiéis como os seus pais; desviaram-se como um arco enganoso. Pois o provocaram à ira com os seus lugares altos e com as suas imagens de escultura despertaram o seu ciúme.

ÊXODO 34:14-15

Porque vocês não devem adorar outro deus; pois o nome do Senhor é Zeloso; sim, ele é Deus zeloso. Não façam aliança com os moradores da terra, para não acontecer que, em se prostituindo eles com os deuses e lhes sacrificando, alguém os convide, e vocês comam dos seus sacrifícios.

ROMANOS 12:1-2

Portanto, irmãos, pelas misericórdias de Deus, peço que ofereçam o seu corpo como sacrifício vivo, santo e agradável a Deus. Este é o culto racional de vocês. E não vivam conforme os padrões deste mundo, mas deixem que Deus os transforme pela renovação da mente, para que possam experimentar qual é a boa, agradável e perfeita vontade de Deus.

Deus tem ciúmes da adoração, do amor e da fidelidade que você devota a Ele, pois essas coisas são devidas a Ele por direito.

ABRIL 9

O ardente ciúme de Deus

SALMO 50:3-5

O nosso Deus vem e não guarda silêncio. À frente dele vem um fogo devorador, e ao seu redor ruge grande tormenta. Ele intima os céus lá em cima e a terra, para julgar o seu povo. Ele diz: "Congreguem os meus santos, os que comigo fizeram aliança por meio de sacrifícios".

DEUTERONÔMIO 4:23-24

Tenham o cuidado de não se esquecer da aliança que o Senhor, seu Deus, fez com vocês. Não façam para si nenhuma imagem esculpida, semelhança de alguma coisa que o Senhor, o Deus de vocês, proibiu. Porque o Senhor, o Deus de vocês, é fogo consumidor, é Deus zeloso.

HEBREUS 12:28-29

Por isso, recebendo nós um Reino inabalável, retenhamos a graça, pela qual sirvamos a Deus de modo agradável, com reverência e temor. Porque o nosso Deus é fogo consumidor.

Existe alguma área em sua vida na qual você tem sido infiel a Deus? Confesse isso ao Senhor e peça a Ele queimar a sua infidelidade na chama do ciúme dele.

ABRIL 10

O ciúme de Deus pelo Seu povo

SALMO 135:3-4

Louvem o Senhor, porque o Senhor é bom; cantem louvores ao seu nome, porque é agradável. Pois o Senhor escolheu Jacó para ser dele, e Israel, para ser o seu tesouro especial.

ZACARIAS 8:2-3

—Assim diz o Senhor dos Exércitos: Tenho grande amor por Sião. É um amor tão grande que me leva à indignação contra os seus inimigos.

—Assim diz o Senhor: Voltarei para Sião e habitarei no meio de Jerusalém. E Jerusalém será chamada de "Cidade Fiel", e o monte do Senhor dos Exércitos será chamado de "Monte Santo".

1 CORÍNTIOS 6:19-20

Será que vocês não sabem que o corpo de vocês é santuário do Espírito Santo, que está em vocês e que vocês receberam de Deus, e que vocês não pertencem a vocês mesmos? Porque vocês foram comprados por preço. Agora, pois, glorifiquem a Deus no corpo de vocês.

Senhor, agradeço-te por valorizares o Teu povo e habitares em mim por meio do Teu Espírito. Se eu vier a me esquecer disso, lembra-me de que Tu tens ciúmes de mim, pois me amas e me tornaste Teu. Em nome de Jesus. Amém!

ABRIL 11

O ciúme de Deus é reconciliador

SALMO 79:3-5

Derramaram como água o sangue deles ao redor de Jerusalém, e não houve quem lhes desse sepultura. Tornamo-nos objeto de deboche para os nossos vizinhos, de escárnio e de zombaria dos que nos rodeiam. Até quando, Senhor? Será para sempre a tua ira? Queimará como o fogo o teu zelo?

JOEL 2:18-19

Então o Senhor teve grande amor pela sua terra e se compadeceu do seu povo. O Senhor respondeu ao seu povo: "Eis que lhes envio o cereal, o vinho e o azeite, e vocês ficarão satisfeitos. Nunca mais farei de vocês motivo de zombaria entre as nações".

TIAGO 4:4-6

Gente infiel! Vocês não sabem que a amizade do mundo é inimizade contra Deus? Aquele, pois, que quiser ser amigo do mundo se torna inimigo de Deus. Ou vocês pensam que é em vão que a Escritura diz: "É com ciúme que por nós anseia o Espírito, que ele fez habitar em nós?". Mas ele nos dá cada vez mais graça. Por isso diz: "Deus resiste aos soberbos, mas dá graça aos humildes".

A dor, o abatimento e o pecado que há no mundo indicam que você precisa voltar-se para Deus, pois Ele deseja reconciliar você com Ele.

ABRIL 12

A força do ciúme de Deus

SALMO 89:46-49

Até quando, Senhor? Ficarás escondido para sempre? Até quando a tua ira queimará como fogo? Lembra-te de como é breve a minha existência! Terias criado em vão todos os filhos dos homens? Quem é que pode viver e não ver a morte? Ou quem pode livrar a sua alma do poder da sepultura? Senhor, onde estão as tuas misericórdias de outrora, juradas a Davi por tua fidelidade?

CÂNTICO DOS CÂNTICOS 8:6

Ponha-me como selo sobre o seu coração, como selo sobre o seu braço, porque o amor é tão forte como a morte, e o ciúme é tão duro como a sepultura. As suas chamas são chamas de fogo, são labaredas enormes.

JOÃO 2:13-17

Estando próxima a Páscoa dos judeus, Jesus foi para Jerusalém. E encontrou no templo os que vendiam bois, ovelhas e pombas e também os cambistas assentados. Tendo feito um chicote de cordas, expulsou todos do templo, com as ovelhas e os bois. Derramou o dinheiro dos cambistas pelo chão, virou as mesas e disse aos que vendiam as pombas:

—Tirem estas coisas daqui! Não façam da casa de meu Pai uma casa de negócio!

Os seus discípulos se lembraram que está escrito: "O zelo da tua casa me consumirá."

Quais palavras ou frases dos trechos bíblicos acima chamaram a sua atenção? Separe um tempo e converse com Deus sobre isso.

ABRIL 13

O zelo de Deus não tolera rivais

SALMO 86:11

Ensina-me, Senhor, o teu caminho, e andarei na tua verdade; põe em meu coração o desejo de temer o teu nome.

SOFONIAS 1:18

Nem a prata nem o ouro poderão livrá-las no dia da ira do Senhor, mas, pelo fogo do seu zelo, a terra será consumida. Porque ele certamente fará destruição total e repentina de todos os moradores da terra.

MATEUS 6:24

Ninguém pode servir a dois senhores; porque ou irá odiar um e amar o outro, ou irá se dedicar a um e desprezar o outro. Vocês não podem servir a Deus e às riquezas.

Senhor, perdoa-me por, às vezes, adorar outras coisas além do Senhor e por acreditar que elas merecem a minha devoção e o poder que confiro a elas. Eu desejo que o Teu fiel zelo me conduza de volta a ti. Em nome de Jesus. Amém!

ABRIL 14

O zelo de Deus pela verdadeira adoração

SALMO 145:17-18

Justo é o Senhor em todos os seus caminhos, bondoso em todas as suas obras. Perto está o Senhor de todos os que o invocam, de todos os que o invocam em verdade.

DEUTERONÔMIO 32:16-18

Com deuses estranhos eles provocaram ciúmes, com abominações o irritaram. Ofereceram sacrifícios aos demônios, não a Deus; sacrificaram a deuses que não conheceram, novos deuses que vieram há pouco, diante dos quais os seus pais não tremeram. Não se lembraram da Rocha que os gerou; e se esqueceram do Deus que os fez nascer.

2 CORÍNTIOS 11:2-4

Tenho zelo por vocês com um zelo que vem de Deus, pois eu preparei vocês para apresentá-los como virgem pura a um só esposo, que é Cristo. Temo que, assim como a serpente, com a sua astúcia, enganou Eva, assim também a mente de vocês seja corrompida e se afaste da simplicidade e pureza devidas a Cristo. Pois, se vem alguém que prega outro Jesus, diferente daquele que nós pregamos, ou se vocês aceitam um espírito diferente daquele que já receberam ou um evangelho diferente do que já aceitaram, vocês toleram isso muito bem.

Deus deseja que você o conheça profundamente. Assim você poderá adorá-lo verdadeiramente por quem Ele é.

ABRIL 15

Deus é fiel em perdoar

SALMO 103:12

Quanto o Oriente está longe do Ocidente, assim ele afasta de nós as nossas transgressões.

JEREMIAS 31:33-34

Porque esta é a aliança que farei com a casa de Israel, depois daqueles dias, diz o Senhor: Na mente lhes imprimirei as minhas leis, também no seu coração as inscreverei; eu serei o Deus deles, e eles serão o meu povo. Não ensinará jamais cada um ao seu próximo, nem cada um ao seu irmão, dizendo: "Conheça o Senhor!". Porque todos me conhecerão, desde o menor até o maior deles, diz o Senhor. Pois perdoarei as suas iniquidades e dos seus pecados jamais me lembrarei.

HEBREUS 10:15-18

E disto nos dá testemunho também o Espírito Santo. Porque, após ter dito: "Esta é a aliança que farei com eles, depois daqueles dias, diz o Senhor: Imprimirei as minhas leis no coração deles e as inscreverei sobre a sua mente", acrescenta: "Também dos seus pecados e das suas iniquidades jamais me lembrarei". Ora, onde há remissão de pecados, não existe mais necessidade de sacrifício pelo pecado.

Pelo que você precisa pedir a Deus que o perdoe hoje? Converse com o Senhor a respeito disso e agradeça por Ele estar pronto a perdoar você.

ABRIL 16

O perdão de Deus purifica

SALMO 51:7-9

Purifica-me com hissopo, e ficarei limpo; lava-me, e ficarei mais alvo do que a neve. Faze-me ouvir júbilo e alegria, para que exultem os ossos que esmagaste. Esconde o teu rosto dos meus pecados e apaga todas as minhas iniquidades.

ISAÍAS 1:18-20

O Senhor diz: "Venham, pois, e vamos discutir a questão. Ainda que os pecados de vocês sejam como o escarlate, eles se tornarão brancos como a neve; ainda que sejam vermelhos como o carmesim, eles se tornarão como a lã. Se estiverem dispostos e me ouvirem, vocês comerão o melhor desta terra. Mas, se recusarem e forem rebeldes, vocês serão devorados pela espada; porque a boca do Senhor o disse".

1 JOÃO 1:8-9

Se dissermos que não temos pecado nenhum, a nós mesmos enganamos, e a verdade não está em nós. Se confessarmos os nossos pecados, ele é fiel e justo para nos perdoar os pecados e nos purificar de toda injustiça.

Senhor, sinto-me manchado pelos pecados, fracassos e fraquezas em minha vida. Agradeço-te por seres fiel e desejares me limpar, purificando-me de transgressões contra ti e contra os outros. Em nome de Jesus. Amém!

ABRIL 17

O perdão imerecido concedido por Deus

SALMO 32:1-2

Bem-aventurado aquele cuja transgressão é perdoada, cujo pecado é coberto. Bem-aventurado é aquele a quem o SENHOR não atribui iniquidade e em cujo espírito não há engano.

DANIEL 9:9-11

Ao Senhor, nosso Deus, pertence a misericórdia e o perdão, pois nos rebelamos contra ele e não obedecemos à voz do SENHOR, nosso Deus, para andarmos nas suas leis, que nos deu por meio dos seus servos, os profetas. Sim, todo o Israel transgrediu a tua lei e se desviou, deixando de ouvir a tua voz. Por isso, as maldições que estão escritas na Lei de Moisés, servo de Deus, e que foram confirmadas com juramento, se derramaram sobre nós, porque pecamos contra ti.

COLOSSENSES 2:13-14

E quando vocês estavam mortos nos seus pecados e na incircuncisão da carne, ele lhes deu vida juntamente com Cristo, perdoando todos os nossos pecados. Cancelando o escrito de dívida que era contra nós e que constava de ordenanças, o qual nos era prejudicial, removeu-o inteiramente, cravando-o na cruz.

Deus nos perdoa não porque o mereçamos, mas porque Ele é misericordioso e fiel, e por Ele ser quem Ele é.

ABRIL 18

O incomparável perdão de Deus

SALMO 32:5-6

Confessei-te o meu pecado e a minha iniquidade não mais ocultei. Eu disse: "Confessarei ao SENHOR as minhas transgressões"; e tu perdoaste a iniquidade do meu pecado. Sendo assim, todo o que é piedoso te fará súplicas em tempo de poder te encontrar. Com efeito, quando transbordarem muitas águas, não o atingirão.

MALAQUIAS 3:17-18

Eles serão a minha propriedade peculiar, naquele dia que prepararei, diz o SENHOR dos Exércitos. Eu os pouparei como um homem poupa seu filho que o serve. Então vocês verão mais uma vez a diferença entre o justo e o ímpio, entre o que serve a Deus e o que não o serve.

MATEUS 6:12-15

...perdoa-nos as nossas dívidas, assim como nós também perdoamos aos nossos devedores; e não nos deixes cair em tentação; mas livra-nos do mal [pois teu é o Reino, o poder e a glória para sempre. Amém]!
—Porque, se perdoarem aos outros as ofensas deles, também o Pai de vocês, que está no céu, perdoará vocês; se, porém, não perdoarem aos outros as ofensas deles, também o Pai de vocês não perdoará as ofensas de vocês.

Em que ocasião você perdoou ou pediu perdão a alguém? Peça a Deus para ajudá-lo a crescer na prática de oferecer e receber perdão.

ABRIL 19

O perdão propiciado por Deus

SALMO 79:8-10

Não nos faças pagar pelas iniquidades de nossos pais; que as tuas misericórdias venham depressa ao nosso encontro, pois estamos muito abatidos. Ajuda-nos, ó Deus e Salvador nosso, pela glória do teu nome; livra-nos e perdoa os nossos pecados, por amor do teu nome. Por que diriam as nações: "Onde está o Deus deles?". Seja manifesta entre as nações e diante dos nossos olhos a vingança do sangue dos teus servos, que foi derramado.

ISAÍAS 43:24-25

Você não me comprou cana aromática, nem me satisfez com a gordura dos seus sacrifícios. Mas você me deu trabalho com os seus pecados e me cansou com as suas iniquidades. Eu, eu mesmo, sou o que apago as suas transgressões por amor de mim; dos pecados que você cometeu não me lembro.

ATOS 10:41-43

...não a todo o povo, mas às testemunhas que foram anteriormente escolhidas por Deus, isto é, a nós que comemos e bebemos com ele, depois que ressurgiu dentre os mortos. Jesus nos mandou pregar ao povo e testemunhar que ele foi constituído por Deus como Juiz de vivos e de mortos. Dele todos os profetas dão testemunho de que, por meio do seu nome, todo o que nele crê recebe remissão dos pecados.

~~~

Senhor, muitas vezes esqueço que Tu me perdoas não apenas por mim, mas também para o Teu bem. Agradeço-te muitíssimo por quereres ter um relacionamento de amor comigo. Ajuda-me a valorizar o nosso relacionamento como Tu o valorizas. Em nome de Jesus. Amém!

ABRIL 20

Deus reage ao arrependimento com perdão

SALMO 86:5

> Pois tu, Senhor, és bom e perdoador; rico em misericórdia para com todos os que te invocam.

2 CRÔNICAS 7:13-15

> Se eu fechar o céu de modo que não haja chuva, ou se ordenar aos gafanhotos que consumam a terra, ou se enviar a peste entre o meu povo, se o meu povo, que se chama pelo meu nome, se humilhar, orar, me buscar e se converter dos seus maus caminhos, eu ouvirei dos céus, perdoarei os seus pecados e sararei a sua terra. Os meus olhos estarão abertos e os meus ouvidos estarão atentos à oração que se fizer neste lugar.

LUCAS 24:45-47

> Então lhes abriu o entendimento para compreenderem as Escrituras. E disse-lhes:
> —Assim está escrito que o Cristo tinha de sofrer, ressuscitar dentre os mortos no terceiro dia, e que em seu nome se pregasse arrependimento para remissão de pecados a todas as nações, começando em Jerusalém.

Deus é fiel em perdoá-lo, quando você se arrepende de seus pecados e se volta para Ele.

ABRIL 21

Em Deus, há perdão

SALMO 130:3-4

Se tu, Senhor, observares iniquidades, quem, Senhor, poderá escapar? Mas contigo está o perdão, para que sejas temido.

JOEL 2:13-14

Rasguem o coração, e não as suas roupas. Convertam-se ao Senhor, seu Deus, porque ele é bondoso e compassivo, tardio em irar-se e grande em misericórdia, e muda de ideia quanto ao mal que havia anunciado. Quem sabe se ele não se voltará e mudará de ideia, e, ao passar, deixe uma bênção, para que vocês possam trazer ofertas de cereais e libações ao Senhor, seu Deus?

LUCAS 23:32-34

E também eram levados outros dois, que eram malfeitores, para serem executados com Jesus. Quando chegaram ao lugar chamado Calvário, ali o crucificaram, bem como aos malfeitores, um à sua direita, outro à sua esquerda. Mas Jesus dizia:
—Pai, perdoa-lhes, porque não sabem o que fazem.
Então, para repartir as roupas dele, lançaram sortes.

Você mantém um registro de pecados que você comete ou de pecados que outra pessoa cometeu contra você? Peça a Deus para lembrá-lo de Seu fiel perdão e restauração.

ABRIL 22

A tremenda paciência de Deus

SALMO 90:4

Pois mil anos, aos teus olhos, são como o dia de ontem que se foi e como a vigília da noite.

NEEMIAS 9:30-31

No entanto, tu os aturaste durante muitos anos e testemunhaste contra eles pelo teu Espírito, por meio dos teus profetas. Porém eles não quiseram ouvir e por isso os entregaste nas mãos dos povos de outras terras. Mas, pela tua grande misericórdia, não acabaste com eles nem os abandonaste, porque tu és Deus clemente e misericordioso.

1 TIMÓTEO 1:15-17

Esta palavra é fiel e digna de toda aceitação: que Cristo Jesus veio ao mundo para salvar os pecadores, dos quais eu sou o principal. Mas, por esta mesma razão, me foi concedida misericórdia, para que, em mim, que sou o principal pecador, Cristo Jesus pudesse mostrar a sua completa longanimidade, e eu servisse de modelo para todos os que hão de crer nele para a vida eterna. Assim, ao Rei eterno, imortal, invisível, Deus único, honra e glória para todo o sempre. Amém!

Senhor, Tu és mais paciente do que qualquer pessoa que conheço. Em Tua tremenda paciência, Tu tens me mostrado Tua misericórdia, graça e fidelidade. Ensina-me a ser paciente como Tu és. Em nome de Jesus. Amém!

ABRIL 23

A paciência de Deus com os nossos pecados

SALMO 40:11-13

Não retenhas de mim, Senhor, as tuas misericórdias; que a tua graça e a tua verdade sempre me guardem. São incontáveis os males que me cercam; as minhas iniquidades me alcançaram, tantas, que me impedem a visão; são mais numerosas que os cabelos de minha cabeça, e o coração desfalece. Agrada-te Senhor, em me livrar; apressa-te, ó Senhor, em me socorrer.

EZEQUIEL 20:21-22

Mas também os filhos se rebelaram contra mim e não andaram nos meus estatutos, nem guardaram os meus juízos, pelos quais o ser humano viverá, se os cumprir; pelo contrário, eles profanaram os meus sábados. Então eu disse que derramaria sobre eles o meu furor, para cumprir contra eles a minha ira no deserto. Mas contive a minha mão e agi por amor do meu nome, para que não fosse profanado aos olhos das nações diante das quais os tirei do Egito.

ROMANOS 3:25

[Jesus Cristo] a quem Deus apresentou como propiciação, no seu sangue, mediante a fé. Deus fez isso para manifestar a sua justiça, por ter ele, na sua tolerância, deixado impunes os pecados anteriormente cometidos.

Deus é paciente com os seus pecados. O Senhor pode fielmente reconciliar você com Ele, por meio de Cristo Jesus.

ABRIL 24

A longanimidade de Cristo

SALMO 34:19-20*

Muitas são as aflições do justo, mas o Senhor de todas o livra. Preserva-lhe todos os ossos, nem um deles sequer será quebrado.

ISAÍAS 53:1-3

Quem creu em nossa pregação? E a quem foi revelado o braço do Senhor? Porque foi subindo como um renovo diante dele e como raiz de uma terra seca. Não tinha boa aparência nem formosura; olhamos para ele, mas não havia nenhuma beleza que nos agradasse. Era desprezado e o mais rejeitado entre os homens, homem de dores e que sabe o que é padecer. E, como um de quem os homens escondem o rosto, era desprezado, e dele não fizemos caso.

1 PEDRO 2:21-23

Porque para isto mesmo vocês foram chamados, pois também Cristo sofreu no lugar de vocês, deixando exemplo para que vocês sigam os seus passos. Ele não cometeu pecado, nem foi encontrado engano em sua boca. Pois ele, quando insultado, não revidava com insultos; quando maltratado, não fazia ameaças, mas se entregava àquele que julga retamente.

O que você sente quando pensa no quanto Cristo sofreu pacientemente por você? Converse com Deus e agradeça a Ele pela Sua fidelidade e amor demonstrados a você.

---

* Este salmo messiânico foi cumprido quando Jesus foi crucificado. Geralmente os soldados romanos quebravam as pernas das vítimas para apressar a morte delas. Mas isso não aconteceu com Jesus, pois quando eles pensaram em fazer isso, Jesus já havia morrido (João 19:31–37).

ABRIL 25
A inescrutável paciência de Deus

SALMO 73:12-14

Eis que estes são os ímpios; e, sempre tranquilos, aumentam as suas riquezas. Com certeza foi inútil conservar puro o meu coração e lavar as minhas mãos na inocência. Pois o dia inteiro sou afligido e cada manhã sou castigado.

ECLESIASTES 8:11-13

Como não se executa logo a sentença contra uma obra má, o coração humano está inteiramente disposto a praticar o mal. Ainda que o pecador faça o mal cem vezes, e a vida dele se prolongue, eu sei com certeza que tudo correrá bem para os que temem a Deus. Mas nada correrá bem para o ímpio, e ele não prolongará os seus dias; será como a sombra, visto que não teme a Deus.

ROMANOS 9:22-23

Que diremos, se Deus, querendo mostrar a sua ira e dar a conhecer o seu poder, suportou com muita paciência os vasos de ira, preparados para a destruição, a fim de que também desse a conhecer as riquezas da sua glória nos vasos de misericórdia, que de antemão preparou para glória?

Senhor, eu não entendo completamente a Tua paciência com o mal, quando pessoas conscientemente prejudicam umas às outras, a elas mesmas e a Tua criação. Peço-te que me ajudes a confiar em Tua fidelidade, mesmo quando eu não entendo o Teu modo de agir. Em nome de Jesus. Amém!

ABRIL 26

A paciência de Deus requer a paciência do Seu povo

SALMO 40:1-2

Esperei com paciência pelo Senhor; ele se inclinou para mim e me ouviu quando clamei por socorro. Tirou-me de um poço de perdição, de um atoleiro de lama; colocou os meus pés sobre uma rocha e firmou os meus passos.

LAMENTAÇÕES 3:25-27

O Senhor é bom para os que esperam nele, para aqueles que o buscam. Bom é aguardar a salvação do Senhor, e isso, em silêncio. Bom é para o homem suportar o jugo na sua mocidade.

1 PEDRO 5:10-11

E o Deus de toda a graça, que em Cristo os chamou à sua eterna glória, depois de vocês terem sofrido por um pouco, ele mesmo irá aperfeiçoar, firmar, fortificar e fundamentar vocês. A ele seja o domínio para sempre. Amém!

Por Deus ser paciente com tudo que Ele criou, você deve aprender a caminhar nos passos dele.

ABRIL 27

A paciência de Deus significa salvação

SALMO 75:2-3

Pois disseste: "Quando chegar o tempo determinado, julgarei com retidão. Ainda que tremam a terra e todos os seus moradores, eu firmarei as suas colunas".

JONAS 3:1-5

A palavra do S<small>ENHOR</small> veio a Jonas pela segunda vez, dizendo:
—Levante-se, vá à grande cidade de Nínive e pregue contra ela a mensagem que eu lhe darei.
Jonas se levantou e foi a Nínive, segundo a palavra do S<small>ENHOR</small>. Ora, Nínive era uma cidade muito importante diante de Deus; eram necessários três dias para percorrê-la. Jonas começou a percorrer a cidade caminho de um dia, e pregava, dizendo:
—Ainda quarenta dias, e Nínive será destruída.
Os ninivitas creram em Deus. Proclamaram um jejum e vestiram roupa feita de pano de saco, desde o maior até o menor.

2 PEDRO 3:14-16

Por essa razão, amados, esperando estas coisas, esforcem-se para que Deus os encontre sem mácula, sem culpa e em paz. E considerem a longanimidade do nosso Senhor como oportunidade de salvação, como também o nosso amado irmão Paulo escreveu a vocês, segundo a sabedoria que lhe foi dada, ao falar a respeito destes assuntos, como, de fato, costuma fazer em todas as suas cartas. Nelas há certas coisas difíceis de entender, que aqueles que não têm instrução e são instáveis deturparão, como também deturparão as demais Escrituras, para a própria destruição deles.

Em que, em sua vida, você se sente impaciente com a forma de Deus agir? O que o Senhor está fazendo pacientemente neste tempo que, para você, parece um desperdício?

ABRIL 28

Nossa segurança na paciência de Deus

SALMO 27:13-14

> Eu creio que verei a bondade do Senhor na terra dos viventes. Espere no Senhor. Anime-se, e fortifique-se o seu coração; espere, pois, no Senhor.

HABACUQUE 2:3

> Porque a visão ainda está para se cumprir no tempo determinado; ela se apressa para o fim e não falhará. Mesmo que pareça demorar, espere, porque certamente virá; não tardará.

HEBREUS 10:36-37

> Vocês precisam perseverar, para que, havendo feito a vontade de Deus, alcancem a promessa. "Porque, ainda dentro de pouco tempo, aquele que vem virá e não irá demorar."

Senhor, espero por tantas coisas das quais não tenho certeza alguma. Lembra-me de que posso esperar com confiança somente por ti. Tenho certeza de que Tu virás. Em nome de Jesus. Amém!

ABRIL 29

A fidelidade de Deus sobre as gerações

SALMO 100:4-5

> Entrem por suas portas com ações de graças e nos seus átrios, com hinos de louvor; rendam-lhe graças e bendigam o seu nome. Porque o Senhor é bom, a sua misericórdia dura para sempre, e, de geração em geração, a sua fidelidade.

ISAÍAS 61:8-9

> Porque eu, o Senhor, amo a justiça e odeio a iniquidade do roubo; em fidelidade lhes darei a sua recompensa e com eles farei aliança eterna. A posteridade deles será conhecida entre as nações os seus descendentes, no meio dos povos; todos os que os virem reconhecerão que eles são família bendita do Senhor.

ROMANOS 3:3-5

> E então? Se alguns não creram, será que a incredulidade deles anulará a fidelidade de Deus? De modo nenhum! Seja Deus verdadeiro, e todo ser humano, mentiroso, como está escrito: "Para que sejas justificado nas tuas palavras e venhas a vencer quando fores julgado". Mas, se a nossa injustiça evidencia a justiça de Deus, que diremos? Seria Deus injusto por aplicar a sua ira?

Deus foi fiel no passado, Ele é fiel no presente e será fiel no futuro.

ABRIL 30

Nosso Deus é fiel e perdoador

SALMO 25:10-11

Todas as veredas do Senhor são misericórdia e verdade para os que guardam a sua aliança e os seus testemunhos. Por causa do teu nome, Senhor, perdoa a minha iniquidade, que é grande.

PROVÉRBIOS 19:11

O bom senso leva a pessoa a controlar a sua ira; a sua glória é perdoar as ofensas.

COLOSSENSES 3:12-14

Portanto, como eleitos de Deus, santos e amados, revistam-se de profunda compaixão, de bondade, de humildade, de mansidão, de paciência. Suportem-se uns aos outros e perdoem-se mutuamente, caso alguém tenha motivo de queixa contra outra pessoa. Assim como o Senhor perdoou vocês, perdoem também uns aos outros. Acima de tudo isto, porém, esteja o amor, que é o vínculo da perfeição.

―――

Por qual motivo você é grato por Deus lhe ter perdoado? Ore e peça ao Senhor que o encha com a compaixão, bondade, humildade, gentileza e paciência, provenientes dele, a fim de que você perdoe como Ele nos perdoa.

MAIO

Transcendente

Ó, divino Amor que em tudo és transcendente,
Desde o princípio, estás em Jesus plenamente.
Em reverência a ti, por esta humilde canção,
Que a alma, se eleve em profunda devoção.

Com louvores, entoando Teu poder celestial,
Ela se banhará no amor ilimitado e sem igual.

Tu és meu descanso, meu tesouro precioso
Que satisfaz tanto, tanto, meu coração ansioso,
E nada se compara à plena alegria da vida
Que encontro em ti, minha porção escolhida.
Teu amor e a ternura tão aconchegantes,
São para mim graça e bênção constantes.

Ofereço a ti minha vida e meu coração,
Ó, supremo bem, onde os tesouros estão.
Por mim, terrível dor, Teu lado foi transpassado
Sim, por mim, o precioso sangue foi derramado.
Ó, Deus, de nós todos e do mundo a salvação,
Sejam Teus o meu amor e a minha adoração.

Ó divino amor (Tradução livre)
Autor: Gerhard Tersteegen (1697–1769)
Traduzido do alemão por Herman Brueckner

MAIO 1

A completa transcendência de Deus

SALMO 8:3-4

Quando contemplo os teus céus, obra dos teus dedos, e a lua e as estrelas que estabeleceste, que é o homem, para que dele te lembres? E o filho do homem, para que o visites?

ISAÍAS 55:8-9

"Porque os meus pensamentos não são os pensamentos de vocês, e os caminhos de vocês não são os meus caminhos", diz o Senhor. "Porque, assim como os céus são mais altos do que a terra, assim os meus caminhos são mais altos do que os seus caminhos, e os meus pensamentos são mais altos do que os pensamentos de vocês."

FILIPENSES 2:9-11

Por isso também Deus o exaltou sobremaneira e lhe deu o nome que está acima de todo nome, para que ao nome de Jesus se dobre todo joelho, nos céus, na terra e debaixo da terra, e toda língua confesse que Jesus Cristo é Senhor, para glória de Deus Pai.

Senhor, Teu poder, criatividade e pensamentos são muito mais altos que os meus; por isso, não consigo te compreender totalmente. Sinto-me pequeno diante da Tua imensurável grandeza. Agradeço-te porque me amas e cuidas de mim. Em nome de Jesus. Amém!

MAIO 2

Deus transcende toda a criação

SALMO 108:3-5

Eu te darei graças entre os povos, ó Senhor! Cantarei louvores a ti entre as nações. Porque a tua misericórdia se eleva acima dos céus, e a tua fidelidade, até as nuvens. Sê exaltado, ó Deus, acima dos céus; e em toda a terra brilhe a tua glória.

1 REIS 8:27-28

—Mas será que, de fato, Deus poderia habitar na terra? Eis que os céus e até o céu dos céus não te podem conter, muito menos este templo que eu edifiquei. Atenta, pois, para a oração de teu servo e para a sua súplica, ó Senhor, meu Deus, ouvindo o clamor e a oração que faz hoje o teu servo diante de ti.

ATOS 7:48-50

Entretanto, o Altíssimo não habita em casas feitas por mãos humanas. Como diz o profeta: "O céu é o meu trono, e a terra é o estrado dos meus pés. Que casa vocês edificarão para mim, diz o Senhor, ou qual é o lugar do meu repouso? Não é fato que a minha mão fez todas estas coisas?".

Por mais complexa e incrível que seja a criação, ela não pode conter ou ser comparada a Deus.

MAIO 3

O governo de Deus transcende toda autoridade

SALMO 47:2-4

Pois o SENHOR Altíssimo é tremendo, é o grande rei de toda a terra. Ele nos submeteu os povos e pôs as nações debaixo dos nossos pés. Escolheu para nós a nossa herança, a glória de Jacó, a quem ele ama.

ISAÍAS 40:21-22

Será que vocês não sabem? Será que não ouviram? Será que isso não lhes foi anunciado desde o princípio? Vocês não entenderam isso desde a fundação do mundo? Vocês não atentaram para os fundamentos da terra? Ele é o que está assentado sobre a cúpula da terra, cujos moradores são como gafanhotos. É ele quem estende os céus como cortina e os desenrola como tenda para neles habitar.

EFÉSIOS 1:18-21

Peço que ele ilumine os olhos do coração de vocês, para que saibam qual é a esperança da vocação de vocês, qual é a riqueza da glória da sua herança nos santos e qual é a suprema grandeza do seu poder sobre nós, os que cremos, segundo a eficácia da força do seu poder. Ele exerceu esse poder em Cristo, ressuscitando-o dentre os mortos e fazendo-o sentar à sua direita nas regiões celestiais, acima de todo principado, potestade, poder, domínio e de todo nome que se possa mencionar, não só no presente século, mas também no vindouro.

Onde e como você percebe a autoridade mal aplicada no mundo? Converse com Deus sobre isso e agradeça a Ele pela verdadeira autoridade estar com o Seu Filho Jesus Cristo.

MAIO 4

Deus transcende todos os outros "deuses"

SALMO 96:4-6

Porque o Senhor é grande e digno de ser louvado, mais temível do que todos os deuses. Porque todos os deuses dos povos não passam de ídolos; o Senhor, porém, fez os céus. Glória e majestade estão diante dele, força e formosura, no seu santuário.

JEREMIAS 10:14-16

Todas as pessoas são tolas e não têm conhecimento. Todo ourives é envergonhado pela imagem que ele mesmo esculpiu, pois as suas imagens são falsas, e nelas não há fôlego de vida. São vaidade, obras ridículas. Quando chegar o tempo do seu castigo, virão a perecer. Aquele que é a Porção de Jacó não é semelhante a essas imagens, porque ele é o Criador de todas as coisas e Israel é a tribo da sua herança. Senhor dos Exércitos é o seu nome.

ATOS 17:29-30

Portanto, visto que somos geração de Deus, não devemos pensar que a divindade é semelhante ao ouro, à prata ou à pedra, trabalhados pela arte e imaginação do homem. Deus não levou em conta os tempos da ignorância, mas agora ele ordena a todas as pessoas, em todos os lugares, que se arrependam.

Senhor, muitas vezes, quero ser capaz de te controlar e te colocar em uma caixa para que eu te compreenda. Perdoa-me! Quando eu precisar, lembra-me de que Tu és muito maior que o meu saber. Em nome de Jesus. Amém!

MAIO 5

Deus transcende toda sabedoria humana

SALMO 97:8-9

Sião ouve e se alegra, as filhas de Judá exultam, por causa da tua justiça, ó Senhor. Pois tu, Senhor, és o Altíssimo sobre toda a terra; tu estás muito acima de todos os deuses.

ECLESIASTES 5:1-2

Guarde o pé, quando você entrar na Casa de Deus. Chegar-se para ouvir é melhor do que oferecer um sacrifício de tolos, que fazem o mal sem se dar conta. Que a sua boca não se precipite, nem se apresse o seu coração em pronunciar uma palavra diante de Deus. Porque Deus está nos céus, e você, aqui na terra. Portanto, sejam poucas as suas palavras.

1 CORÍNTIOS 1:25

Porque a loucura de Deus é mais sábia do que a sabedoria humana, e a fraqueza de Deus é mais forte do que a força humana.

A infinita sabedoria de Deus nos convida a ouvir e a aprender dele.

MAIO 6

Deus transcende Terra e Céu

SALMO 8:1

Ó Senhor, Senhor nosso, como é magnífico o teu nome em toda a terra! Pois puseste nos céus a tua majestade.

DEUTERONÔMIO 4:39

Por isso, hoje vocês saberão e refletirão em seu coração que só o Senhor é Deus em cima no céu e embaixo na terra; não há nenhum outro deus.

JOÃO 8:21-23

Outra vez Jesus lhes falou, dizendo:
—Eu vou embora, e vocês vão me procurar, mas perecerão no seu pecado. Para onde eu vou vocês não podem ir.
Então os judeus diziam:
—Será que ele tem a intenção de se suicidar? Porque diz: "Para onde eu vou vocês não podem ir."
Jesus lhes disse:
—Vocês são daqui de baixo, eu sou lá de cima. Vocês são deste mundo, eu deste mundo não sou.

Em qual área da vida você se alegra por Deus transcender as perspectivas e preocupações humanas? Agradeça a Ele por estar muito acima daquilo que Ele criou.

MAIO 7

Deus transcende tudo que é visível ou não

SALMO 47:5-7

Deus subiu em meio a aclamações, o Senhor, ao som de trombeta. Cantem louvores a Deus, cantem louvores; cantem louvores ao nosso Rei, cantem louvores. Deus é o Rei de toda a terra; cantem louvores com harmonioso cântico.

JÓ 26:5-8

Os mortos tremem debaixo das águas com os seus moradores. O mundo dos mortos está desnudo diante de Deus, e não há coberta para o abismo. Ele estende o norte sobre o vazio e faz a terra pairar sobre o nada. Prende as águas em densas nuvens, e as nuvens não se rasgam debaixo delas.

HEBREUS 11:3

Pela fé, entendemos que o universo foi formado pela palavra de Deus, de maneira que o visível veio a existir das coisas que não são visíveis.

Senhor, o mundo que posso experienciar e tocar já é grande demais para eu abarcar com a minha mente. Ainda há muito mais coisas na realidade, as quais não consigo ver ou perceber. Agradeço-te por governares sobre tudo que existe. Em nome de Jesus. Amém!

MAIO 8

Nosso Deus infinito

SALMO 145:3-5

Grande é o Senhor e mui digno de ser louvado; a sua grandeza é insondável. Uma geração louvará à outra geração as tuas obras e anunciará os teus poderosos feitos. Meditarei no glorioso esplendor da tua majestade e nas tuas maravilhas.

JÓ 42:1-3

Então Jó respondeu ao Senhor e disse: "Bem sei que tudo podes, e nenhum dos teus planos pode ser frustrado. Tu perguntaste: 'Quem é este que, sem conhecimento, encobre os meus planos?'. Na verdade, falei do que eu não entendia, coisas que são maravilhosas demais para mim, coisas que eu não conhecia".

EFÉSIOS 3:20-21

Ora, àquele que é poderoso para fazer infinitamente mais do que tudo o que pedimos ou pensamos, conforme o seu poder que opera em nós, a ele seja a glória, na igreja e em Cristo Jesus, por todas as gerações, para todo o sempre. Amém!

O poder, o esplendor e o conhecimento de Deus são infinitos — muito além do que podemos pedir ou imaginar.

MAIO 9

O infinito Deus e a nossa finitude

SALMO 144:3-5,7

> Senhor, que é o homem para que dele tomes conhecimento? E o filho do homem, para que o estimes? O ser humano é como um sopro; os seus dias são como a sombra que passa. Abaixa, Senhor, os teus céus e desce; toca os montes, para que fumeguem. [...] Estende a mão lá do alto; livra-me e salva-me das muitas águas e do poder de estranhos.

ISAÍAS 40:15-17

> Eis que as nações são consideradas por ele como um pingo que cai de um balde e como um grão de pó na balança; eis que ele carrega as ilhas como se fossem pó fino. O Líbano não seria suficiente para o fogo, e os animais de lá não bastariam para um holocausto. Diante dele, todas as nações são como coisa que não é nada; ele as considera menos do que nada, como um vácuo.

MATEUS 19:26

> Jesus, olhando para eles, disse:
> —Para os seres humanos isto é impossível, mas para Deus tudo é possível.

Em que ocasião você duvidou da suficiência ou da capacidade de decisão de Deus? Peça ao Senhor para lembrar você de quem Ele é.

MAIO 10

O conhecimento infinito de Deus

SALMO 38:9-10

Na tua presença, Senhor, estão os meus desejos todos, e a minha ansiedade não te é oculta. O meu coração bate acelerado, faltam-me as forças, e a luz dos meus olhos, até essa me deixou!

1 CRÔNICAS 28:9

—Quanto a você, meu filho Salomão, conheça o Deus de seu pai e sirva-o de coração íntegro e espírito voluntário, porque o Senhor esquadrinha todos os corações e penetra todos os desígnios do pensamento. Se você o buscar, ele se deixará achar por você; mas, se você o abandonar, ele o rejeitará para sempre.

EFÉSIOS 1:22-23

E sujeitou todas as coisas debaixo dos pés de Cristo e, para ser o cabeça sobre todas as coisas, o deu à igreja, a qual é o seu corpo, a plenitude daquele que a tudo enche em todas as coisas.

Senhor, Tu conheces tudo: cada pensamento, cada suspiro, cada desejo. Quando eu estiver preocupado com o que não conheço, ajuda-me a descansar em Teu infinito conhecimento. Em nome de Jesus. Amém!

MAIO 11

O reinado infindável de Deus

SALMO 146:10

O Senhor reina para sempre; o seu Deus, ó Sião, reina de geração em geração. Aleluia!

2 REIS 19:14-16

Ezequias recebeu a carta das mãos dos mensageiros e a leu. Então Ezequias subiu à Casa do Senhor e estendeu a carta diante do Senhor. E Ezequias orou diante do Senhor, dizendo:
—Ó Senhor, Deus de Israel, que estás entronizado acima dos querubins, somente tu és o Deus de todos os reinos da terra; tu fizeste os céus e a terra. Inclina, ó Senhor, os ouvidos e ouve; abre, Senhor, os olhos e vê; ouve as palavras de Senaqueribe, as quais ele enviou para afrontar o Deus vivo.

APOCALIPSE 11:15

O sétimo anjo tocou a trombeta, e houve no céu vozes fortes, dizendo: "O reino do mundo se tornou de nosso Senhor e do seu Cristo, e ele reinará para todo o sempre".

Deus está trazendo o reino dele sobre a Terra para governar completamente sobre toda a Sua criação.

MAIO 12

O infinito discernimento de Deus

SALMO 53:2

Do céu Deus olha para os filhos dos homens, para ver se há quem entenda, se há quem busque a Deus.

AMÓS 9:2-3

Ainda que cavem para chegar ao mais profundo abismo, a minha mão os tirará de lá. Se subirem ao céu, de lá os farei descer. Se eles se esconderem no alto do Carmelo, irei atrás deles e de lá os tirarei. E, caso se ocultarem dos meus olhos no fundo do mar, ali darei ordem à serpente, e ela os morderá.

APOCALIPSE 22:12-13

Eis que venho sem demora, e comigo está a recompensa que tenho para dar a cada um segundo as suas obras. Eu sou o Alfa e o Ômega, o Primeiro e o Último, o Princípio e o Fim.

Quais palavras ou frases dos trechos bíblicos acima chamaram a sua atenção? Separe um tempo e converse com Deus sobre isso.

MAIO 13

O cuidado infinito de Deus

SALMO 118:6-7

O Senhor está comigo; não temerei. O que é que alguém pode me fazer? O Senhor está comigo, para me ajudar; por isso, verei a derrota dos meus inimigos.

2 CRÔNICAS 20:6

—Ó Senhor, Deus de nossos pais, não és tu Deus nos céus? Não és tu que dominas sobre todos os reinos dos povos? Na tua mão está a força e o poder, e não há quem te possa resistir.

HEBREUS 13:5-6

Que a vida de vocês seja isenta de avareza. Contentem-se com as coisas que vocês têm, porque Deus disse: "De maneira alguma deixarei você, nunca jamais o abandonarei". Assim, afirmemos confiantemente: "O Senhor é o meu auxílio, não temerei. O que é que alguém pode me fazer?".

Senhor, Tu jamais me abandonas ou me desprezas. Quando eu me sentir sozinho ou invisível, peço-te que reveles a Tua presença a mim. Quero declarar com confiança: "Tu és o meu auxílio. Por isso, não temerei". Em nome de Jesus. Amém!

MAIO 14

O infinito poder de Deus

SALMO 115:15-16

Que vocês sejam abençoados pelo Senhor, que fez os céus e a terra. Os céus são os céus do Senhor, mas a terra ele deu aos filhos dos homens.

JEREMIAS 32:17-19

Ah! Senhor Deus, eis que tu fizeste os céus e a terra com o teu grande poder e com o teu braço estendido; nada é demasiadamente difícil para ti. Tu fazes misericórdia até mil gerações, mas também retribuis a iniquidade dos pais nos filhos. Tu és o grande, o poderoso Deus, cujo nome é Senhor dos Exércitos, grande em conselho e magnífico em obras. Os teus olhos estão abertos sobre todos os caminhos dos filhos dos homens, para dar a cada um segundo o seu proceder, segundo o fruto das suas obras.

LUCAS 1:37

Porque para Deus não há nada impossível.

Deus criou e sustenta todas as coisas em Sua criação. Nada é extremamente difícil para Ele.

MAIO 15

Nosso eterno Deus

SALMO 9:7-8

Mas o Senhor permanece no seu trono eternamente, trono que erigiu para julgar. Ele mesmo julga o mundo com justiça; julgará os povos com retidão.

DEUTERONÔMIO 33:26-27

Não há ninguém como Deus, ó Jesurum! Ele cavalga sobre os céus para ajudar você e com a sua alteza, sobre as nuvens. O Deus eterno é a sua habitação e, por baixo de você, ele estende os braços eternos. Ele expulsou os inimigos de diante de você e disse: "Destrua-os".

ROMANOS 1:19-20

Pois o que se pode conhecer a respeito de Deus é manifesto entre eles, porque Deus lhes manifestou. Porque os atributos invisíveis de Deus, isto é, o seu eterno poder e a sua divindade, claramente se reconhecem, desde a criação do mundo, sendo percebidos por meio das coisas que Deus fez. Por isso, os seres humanos são indesculpáveis.

Em que área de sua vida você está se sentindo limitado por causa de sua idade ou do tempo? Peça a Deus para encontrar você em suas limitações e ajudá-lo a saber que os braços eternos dele estão ao seu redor.

MAIO 16

O reino eterno de Deus

SALMO 45:6

O teu trono, ó Deus, é para todo o sempre; cetro de justiça é o cetro do teu reino.

ÊXODO 15:17-18

Tu o introduzirás e o plantarás no monte da tua herança, no lugar que preparaste, ó Senhor, para a tua habitação, no santuário, ó Senhor, que as tuas mãos estabeleceram. O Senhor reinará por todo o sempre.

APOCALIPSE 4:9-10

Sempre que esses seres viventes davam glória, honra e ações de graças ao que está sentado no trono, ao que vive para todo o sempre, os vinte e quatro anciãos se prostravam diante daquele que está sentado no trono, adoravam o que vive para todo o sempre e depositavam as suas coroas diante do trono...

Senhor, governos e líderes vêm e vão, mas Tu reinas para todo o sempre. Agradeço-te por Teu reino ser um reino de justiça, comunhão e gratidão. Em nome de Jesus. Amém!

MAIO 17

A oferta da eternidade de Deus à frágil humanidade

SALMO 39:4-5

Senhor, dá-me a conhecer o meu fim e qual é a soma dos meus dias, para que eu reconheça a minha fragilidade. Deste aos meus dias o comprimento de alguns palmos; à tua presença, o prazo da minha vida é nada. Na verdade, todo ser humano, por mais firme que esteja, é pura vaidade.

ISAÍAS 40:6-8

Uma voz diz: "Proclame!". E alguém pergunta: "Que hei de proclamar?". Toda a humanidade é erva, e toda a sua glória é como a flor do campo. A erva seca e as flores caem, soprando nelas o hálito do Senhor. Na verdade, o povo é erva. A erva seca e as flores caem, mas a palavra do nosso Deus permanece para sempre.

ROMANOS 6:22-23

Agora, porém, libertados do pecado, transformados em servos de Deus, o fruto que vocês colhem é para a santificação. E o fim, neste caso, é a vida eterna. Porque o salário do pecado é a morte, mas o dom gratuito de Deus é a vida eterna em Cristo Jesus, nosso Senhor.

Deus oferece a você a vida eterna e a santidade dele, por meio da dádiva de Seu Filho, Jesus.

MAIO 18

Nosso eterno louvor ao nosso eterno Deus

SALMO 145:1-2

Eu te exaltarei, ó Deus meu e Rei; bendirei o teu nome para todo o sempre. Todos os dias te bendirei e louvarei o teu nome para todo o sempre.

ECLESIASTES 3:10-11

Vi o trabalho que Deus impôs aos filhos dos homens, para com ele os afligir. Deus fez tudo formoso no seu devido tempo. Também pôs a eternidade no coração do ser humano, sem que este possa descobrir as obras que Deus fez desde o princípio até o fim.

EFÉSIOS 1:4-6

Antes da fundação do mundo, Deus nos escolheu, nele, para sermos santos e irrepreensíveis diante dele. Em amor nos predestinou para ele, para sermos adotados como seus filhos, por meio de Jesus Cristo, segundo o propósito de sua vontade, para louvor da glória de sua graça, que ele nos concedeu gratuitamente no Amado.

Pelo que você pode louvar a Deus hoje? Louve ao Senhor agora e agradeça a Ele visto que, por Sua gloriosa graça, você sempre terá — por toda a eternidade — algo pelo que louvá-lo.

MAIO 19

Nosso Deus desde a eternidade

SALMO 41:12-13

Quanto a mim, tu me susténs na minha integridade e me pões na tua presença para sempre. Bendito seja o Senhor, Deus de Israel, de eternidade a eternidade! Amém e amém!

JEREMIAS 1:4-5

A palavra do Senhor veio a mim, dizendo: "Antes de formá-lo no ventre materno, eu já o conhecia; e, antes de você nascer, eu o consagrei e constituí profeta às nações".

JOÃO 17:24

—Pai, a minha vontade é que, onde eu estou, também estejam comigo os que me deste, para que vejam a minha glória que me conferiste, porque me amaste antes da fundação do mundo.

Senhor, antes de qualquer outra coisa existir, Tu já existias. Tu conhecias cada pessoa e tudo o que trarias à existência. Peço-te que me ensines a lembrar-me dessa verdade. Quero considerar a Tua glória. Em nome de Jesus. Amém!

MAIO 20

Nosso Deus da eternidade futura

SALMO 48:14

...este é Deus, o nosso Deus para todo o sempre; ele será nosso guia até a morte.

ISAÍAS 46:8-10

Lembrem-se disso e animem-se; pensem a respeito disso, ó rebeldes. Lembrem-se das coisas passadas, das coisas da antiguidade: que eu sou Deus, e não há outro; eu sou Deus, e não há outro semelhante a mim. Desde o princípio anuncio o que há de acontecer e desde a antiguidade revelo as coisas que ainda não sucederam. Eu digo: o meu conselho permanecerá em pé, e farei toda a minha vontade.

1 PEDRO 1:18-21

[Saibam] que não foi mediante coisas perecíveis, como prata ou ouro, que vocês foram resgatados da vida inútil que seus pais lhes legaram, mas pelo precioso sangue de Cristo, como de um cordeiro sem defeito e sem mácula. Ele foi conhecido antes da fundação do mundo, mas foi manifestado nestes últimos tempos, em favor de vocês. Por meio dele, vocês creem em Deus, o qual o ressuscitou dentre os mortos e lhe deu glória, para que a fé e a esperança de vocês estejam em Deus.

Coisa alguma no futuro está além do conhecimento, da orientação ou do poder de Deus.

Jesus, o eterno Deus conosco

SALMO 16:9-11

Por isso o meu coração se alegra e o meu espírito exulta; até o meu corpo repousará seguro. Pois não deixarás a minha alma na morte, nem permitirás que o teu Santo veja corrupção. Tu me farás ver os caminhos da vida; na tua presença há plenitude de alegria, à tua direita, há delícias perpetuamente.

ISAÍAS 57:15

Porque assim diz o Alto, o Sublime, que habita a eternidade e cujo nome é Santo: "Habito no alto e santo lugar, mas habito também com o contrito e abatido de espírito, para vivificar o espírito dos abatidos e vivificar o coração dos contritos".

HEBREUS 13:8

Jesus Cristo é o mesmo ontem, hoje e para sempre.

Em quais momentos você sente que Deus é extremamente santo ou está muito longe, nas alturas, para que possa enxergar você? Peça a Ele para lembrá-lo de que Jesus se tornou humano a fim de estar com o Seu povo. Ele estará com você hoje e para sempre.

MAIO 22

O insondável mistério de Deus

SALMO 92:4-5

Pois me alegraste, Senhor, com os teus feitos; exultarei nas obras das tuas mãos. Como são grandes, Senhor, as tuas obras! Os teus pensamentos, que profundos!

JÓ 11:7-9

Será que você pode desvendar os mistérios de Deus ou descobrir a perfeição do Todo-Poderoso? A sabedoria de Deus é mais elevada do que os céus; o que você poderá fazer? Ela é mais profunda do que o abismo; o que você poderá saber? A sua medida é mais longa do que a terra e mais larga do que o mar.

1 CORÍNTIOS 2:14-16

Ora, a pessoa natural não aceita as coisas do Espírito de Deus, porque lhe são loucura. E ela não pode entendê-las, porque elas se discernem espiritualmente. Porém a pessoa espiritual julga todas as coisas, mas ela não é julgada por ninguém. Pois quem conheceu a mente do Senhor, para que o possa instruir? Nós, porém, temos a mente de Cristo.salm

---

Senhor, Tu és mais alto do que o Céu e mais profundo do que o espaço sideral. Eu jamais conhecerei a Tua dimensão. Teu infinito mistério é assombroso. Agradeço-te por me concederes a chance da eternidade contigo onde te conhecerei melhor. Em nome de Jesus. Amém!

MAIO 23
Nosso Deus vestiu-se de mistério

SALMO 97:1-4

Reina o S*enhor*. Alegre-se a terra, exultem as muitas ilhas. Nuvens e escuridão o rodeiam, justiça e juízo são a base do seu trono. Adiante dele vai um fogo que consome os inimigos ao seu redor. Os seus relâmpagos iluminam o mundo; a terra os vê e estremece.

ÊXODO 20:18-19,21

Todo o povo presenciou os trovões, os relâmpagos, o som da trombeta e o monte fumegante; e o povo, observando, tremeu de medo e ficou de longe. Disseram a Moisés:
—Fale-nos você, e ouviremos; porém não fale Deus conosco, para que não morramos. […]
O povo estava de longe, em pé; Moisés, porém, se aproximou da nuvem escura onde Deus estava.

MATEUS 17:2,5-6

E Jesus foi transfigurado diante deles. O seu rosto resplandecia como o sol, e as suas roupas se tornaram brancas como a luz. […]
Falava ele ainda, quando uma nuvem luminosa os envolveu; e eis, vindo da nuvem, uma voz que dizia:
—Este é o meu Filho amado, em quem me agrado; escutem o que ele diz!
Ao ouvirem aquela voz, os discípulos caíram de bruços, tomados de grande medo.

Deus se revela ao Seu povo. No entanto, Ele não pode ser completamente compreendido ou limitado a espaços.

MAIO 24

Nosso limitado entendimento sobre os mistérios de Deus

SALMO 131:1

Senhor, não é orgulhoso o meu coração, nem arrogante o meu olhar. Não ando à procura de coisas grandes, nem de coisas maravilhosas demais para mim.

JÓ 15:7-9

Será que você é o primeiro homem que nasceu? Por acaso, você foi formado antes dos montes? Será que você ouviu o conselho secreto de Deus e detém toda a sabedoria? O que você sabe, que nós não sabemos? O que você entende, que nós não entendemos?

ATOS 1:6-7

Então os que estavam reunidos com Jesus lhe perguntaram:
—Será este o tempo em que o Senhor irá restaurar o reino a Israel?
Jesus respondeu:
—Não cabe a vocês conhecer tempos ou épocas que o Pai fixou pela sua própria autoridade.

Em que momento você foi capaz de descansar nos mistérios da sabedoria e no tempo de Deus? Ore e agradeça ao Senhor pelos propósitos dele não dependerem do seu entendimento.

MAIO 25

O Deus que revela Seus mistérios

SALMO 25:14-15

O Senhor confia o seu segredo aos que o temem, aos quais ele dará a conhecer a sua aliança. Os meus olhos se elevam continuamente ao Senhor, pois ele tirará os meus pés do laço.

DANIEL 2:46-47

Então o rei Nabucodonosor se inclinou e se prostrou com rosto em terra diante de Daniel. Ordenou que oferecessem a Daniel uma oferta de cereais e incenso. O rei disse a Daniel:
—Certamente o Deus que vocês adoram é o Deus dos deuses e o Senhor dos reis. Ele é quem revela os mistérios, pois você foi capaz de revelar este mistério.

COLOSSENSES 1:25-27

[A Igreja de Cristo] da qual me tornei ministro de acordo com a dispensação da parte de Deus, que me foi confiada em favor de vocês, para dar pleno cumprimento à palavra de Deus: o mistério que esteve escondido durante séculos e gerações, mas que agora foi manifestado aos seus santos. A estes Deus quis dar a conhecer a riqueza da glória deste mistério entre os gentios, que é Cristo em vocês, a esperança da glória.

Senhor, agradeço-te por revelares a plenitude do Teu mistério, que é Cristo habitando em Teu povo por meio do Espírito Santo. É um privilégio tremendo que Tu habites em mim. Em nome de Jesus. Amém!

MAIO 26

A misteriosa soberania de Deus

SALMO 148:7-10

Desde a terra, louvem o Senhor! Louvem-no, monstros marinhos e todos os abismos; fogo e granizo, neve e vapor e ventos fortes que lhe executam a palavra; montes e todas as colinas, árvores frutíferas e todos os cedros; feras e todo o gado, animais que rastejam e aves.

JÓ 36:22-26

Eis que Deus se mostra grande em seu poder! Quem é mestre como ele? Quem lhe prescreveu o seu caminho ou quem pode lhe dizer: "Cometeste uma injustiça"? Lembre-se de exaltar as obras de Deus, que as pessoas celebram. Toda a humanidade olha para elas; as pessoas as contemplam de longe. Eis que Deus é grande, e não o podemos compreender; o número dos seus anos não se pode calcular.

EFÉSIOS 3:7-9

[O evangelho de Cristo] do qual fui constituído ministro conforme o dom da graça de Deus a mim concedida segundo a força operante do seu poder. A mim, o menor de todos os santos, foi dada esta graça de pregar aos gentios o evangelho das insondáveis riquezas de Cristo e manifestar a todos qual é a dispensação do mistério que, durante tempos passados, esteve oculto em Deus, que criou todas as coisas.

Mesmo quando você não entende a forma de Deus agir, creia que Ele criou tudo que existe e conduz todas as coisas.

MAIO 27

Busque Deus nos lugares secretos

SALMO 63:6-7

...no meu leito, quando de ti me recordo e em ti medito, durante as vigílias da noite. Porque tu tens sido o meu auxílio; à sombra das tuas asas, eu canto de alegria.

ISAÍAS 45:2-3

Eu irei adiante de você, endireitarei os caminhos tortuosos, quebrarei os portões de bronze e despedaçarei as trancas de ferro. Darei a você os tesouros escondidos e as riquezas encobertas, para que você saiba que eu sou o Senhor, o Deus de Israel, que o chama pelo seu nome.

1 PEDRO 1:10-12

Foi a respeito desta salvação que os profetas indagaram e investigaram. Eles profetizaram a respeito da graça destinada a vocês, investigando qual a ocasião ou quais as circunstâncias oportunas que eram indicadas pelo Espírito de Cristo, que neles estava, ao predizer os sofrimentos que Cristo teria de suportar e as glórias que viriam depois desses sofrimentos. A eles foi revelado que, não para si mesmos, mas para vocês, ministravam as coisas que, agora, foram anunciadas a vocês por aqueles que, pelo Espírito Santo enviado do céu, lhes pregaram o evangelho, coisas essas que anjos desejam contemplar.

Há algo sobre Deus que você desistiu muito rapidamente de entender? Converse com o Senhor sobre isso e peça a Ele que o fortaleça enquanto você o busca intensamente.

MAIO 28

A misteriosa provisão de Deus em Jesus Cristo

SALMO 104:27-28

Todos esperam de ti que lhes dês de comer a seu tempo. Se lhes dás, eles o recolhem; se abres a mão, eles se fartam de bens.

JÓ 5:8-9

Quanto a mim, eu buscaria a Deus e a ele entregaria a minha causa. Deus faz coisas grandes e insondáveis, maravilhas que não se podem enumerar.

1 TIMÓTEO 3:16

Sem dúvida, grande é o mistério da piedade: "Aquele que foi manifestado na carne foi justificado em espírito, visto pelos anjos, pregado entre os gentios, crido no mundo, recebido na glória".

Senhor, os milagres da vida, da morte, da ressurreição e da ascensão de Jesus não podem ser humanamente compreendidos. Agradeço-te por proveres o Teu Filho para nós e por satisfazeres as nossas necessidades por meio dele. Em nome de Jesus. Amém!

MAIO 29

O Deus transcendente que habita em Sua criação

SALMO 57:5

Sê exaltado, ó Deus, acima dos céus; e em toda a terra brilhe a tua glória.

ISAÍAS 66:1-2

Assim diz o Senhor: "O céu é o meu trono, e a terra é o estrado dos meus pés. Que casa, então, vocês poderiam construir para mim? Ou que lugar para o meu repouso? Porque a minha mão fez todas estas coisas, e todas vieram a existir", diz o Senhor. "Mas eis para quem olharei: para o aflito e abatido de espírito e que treme diante da minha palavra".

COLOSSENSES 1:13-15

Ele nos libertou do poder das trevas e nos transportou para o Reino do seu Filho amado, em quem temos a redenção, a remissão dos pecados. Ele é a imagem do Deus invisível, o primogênito de toda a criação.

Deus transcende à Sua criação, mas Ele escolhe habitar entre o Seu povo e no coração daqueles que são Seus.

MAIO 30

Deus transcende a vida e a morte

SALMO 88:9-12

Os meus olhos desfalecem de aflição; dia após dia, venho clamando a ti, Senhor, e a ti levanto as minhas mãos. Será que farás maravilhas para os mortos? Ou será que os finados se levantarão para te louvar? A tua bondade será anunciada na sepultura? A tua fidelidade, nos abismos? Acaso nas trevas se manifestam as tuas maravilhas? E a tua justiça, na terra do esquecimento?

OSEIAS 13:14

Eu os remirei do poder do inferno e os resgatarei da morte. Onde estão, ó morte, as suas pragas? Onde está, ó inferno, a sua destruição? Meus olhos estarão fechados para a compaixão.

1 CORÍNTIOS 15:54-56

E, quando este corpo corruptível se revestir de incorruptibilidade e o que é mortal se revestir de imortalidade, então se cumprirá a palavra que está escrita: "Tragada foi a morte pela vitória. Onde está, ó morte, a sua vitória? Onde está, ó morte, o seu aguilhão?". O aguilhão da morte é o pecado, e a força do pecado é a lei.

Você perdeu alguém ou está apreensivo ao pensar em perder alguém, mesmo sabendo que essa pessoa está em Cristo e, por isso, você a verá novamente? Graças a Deus que Ele detém a vitória sobre a morte.

MAIO 31

O transcendente poder de Deus

SALMO 136:3-7

Deem graças ao Senhor dos senhores, porque a sua misericórdia dura para sempre. Ao único que opera grandes maravilhas, porque a sua misericórdia dura para sempre. Àquele que com entendimento fez os céus, porque a sua misericórdia dura para sempre. Àquele que estendeu a terra sobre as águas, porque a sua misericórdia dura para sempre. Àquele que fez os grandes luzeiros, porque a sua misericórdia dura para sempre.

JÓ 26:12-14

Com a sua força dominou o mar e com o seu entendimento despedaçou o monstro Raabe. Pelo seu sopro o céu se aclarou, a sua mão feriu a serpente veloz. Eis que isto são apenas as bordas dos seus caminhos! Dele temos ouvido apenas um leve sussurro! Mas o trovão do seu poder, quem o entenderá?

COLOSSENSES 2:9-10

Porque nele habita corporalmente toda a plenitude da divindade. Também, nele, vocês receberam a plenitude. Ele é o cabeça de todo principado e potestade.

Senhor, Teus grandes prodígios e estrondoso poder estão muito além do que eu posso perceber ou compreender. Estou tão feliz, pois todas as Tuas obras indicam o Teu eterno e inabalável amor. Em nome de Jesus. Amém!

JUNHO

Trino

A Deus, supremo Benfeitor,

Anjos e homens deem louvor.

A Deus o Filho, a Deus o Pai,

E a Deus Espírito, glória dai. Amém.

Doxologia (HNC 06)
Autor: Thomas Ken (1637-1711)

JUNHO 1

A Trindade que cria

SALMO 33:6-9

Os céus por sua palavra se fizeram, e, pelo sopro de sua boca, o exército deles. Ele ajunta em montão as águas do mar; e em reservatório encerra os abismos. Que toda a terra tema o Senhor, que tremam todos os habitantes do mundo. Pois ele falou, e tudo se fez; ele ordenou, e tudo passou a existir.

GÊNESIS 1:1-2

No princípio, Deus criou os céus e a terra. A terra era sem forma e vazia; havia trevas sobre a face do abismo, e o Espírito de Deus se movia sobre as águas.

JOÃO 5:19-21

Então Jesus lhes disse:
—Em verdade, em verdade lhes digo que o Filho nada pode fazer por si mesmo, senão somente aquilo que vê o Pai fazer; porque tudo o que este fizer, o Filho também faz. Porque o Pai ama o Filho e lhe mostra tudo o que faz; e maiores obras do que estas lhe mostrará, para que vocês fiquem maravilhados. Pois assim como o Pai ressuscita e vivifica os mortos, assim também o Filho vivifica aqueles a quem quer.

O Deus Trino — Pai, Filho e Espírito Santo — realizou toda obra da criação juntos.

JUNHO 2

A Trindade que orienta

SALMO 99:6-7

Moisés e Arão, entre os seus sacerdotes, e, Samuel, entre os que lhe invocam o nome, clamavam ao Senhor, e ele os ouvia. Falava-lhes na coluna de nuvem; eles guardavam os seus mandamentos e a lei que lhes tinha dado.

ISAÍAS 48:16-17

Aproximem-se de mim e escutem isto: desde o princípio, não falei em segredo; desde o tempo em que isso vem acontecendo, tenho estado lá. Agora, o Senhor Deus enviou a mim e o seu Espírito. Assim diz o Senhor, o seu Redentor, o Santo de Israel: "Eu sou o Senhor, o seu Deus, que lhe ensina o que é útil e o guia pelo caminho em que você deve andar".

MATEUS 28:18-20

Jesus, aproximando-se, falou-lhes, dizendo:
—Toda a autoridade me foi dada no céu e na terra. Portanto, vão e façam discípulos de todas as nações, batizando-os em nome do Pai, do Filho e do Espírito Santo, ensinando-os a guardar todas as coisas que tenho ordenado a vocês. E eis que estou com vocês todos os dias até o fim dos tempos.

Qual foi o momento ou ocasião em que você falhou em ouvir a orientação de Deus? Confesse isso a Ele e agradeça ao Senhor pela presença e ministração do Espírito Santo em sua vida.

— JUNHO 3

O Trino Deus se aproxima

SALMO 8:5-8

Fizeste-o, no entanto, por um pouco, menor do que Deus e de glória e de honra o coroaste. Deste-lhe domínio sobre as obras da tua mão e sob seus pés tudo lhe puseste: ovelhas e bois, todos, e também os animais do campo; as aves do céu, os peixes do mar e tudo o que percorre as veredas dos mares.

GÊNESIS 18:1-3

O Senhor apareceu a Abraão nos carvalhais de Manre, quando ele estava assentado à entrada da tenda, no maior calor do dia. Abraão levantou os olhos, olhou, e eis que três homens estavam em pé diante dele. Ao vê-los, Abraão correu da porta da tenda ao encontro deles, prostrou-se em terra e disse:
—Senhor meu, se eu puder obter favor diante de seus olhos, peço que não passe adiante sem ficar um pouco com este seu servo.

HEBREUS 2:8-9

Todas as coisas sujeitaste debaixo dos seus pés. Ora, ao lhe sujeitar todas as coisas, nada deixou fora do seu domínio. Neste momento, porém, ainda não vemos todas as coisas a ele sujeitas. Vemos, porém, aquele que, por um pouco, foi feito menor do que os anjos, Jesus, que, por causa do sofrimento da morte, foi coroado de glória e de honra, para que, pela graça de Deus, provasse a morte por todos.

~~~

Senhor, Tu és santo e Trino; esse é um mistério que não consigo compreender totalmente. Agradeço-te por te tornares humano como eu e te aproximares de mim. Desejo maravilhar-me com a Tua glória e a Tua graça. Em nome de Jesus. Amém!

JUNHO 4

O Trino Deus revela a Sua glória

SALMO 97:5-6

Os montes se derretem como cera na presença do Senhor, na presença do Senhor de toda a terra. Os céus anunciam a sua justiça, e todos os povos veem a sua glória.

ÊXODO 23:20-21

—Eis que eu envio um Anjo adiante de vocês, para que os guarde pelo caminho e os leve ao lugar que tenho preparado. Deem atenção a ele e ouçam o que ele diz. Não se rebelem contra ele, porque não perdoará a transgressão de vocês; pois nele está o meu nome.

2 CORÍNTIOS 3:14-18

Mas a mente deles se endureceu. Pois, até o dia de hoje, o mesmo véu permanece sobre a leitura da antiga aliança; não foi tirado, pois só em Cristo ele é removido. Mas, até hoje, quando Moisés é lido, o véu está posto sobre o coração deles. Quando, porém, alguém se converte ao Senhor, o véu é tirado. Ora, este Senhor é o Espírito; e onde está o Espírito do Senhor, aí há liberdade. E todos nós, com o rosto descoberto, contemplando a glória do Senhor, somos transformados, de glória em glória, na sua própria imagem, como pelo Senhor, que é o Espírito.

Mediante a ordem do Pai, a obra do Filho e a liberdade do Espírito Santo, a Trindade revela a Sua glória.

JUNHO 5

O deleite da Trindade

SALMO 149:2-4

Alegre-se Israel no seu Criador; exultem no seu Rei os filhos de Sião. Louvem o nome do Senhor com danças; cantem-lhe salmos ao som de tamborins e harpas. Porque o Senhor se agrada do seu povo e exalta os humildes com a salvação.

GÊNESIS 1:26-27

E Deus disse:
—Façamos o ser humano à nossa imagem, conforme a nossa semelhança. Tenha ele domínio sobre os peixes do mar, sobre as aves dos céus, sobre os animais domésticos, sobre toda a terra e sobre todos os animais que rastejam pela terra.
Assim Deus criou o ser humano à sua imagem, à imagem de Deus o criou; homem e mulher os criou.

MATEUS 3:16-17

Depois de batizado, Jesus logo saiu da água. E eis que os céus se abriram e ele viu o Espírito de Deus descendo como pomba, vindo sobre ele. E eis que uma voz dos céus dizia:
—Este é o meu Filho amado, em quem me agrado.

Em que situações você já sentiu o deleite do Senhor em você, ou na obra e comunhão encontradas em Sua criação? Peça ao Senhor para tornar você mais consciente do que agrada a Ele.

JUNHO 6

O Trino Deus nos abençoa

SALMO 29:10-11

O Senhor governa os dilúvios; como rei, o Senhor governa para sempre. O Senhor dá força ao seu povo, o Senhor abençoa o seu povo com paz.

NÚMEROS 6:22-26

O Senhor disse a Moisés:
—Fale com Arão e com os seus filhos, dizendo que abençoem os filhos de Israel do seguinte modo: "O Senhor os abençoe e os guarde; o Senhor faça resplandecer o seu rosto sobre vocês e tenha misericórdia de vocês; o Senhor sobre vocês levante o seu rosto e lhes dê a paz".

2 CORÍNTIOS 13:13

A graça do Senhor Jesus Cristo, e o amor de Deus, e a comunhão do Espírito Santo estejam com todos vocês.

~~~

Senhor, tu és Rei eternamente. Pai, peço-te que abençoes o Teu povo com graça, amor e comunhão pacífica ministradas pelo Espírito Santo. Em nome do Filho, Jesus. Amém!

JUNHO 7

À sombra da Trindade

SALMO 99:1-3

Reina o Senhor; tremam os povos. Ele está entronizado acima dos querubins; abale-se a terra. O Senhor é grande em Sião e está exaltado acima de todos os povos. Celebrem eles o teu nome grande e tremendo, porque é santo.

1 CRÔNICAS 28:18-19

[Especificou] o peso do ouro refinado para o altar do incenso, bem como, segundo a planta, o ouro para o carro dos querubins, que haviam de estender as asas e cobrir a arca da aliança do Senhor. Davi disse:
—Tudo isto me foi dado por escrito por mandado do Senhor, a saber, todas as obras desta planta.

LUCAS 1:34-35

Então Maria disse ao anjo:
—Como será isto, se eu nunca tive relações com homem algum?
O anjo respondeu:
—O Espírito Santo virá sobre você, e o poder do Altíssimo a envolverá com a sua sombra; por isso, também o ente santo que há de nascer será chamado Filho de Deus.

O poder e os propósitos do Deus Trino — Pai, Filho e Espírito Santo — estão sobre toda a Sua criação.

JUNHO 8

Deus, o Pai

SALMO 89:25-27

> Porei a sua mão sobre o mar e a sua direita, sobre os rios. Ele me invocará, dizendo: "Tu és o meu pai, meu Deus e a rocha da minha salvação". Por isso, farei dele o meu primogênito, o mais elevado entre os reis da terra.

MALAQUIAS 2:10

> Não temos nós todos o mesmo Pai? Não nos criou o mesmo Deus? Por que, então, seremos desleais uns para com os outros, profanando a aliança de nossos pais?

EFÉSIOS 3:14-17

> Por essa razão, eu me ponho de joelhos diante do Pai, de quem toda a família, nos céus e na terra, recebe o nome. Peço a Deus que, segundo a riqueza da sua glória, conceda a vocês que sejam fortalecidos com poder, mediante o seu Espírito, no íntimo de cada um. E assim, pela fé, que Cristo habite no coração de vocês, estando vocês enraizados e alicerçados em amor.

~~~

De que maneira os seus pais terrenos o decepcionaram ou o magoaram? Converse com Deus sobre isso e peça a Ele para revelar a você o quanto Ele é seu perfeito Pai celestial.

JUNHO 9

Nosso Pai adotivo

SALMO 68:4-5

Cantem a Deus, cantem louvores ao seu nome; exaltem aquele que cavalga sobre as nuvens. Senhor é o seu nome; exultem diante dele. Pai dos órfãos e juiz das viúvas é Deus em sua santa morada.

JEREMIAS 3:19

Eu disse a mim mesmo: Como eu gostaria de colocá-la entre os filhos e dar-lhe a terra desejável, a mais bela herança das nações! Pensei que você me chamaria de "pai" e não se desviaria de mim.

ROMANOS 8:14-17

Pois todos os que são guiados pelo Espírito de Deus são filhos de Deus. Porque vocês não receberam um espírito de escravidão, para viverem outra vez atemorizados, mas receberam o Espírito de adoção, por meio do qual clamamos: "Aba, Pai". O próprio Espírito confirma ao nosso espírito que somos filhos de Deus. E, se somos filhos, somos também herdeiros; herdeiros de Deus e coerdeiros com Cristo, se com ele sofremos, para que também com ele sejamos glorificados.

Senhor, agradeço-te por me adotares como Teu filho e me dares uma herança eterna. Graças te dou por desejares compartilhar a Tua pessoa comigo. Ensina-me como viver em Tua família. Em nome de Jesus. Amém!

JUNHO 10

Nosso carinhoso Pai

SALMO 95:6-7

Venham, adoremos e prostremo-nos; ajoelhemos diante do Senhor, que nos criou. Ele é o nosso Deus, e nós somos povo do seu pasto e ovelhas de sua mão.

DEUTERONÔMIO 1:29-31

—Então eu lhes disse: "Não fiquem apavorados, nem tenham medo deles. O Senhor, o seu Deus, que vai adiante de vocês, ele lutará por vocês, segundo tudo o que viram que ele fez conosco no Egito, e também no deserto, onde vocês viram que o Senhor, seu Deus, os levou, como um homem leva o seu filho, por todo o caminho pelo qual vocês andaram, até chegar a este lugar".

LUCAS 11:11-13

Quem de vocês, sendo pai, daria uma cobra ao filho que lhe pede um peixe? Ou daria um escorpião ao filho que lhe pede um ovo? Ora, se vocês, que são maus, sabem dar coisas boas aos seus filhos, quanto mais o Pai celeste dará o Espírito Santo aos que lhe pedirem!

Você não precisa ter medo, pois Deus, o nosso Pai, é bom e cuida de você. Ele lhe concede o Espírito Santo.

JUNHO 11

Nosso Pai nos disciplina

SALMO 27:10-11

Porque, se o meu pai e a minha mãe me abandonarem, o Senhor me acolherá. Ensina-me, Senhor, o teu caminho e guia-me por vereda plana, por causa dos meus inimigos.

PROVÉRBIOS 3:11-12

Meu filho, não rejeite a disciplina do Senhor, nem se aborreça com a sua repreensão. Porque o Senhor repreende a quem ama, assim como um pai repreende o filho a quem quer bem.

HEBREUS 12:7-9

É para disciplina que vocês perseveram. Deus os trata como filhos. E qual é o filho a quem o pai não corrige? Mas, se estão sem essa correção, da qual todos se tornaram participantes, então vocês são bastardos e não filhos. Além disso, tínhamos os nossos pais humanos, que nos corrigiam, e nós os respeitávamos. Será que, então, não nos sujeitaremos muito mais ao Pai espiritual, para vivermos?

Quais palavras ou frases dos trechos bíblicos acima chamaram a sua atenção? Separe um tempo e converse com Deus sobre isso.

JUNHO 12

Nosso Pai nos perdoa

SALMO 103:13-14

Como um pai se compadece de seus filhos, assim o SENHOR se compadece dos que o temem. Pois ele conhece a nossa estrutura e sabe que somos pó.

SOFONIAS 3:14-15

Cante, ó filha de Sião! Grite de alegria, ó Israel! Alegre-se e exulte de todo o coração, ó filha de Jerusalém. O SENHOR retirou as sentenças que eram contra você e afastou os seus inimigos. O Rei de Israel, o SENHOR, está no meio de você; você não precisa mais temer nenhum mal.

1 JOÃO 3:1,5

Vejam que grande amor o Pai nos tem concedido, a ponto de sermos chamados filhos de Deus; e, de fato, somos filhos de Deus. Por essa razão, o mundo não nos conhece, porque não o conheceu. [...]

E vocês sabem que ele se manifestou para tirar os pecados, e nele não existe pecado.

Senhor, Tu és pleno de compaixão. És um Pai que perdoa os Teus filhos e anseia por te reconciliares com eles. Lembra-me, quando eu pecar e sentir vergonha, de que Tu sempre serás meu Pai. Em nome de Jesus. Amém!

JUNHO 13

Nosso Pai nos beneficia

SALMO 127:3-5

Herança do SENHOR são os filhos; o fruto do ventre, seu galardão. Como flechas na mão do guerreiro, assim são os filhos da sua mocidade. Feliz o homem que enche deles a sua aljava; não será envergonhado, quando enfrentar os seus inimigos no tribunal.

OSEIAS 11:1,3

Quando Israel era menino, eu o amei; e do Egito chamei o meu filho. [...]
Mas fui eu que ensinei Efraim a andar; tomei-os nos meus braços, mas eles não entenderam que era eu que os curava.

GÁLATAS 4:6-7

E, porque vocês são filhos, Deus enviou o Espírito de seu Filho ao nosso coração, e esse Espírito clama: "Aba, Pai!". Assim, você já não é mais escravo, porém filho; e, sendo filho, também é herdeiro por Deus.

Deus, o seu Pai, toma-o pela mão, ensina você a andar nos caminhos dele e ainda o torna Seu herdeiro.

JUNHO 14

O Pai protege aqueles que são Seus

SALMO 146:8-9

O Senhor abre os olhos aos cegos, o Senhor levanta os abatidos, o Senhor ama os justos. O Senhor guarda o estrangeiro, ampara o órfão e a viúva, porém transtorna o caminho dos ímpios.

ISAÍAS 64:8-9

Mas agora, Senhor, tu és o nosso Pai. Nós somos o barro, e tu és o nosso oleiro; e todos nós somos obra das tuas mãos. Não te enfureças tanto, ó Senhor, nem te lembres para sempre da nossa iniquidade. Olha para nós, por favor, pois todos nós somos o teu povo.

1 TESSALONICENSES 3:13

...que o coração de vocês seja fortalecido em santidade, isento de culpa, na presença de nosso Deus e Pai, na vinda de nosso Senhor Jesus, com todos os seus santos.

Você já sentiu que Deus estava contendo a ira dele ou o protegendo do seu pecado? Agradeça ao Senhor por Ele estar tornando você irrepreensível e santo, e por ser você que Ele está protegendo.

JUNHO 15

Deus, o Filho

SALMO 2:7-8

O rei diz: "Proclamarei o decreto do SENHOR. Ele me disse: 'Você é meu Filho, hoje eu gerei você. Peça, e eu lhe darei as nações por herança e as extremidades da terra por sua possessão'".

ISAÍAS 9:6-7

Porque um menino nos nasceu, um filho se nos deu. O governo está sobre os seus ombros, e o seu nome será: "Maravilhoso Conselheiro", "Deus Forte", "Pai da Eternidade", "Príncipe da Paz". Ele estenderá o seu governo, e haverá paz sem fim sobre o trono de Davi e sobre o seu reino, para o estabelecer e para o firmar com juízo e com justiça, desde agora e para sempre. O zelo do SENHOR dos Exércitos fará isto.

JOÃO 1:14

E o Verbo se fez carne e habitou entre nós, cheio de graça e de verdade, e vimos a sua glória, glória como do unigênito do Pai.

Senhor Jesus, agradeço-te por teres vindo do Pai para habitar entre a Tua criação. Oro ansiosamente pelo Teu reino, pelo Teu governo de paz que abrangerá o mundo inteiro. Em Teu nome, Jesus. Amém!

JUNHO 16

O Filho que entregou a si mesmo

SALMO 22:1-2

Deus meu, Deus meu, por que me desamparaste? Por que se acham longe de minha salvação as palavras de meu gemido? Deus meu, clamo de dia, e não me respondes; também de noite, porém não tenho sossego.

ISAÍAS 53:4-6

Certamente ele tomou sobre si as nossas enfermidades e as nossas dores levou sobre si; e nós o considerávamos como aflito, ferido de Deus e oprimido. Mas ele foi traspassado por causa das nossas transgressões e esmagado por causa das nossas iniquidades; o castigo que nos traz a paz estava sobre ele, e pelas suas feridas fomos sarados. Todos nós andávamos desgarrados como ovelhas; cada um se desviava pelo seu próprio caminho, mas o Senhor fez cair sobre ele a iniquidade de todos nós.

1 JOÃO 2:1-2

Meus filhinhos, escrevo-lhes estas coisas para que vocês não pequem. Mas, se alguém pecar, temos Advogado junto ao Pai, Jesus Cristo, o Justo. E ele é a propiciação pelos nossos pecados — e não somente pelos nossos próprios, mas também pelos do mundo inteiro.

Jesus levou os pecados e o sofrimento do mundo à cruz para que você pudesse ser curado e reconciliado, fizesse as pazes, com Deus.

JUNHO 17
O Filho do Deus altíssimo

SALMO 82:5-7

Eles nada sabem, nem entendem; vagueiam em trevas; todos os fundamentos da terra vacilam. Eu disse: "Vocês são deuses; todos vocês são filhos do Altíssimo. Mas vocês morrerão como simples mortais, e, como qualquer dos príncipes, vocês sucumbirão".

DANIEL 7:13-14

Eu estava olhando nas minhas visões da noite. E eis que vinha com as nuvens do céu alguém como um filho do homem. Ele se dirigiu ao Ancião de Dias, e o fizeram chegar até ele. Foi-lhe dado o domínio, a glória e o reino, para que as pessoas de todos os povos, nações e línguas o servissem. O seu domínio é domínio eterno, que não passará, e o seu reino jamais será destruído.

JOÃO 10:34-36

Jesus disse:
—Não está escrito na Lei de vocês: "Eu disse: vocês são deuses"? Se ele chamou deuses àqueles a quem foi dirigida a palavra de Deus — e a Escritura não pode falhar —, então como vocês dizem que aquele que o Pai santificou e enviou ao mundo está blasfemando, só porque declarei que sou Filho de Deus?

De que forma saber que Jesus compartilha toda autoridade, glória e soberania com Deus, o Pai e o Espírito Santo influencia sua vida? Ore a Jesus e converse com Ele a respeito disso.

JUNHO 18

A missão do Filho

SALMO 80:17,19

> Seja a tua mão sobre aquele que escolheste, sobre o filho do homem que fortaleceste para ti. […]
> Restaura-nos, ó Senhor, Deus dos Exércitos; faze resplandecer o teu rosto, e seremos salvos.

ISAÍAS 61:1-2

> O Espírito do Senhor Deus está sobre mim, porque o Senhor me ungiu para pregar boas-novas aos pobres, enviou-me a curar os quebrantados de coração, a proclamar libertação aos cativos e a pôr em liberdade os algemados, a apregoar o ano aceitável do Senhor e o dia da vingança do nosso Deus, a consolar todos os que choram.

LUCAS 4:17-18,20-21

> Então lhe deram o livro do profeta Isaías. E, abrindo o livro, achou o lugar onde está escrito: "O Espírito do Senhor está sobre mim, porque ele me ungiu para evangelizar os pobres…". […]
> Tendo fechado o livro, Jesus o devolveu ao assistente e sentou-se. Todos na sinagoga tinham os olhos fixos nele. Então Jesus começou a dizer:
> —Hoje se cumpriu a Escritura que vocês acabam de ouvir.

Senhor Jesus, Teu reino traz restauração aos pobres, aos de coração abatido, aos presos e aos escravizados. Agradeço-te por vires e derrotar o poder do pecado. Em Teu nome, eu oro, Jesus. Amém!

JUNHO 19

O Filho sacrificado

SALMO 31:3-5

Porque tu és a minha rocha e a minha fortaleza; por causa do teu nome, tu me conduzirás e me guiarás. Tira-me do laço que, às escondidas, me armaram, pois tu és a minha fortaleza. Nas tuas mãos entrego o meu espírito; tu me remiste, SENHOR, Deus da verdade.

ZACARIAS 12:10

—E sobre a casa de Davi e sobre os moradores de Jerusalém derramarei o espírito da graça e de súplicas. Olharão para aquele a quem traspassaram. Prantearão por ele como quem pranteia por um filho único e chorarão por ele como se chora amargamente pelo primogênito.

GÁLATAS 2:19-20

Porque eu, mediante a própria lei, morri para a lei, a fim de viver para Deus. Estou crucificado com Cristo; logo, já não sou eu quem vive, mas Cristo vive em mim. E esse viver que agora tenho na carne, vivo pela fé no Filho de Deus, que me amou e se entregou por mim.

Por meio da crucificação e da ressurreição de Jesus, você morreu com Ele e agora Jesus vive em você.

JUNHO 20

O eterno reinado do Filho

SALMO 110:1

Disse o SENHOR ao meu senhor: "Sente-se à minha direita, até que eu ponha os seus inimigos por estrado dos seus pés".

JEREMIAS 23:5-6

—Eis que vêm dias, diz o SENHOR, em que levantarei a Davi um Renovo justo; e, como rei que é, reinará, agirá com sabedoria e executará o juízo e a justiça na terra. Nos seus dias, Judá será salvo, e Israel habitará seguro. E este será o nome pelo qual será chamado: "SENHOR, Justiça Nossa".

1 CORÍNTIOS 15:27-28

Porque "ele sujeitou todas as coisas debaixo dos seus pés". E, quando diz que todas as coisas lhe estão sujeitas, certamente exclui aquele que tudo lhe sujeitou. Quando, porém, todas as coisas lhe estiverem sujeitas, então o próprio Filho também se sujeitará àquele que todas as coisas lhe sujeitou, para que Deus seja tudo em todos.

Em que área da sua vida você está vivendo como se Jesus não fosse o seu Rei? Confesse isso a Deus e peça a Ele para ensiná-lo como participar mais plenamente do Seu sábio, justo e eterno reino.

JUNHO 21
O Filho amado enviado pelo Pai

SALMO 45:7

O senhor, ó rei, ama a justiça e odeia a iniquidade; por isso, Deus, o seu Deus, o ungiu com o óleo de alegria, como a nenhum dos seus companheiros.

2 SAMUEL 7:12-14

Quando os seus dias se completarem e você descansar com os seus pais, então farei surgir depois de você o seu descendente, que procederá de você, e estabelecerei o seu reino. Este edificará um templo ao meu nome, e eu estabelecerei para sempre o trono do seu reino. Eu lhe serei por pai, e ele me será por filho. Se vier a transgredir, eu o castigarei com varas de homens e com açoites de filhos de homens.

JOÃO 3:16-17

—Porque Deus amou o mundo de tal maneira que deu o seu Filho unigênito, para que todo o que nele crê não pereça, mas tenha a vida eterna. Porque Deus enviou o seu Filho ao mundo, não para que condenasse o mundo, mas para que o mundo fosse salvo por ele.

Senhor, agradeço-te por me amares e enviares Teu Filho para salvar o mundo e possibilitar que eu viva em comunhão eterna contigo. Tu prometeste que enviarias o Teu Filho muitos séculos atrás. Agradeço-te por Tua fidelidade. Em nome de Jesus. Amém!

JUNHO 22

Deus, o Espírito Santo

SALMO 104:30-32

> Envias o teu Espírito, eles são criados, e assim renovas a face da terra. Que a glória do Senhor dure para sempre! Exulte o Senhor por suas obras! Com só olhar para a terra, ele a faz tremer; toca as montanhas, e elas fumegam.

JÓ 33:3-4

> Os meus argumentos provam a sinceridade do meu coração, e os meus lábios proferem o puro saber. O Espírito de Deus me fez, e o sopro do Todo-Poderoso me dá vida.

JOÃO 4:23-24

> Mas vem a hora — e já chegou — em que os verdadeiros adoradores adorarão o Pai em espírito e em verdade. Porque são esses que o Pai procura para seus adoradores. Deus é Espírito, e é necessário que os seus adoradores o adorem em espírito e em verdade.

~~~

O Espírito Santo é Deus, e o Espírito de Deus concede vida.

JUNHO 23

O Espírito Santo inspira

SALMO 143:8-10

Faze-me ouvir, pela manhã, da tua graça, pois em ti confio; mostra-me o caminho por onde devo andar, porque a ti elevo a minha alma. Livra-me, Senhor, dos meus inimigos; pois em ti é que me refugio. Ensina-me a fazer a tua vontade, pois tu és o meu Deus; que o teu bom Espírito me guie por terreno plano.

ÊXODO 31:1-5

O Senhor disse mais a Moisés:
—Eis que chamei pelo nome Bezalel, filho de Uri, filho de Hur, da tribo de Judá, e o enchi do Espírito de Deus, de habilidade, de inteligência e de conhecimento, em todo artifício, para elaborar desenhos e trabalhar em ouro, prata e bronze, para lapidação de pedras de engaste, para entalho de madeira, para todo tipo de trabalho artesanal.

ATOS 2:1-4

Ao cumprir-se o dia de Pentecostes, estavam todos reunidos no mesmo lugar. De repente, veio do céu um som, como de um vento impetuoso, e encheu toda a casa onde estavam sentados. E apareceram, distribuídas entre eles, línguas, como de fogo, as quais pousaram sobre cada um deles. Todos ficaram cheios do Espírito Santo e começaram a falar em outras línguas, segundo o Espírito lhes concedia que falassem.

Em que momento ou ocasião você percebeu a inspiração do Espírito em sua vida ou na vida de outro cristão? Agradeça a Ele pela instrução, criatividade e capacitação que Ele concede.

JUNHO 24

O Espírito Santo convence

SALMO 18:15

Então se viu o leito das águas, e se descobriram os fundamentos do mundo, pela tua repreensão, Senhor, pelo sopro impetuoso das tuas narinas.

MIQUEIAS 3:7-8

Os videntes serão envergonhados, e os adivinhos serão humilhados. Todos eles colocarão a mão sobre a boca, porque não haverá resposta de Deus. Quanto a mim, estou cheio do poder do Espírito do Senhor, cheio de justiça e de força, para declarar a Jacó a sua transgressão e a Israel, o seu pecado.

JOÃO 16:7-11

Mas eu lhes digo a verdade: é melhor para vocês que eu vá, porque, se eu não for, o Consolador não virá para vocês; mas, se eu for, eu o enviarei a vocês. Quando ele vier, convencerá o mundo do pecado, da justiça e do juízo: do pecado, porque eles não creem em mim; da justiça, porque vou para o Pai, e vocês não me verão mais; do juízo, porque o príncipe deste mundo já está julgado.

Senhor, embora eu seja Teu, reconheço que, por vezes, peco contra ti e contra outras pessoas. Perdoa-me! Agradeço-te pelo Teu Espírito habitar em mim; assim, Ele me convence do meu erro e me leva de volta para ti. Em nome de Jesus. Amém!

JUNHO 25

O Espírito Santo julga

SALMO 106:32-33

Depois, provocaram Deus nas águas de Meribá, e, por causa deles, aconteceu uma desgraça com Moisés, pois foram rebeldes ao Espírito de Deus, e Moisés falou sem refletir.

ISAÍAS 11:3-5

Ele terá o seu prazer no temor do Senhor. Não julgará segundo a aparência, nem decidirá pelo que ouviu dizer, mas julgará com justiça os pobres e decidirá com equidade a favor dos mansos da terra. Castigará a terra com a vara de sua boca e com o sopro dos seus lábios matará o perverso. O cinto dele será a justiça, e a verdade será a faixa na cintura.

GÁLATAS 5:19-23

Ora, as obras da carne são conhecidas e são: imoralidade sexual, impureza, libertinagem, idolatria, feitiçarias, inimizades, rixas, ciúmes, iras, discórdias, divisões, facções, invejas, bebedeiras, orgias e coisas semelhantes a estas. Declaro a vocês, como antes já os preveni, que os que praticam tais coisas não herdarão o Reino de Deus. Mas o fruto do Espírito é: amor, alegria, paz, longanimidade, benignidade, bondade, fidelidade, mansidão, domínio próprio. Contra estas coisas não há lei.

O Espírito Santo julga com justiça e condena com precisão os atos da carne, a fim de produzir em sua vida a manifestação do fruto dele — amor e alegria.

JUNHO 26

O Espírito Santo nos purifica

SALMO 51:10-12

Cria em mim, ó Deus, um coração puro e renova dentro de mim um espírito inabalável. Não me lances fora da tua presença, nem me retires o teu Santo Espírito. Restitui-me a alegria da tua salvação e sustenta-me com um espírito voluntário.

EZEQUIEL 36:26-28

Eu lhes darei um coração novo e porei dentro de vocês um espírito novo. Tirarei de vocês o coração de pedra e lhes darei um coração de carne. Porei dentro de vocês o meu Espírito e farei com que andem nos meus estatutos, guardem e observem os meus juízos. Vocês habitarão na terra que eu dei aos seus pais. Vocês serão o meu povo, e eu serei o seu Deus.

1 CORÍNTIOS 6:11

Alguns de vocês eram assim. Mas vocês foram lavados, foram santificados, foram justificados no nome do Senhor Jesus Cristo e no Espírito do nosso Deus.

~~~

Em que área da sua vida você precisa ser purificado? Converse com o Espírito Santo sobre isso. Peça a Ele para renovar o seu ânimo e lembrar você de que você já foi justificado em Cristo.

JUNHO 27

O Espírito Santo habita em nós

SALMO 135:15-18

Os ídolos das nações são prata e ouro, obra de mãos humanas. Têm boca e não falam; têm olhos e não veem; têm ouvidos e não ouvem; pois não há alento de vida em sua boca. Tornam-se semelhantes a eles os que os fazem, e todos os que neles confiam.

EZEQUIEL 37:7-9

Então profetizei como me havia sido ordenado. Enquanto eu profetizava, houve um ruído, um barulho de ossos que batiam contra ossos e se ajuntavam, cada osso ao seu osso. Olhei, e eis que apareceram tendões sobre os ossos, cresceram as carnes, e eles se cobriram de pele. Mas não havia neles o espírito. Então ele me disse:

—Profetize ao espírito. Profetize, filho do homem, e diga ao espírito: Assim diz o Senhor Deus: "Venha dos quatro ventos, ó espírito, e sopre sobre estes mortos, para que vivam".

JOÃO 14:15-17

—Se vocês me amam, guardarão os meus mandamentos. E eu pedirei ao Pai, e ele lhes dará outro Consolador, a fim de que esteja com vocês para sempre: é o Espírito da verdade, que o mundo não pode receber, porque não o vê, nem o conhece. Vocês o conhecem, porque ele habita com vocês e estará em vocês.

Senhor, sinto-me privilegiado pelo Teu Espírito habitar em mim. Por meio dele, Tu tens me concedido vida e me mostrado como te amar e amar as outras pessoas. É um conforto pertencer ao único Deus verdadeiro. Em nome de Jesus. Amém!

JUNHO 28

O Espírito Santo nos une

SALMO 67:3-5

Louvem-te os povos, ó Deus! Louvem-te os povos todos! Alegrem-se e exultem as nações, pois julgas os povos com justiça e guias na terra as nações. Louvem-te os povos, ó Deus! Louvem-te os povos todos!

AGEU 2:4-5

Mas agora o Senhor diz: Seja forte, Zorobabel! Seja forte, Josué, filho de Jozadaque, o sumo sacerdote! E vocês, todo o povo da terra, sejam fortes, diz o Senhor, e trabalhem, porque eu estou com vocês, diz o Senhor dos Exércitos. Segundo a aliança que fiz com vocês, quando saíram do Egito, o meu Espírito habita no meio de vocês. Não tenham medo.

1 CORÍNTIOS 12:12-14

Porque, assim como o corpo é um e tem muitos membros, e todos os membros, mesmo sendo muitos, constituem um só corpo, assim também é com respeito a Cristo. Pois, em um só Espírito, todos nós fomos batizados em um só corpo, quer judeus, quer gregos, quer escravos, quer livres. E a todos nós foi dado beber de um só Espírito. Porque também o corpo não é um só membro, mas muitos.

O Espírito Santo traz unidade ao diversificado Corpo de Cristo. Ele está atraindo a Cristo pessoas de todas as nações e povos da Terra.

JUNHO 29

O Deus Trino intercede pelo Seu povo

SALMO 110:4

O S󠀠ᴇɴʜᴏʀ jurou e não voltará atrás: "Você é sacerdote para sempre, segundo a ordem de Melquisedeque".

JEREMIAS 31:9

Virão com choro, e com súplicas os levarei; eu os guiarei aos ribeiros de águas, por um caminho reto em que não tropeçarão; porque sou pai para Israel, e Efraim é o meu primogênito.

ROMANOS 8:26-27

Da mesma maneira, também o Espírito nos ajuda em nossa fraqueza. Porque não sabemos orar como convém, mas o próprio Espírito intercede por nós com gemidos inexprimíveis. E aquele que sonda os corações sabe qual é a mente do Espírito, porque intercede pelos santos de acordo com a vontade de Deus.

Em que momento ou ocasião, você sentiu o Espírito Santo intercedendo por você? Agradeça a Ele, pois, por meio do sacrifício de Jesus, da direção do Pai e da intercessão do Espírito, Deus está realizando a vontade dele em sua vida.

JUNHO 30

O reino eterno do Deus Trino

SALMO 10:16-18

O Senhor é rei eterno: da sua terra somem as nações. Tens ouvido, Senhor, o desejo dos humildes; tu lhes firmarás o coração e ouvirás o seu clamor, para fazeres justiça ao órfão e ao oprimido, a fim de que o ser humano, que é da terra, não volte a espalhar o terror.

2 SAMUEL 23:2-4

O Espírito do Senhor fala por meio de mim; e a sua palavra está na minha língua. O Deus de Israel falou, a Rocha de Israel me disse: "Aquele que governa o povo com justiça, que domina no temor de Deus, é como a luz da manhã, quando sai o sol, como manhã sem nuvens, cujo esplendor, depois da chuva, faz brotar da terra a erva".

HEBREUS 1:8-9

Mas, a respeito do Filho, diz: "O teu trono, ó Deus, é para todo o sempre; cetro de justiça é o cetro do teu reino. Amaste a justiça e odiaste a iniquidade; por isso, Deus, o teu Deus, te ungiu com o óleo de alegria como a nenhum dos teus companheiros".

~~~

Senhor, agradeço-te muitíssimo por estares estabelecendo um reino eterno e de retidão sobre a Tua criação. Qualquer reino humano que perdurasse para sempre seria desastroso, mas Tu és o Rei Trino e perfeito. Em nome de Jesus. Amém!

JULHO

Criativo

Pela graça e o primor

Que Tu deste à terra e aos céus,

Pelo Teu profundo amor

Que ofertaste aos filhos Teus…

...damos graças e louvor
ao Teu nome, Criador.

Por manhãs primaveris
E por noites de esplendor,
Pelas flores tão gentis,
Lua, estrelas, sol, calor...

Pelo dom de ouvir e ver,
Pela mente e o coração,
Pelas bênçãos, no viver,
Dos sentidos, da razão...

Por ternura e nosso lar,
Por amigos de valor,
Pela voz para entoar,
Melodias ao Senhor...

Pela Tua Igreja, ó Pai,
Que proclama o Redentor
E com fé pregando vai
Às nações o teu amor...

Por ti mesmo, ó Salvador,
que de graça aos homens dás

salvação, por teu amor,

Alegria, vida e paz…

Pela graça e o primor (HCC 046)
Autor: Folliott Sandford Pierpoint (1835–1917)

JULHO 1

Nosso Deus Criador

SALMO 19:1-4

> Os céus proclamam a glória de Deus, e o firmamento anuncia as obras das suas mãos. Um dia discursa a outro dia, e uma noite revela conhecimento a outra noite. Não há linguagem, nem há palavras, e deles não se ouve nenhum som. No entanto, por toda a terra se faz ouvir a sua voz, e as suas palavras chegam até os confins do mundo.

ISAÍAS 45:18

> Porque assim diz o Senhor, que criou os céus — e ele é o único Deus; que formou a terra e a fez — ele a estabeleceu; ele não a criou para ser um caos, mas para ser habitada: "Eu sou o Senhor, e não há outro".

HEBREUS 3:3-4

No entanto, assim como aquele que edifica uma casa tem maior honra do que a casa em si, também Jesus tem sido considerado digno de maior glória do que Moisés. Pois toda casa é edificada por alguém, mas aquele que edificou todas as coisas é Deus.

Deus criou tudo o que existe. As obras de Suas mãos manifestam Sua criatividade, glória e sabedoria.

JULHO 2

A obra do nosso Criador

SALMO 119:73

As tuas mãos me fizeram e me formaram; dá-me entendimento para que eu aprenda os teus mandamentos.

GÊNESIS 2:20-23

O homem deu nome a todos os animais domésticos, às aves dos céus e a todos os animais selvagens; mas para o homem não se achava uma auxiliadora que fosse semelhante a ele. Então o Senhor Deus fez cair um pesado sono sobre o homem, e este adormeceu. Tirou-lhe uma das costelas e fechou o lugar com carne. E da costela que havia tirado do homem, o Senhor Deus formou uma mulher e a levou até ele. E o homem disse: "Esta, afinal, é osso dos meus ossos e carne da minha carne; será chamada varoa, porque do varão foi tirada".

EFÉSIOS 2:8-10

Porque pela graça vocês são salvos, mediante a fé; e isto não vem de vocês, é dom de Deus; não de obras, para que ninguém se glorie. Pois somos feitura dele, criados em Cristo Jesus para boas obras, as quais Deus de antemão preparou para que andássemos nelas.

Por qual razão você está deixando de ver a imagem de Deus nas pessoas ao seu redor? Converse com Deus sobre isso e peça a Ele para lhe mostrar como Ele enxerga o ser humano — obra de Suas mãos.

JULHO 3

Interdependência, o âmago da criatividade divina

SALMO 145:5-6

Meditarei no glorioso esplendor da tua majestade e nas tuas maravilhas. Falarão do poder dos teus feitos tremendos, e eu anunciarei a tua grandeza.

GÊNESIS 5:1-2

Este é o livro da genealogia de Adão. No dia em que Deus criou o ser humano, à semelhança de Deus o fez. Deus os criou homem e mulher, os abençoou e lhes deu o nome de "ser humano", no dia em que foram criados.

1 CORÍNTIOS 11:11-12

No Senhor, todavia, nem a mulher é independente do homem, nem o homem é independente da mulher. Porque, assim como a mulher foi feita do homem, assim também o homem nasce da mulher; e tudo vem de Deus.

Senhor, agradeço-te por não me deixares sozinho. Peço-te que me ensines a cultivar relacionamentos saudáveis e interdependentes, nos quais amo as pessoas como amo a mim mesmo. Em nome de Jesus. Amém!

JULHO 4

A provisão criativa de Deus

SALMO 124:6-8

Bendito seja o Senhor, que não nos deu por presa aos dentes deles. A nossa alma foi salva, como um pássaro do laço dos passarinheiros; rompeu-se o laço, e nós nos vimos livres. O nosso socorro está no nome do Senhor, que fez o céu e a terra.

ISAÍAS 54:4-5

Não tenha medo, porque você não será envergonhada; não tenha vergonha, porque você não sofrerá humilhação. Você se esquecerá da vergonha da sua mocidade e não mais se lembrará da desgraça da sua viuvez.

LUCAS 12:27-28

Observem como crescem os lírios: eles não trabalham, nem fiam. Eu, porém, afirmo a vocês que nem Salomão, em toda a sua glória, se vestiu como qualquer deles. Ora, se Deus veste assim a erva que hoje está no campo e amanhã é lançada no forno, muito mais fará por vocês, homens de pequena fé!

Deus supre necessidades diárias. Ele provê resgate e relacionamento profundo, de maneiras que somente Ele poderia pensar.

JULHO 5

A adequada reação da criação ao Seu Criador

SALMO 148:2-6

Louvem o Senhor, todos os seus anjos; louvem-no, todos os seus exércitos celestiais. Louvem o Senhor, sol e lua; louvem-no, todas as estrelas luzentes. Louvem o Senhor, céus dos céus e as águas que estão acima do firmamento. Louvem o nome do Senhor, pois ele deu uma ordem, e foram criados. Ele os estabeleceu para todo o sempre; fixou-lhes uma ordem que não será mudada.

ECLESIASTES 12:1-2

Lembre-se do seu Criador nos dias da sua mocidade, antes que venham os dias maus, e cheguem os anos em que você dirá: "Não tenho neles prazer". Lembre-se do Criador antes que se escureçam o sol, a lua e as estrelas, e as nuvens voltem depois da chuva.

1 TIMÓTEO 4:4-5

Pois tudo o que Deus criou é bom, e, se recebido com gratidão, nada é recusável, porque é santificado pela palavra de Deus e pela oração.

Pense em uma coisa boa que Deus criou pela qual você pode louvá-lo hoje. Faça uma pausa e ore sobre isso agora.

JULHO 6
A luz da criatividade de Deus

SALMO 104:19-22

Fez a lua para marcar o tempo; o sol conhece a hora de se pôr. Envias as trevas e vem a noite, na qual vagueiam os animais da selva. Os leõezinhos rugem pela presa e buscam de Deus o sustento; em vindo o sol, eles se recolhem e se acomodam nos seus covis.

GÊNESIS 1:3-5

Então Deus disse:
—Haja luz!
E houve luz. E Deus viu que a luz era boa e fez separação entre a luz e as trevas. Deus chamou à luz "dia" e chamou às trevas "noite". Houve tarde e manhã, o primeiro dia.

JOÃO 1:6-10

Houve um homem enviado por Deus, e o nome dele era João. Este veio como testemunha para testificar a respeito da luz, para que todos viessem a crer por meio dele. Ele não era a luz, mas veio para dar testemunho da luz, a verdadeira luz, que, vinda ao mundo, ilumina toda a humanidade. O Verbo estava no mundo, o mundo foi feito por meio dele, mas o mundo não o conheceu.

Senhor, Tu criaste a luz por meio da palavra, e Tu és a Palavra que concedes luz a todos. Peço-te, Jesus, seja a luz pela qual posso enxergar tudo como realmente é. Em nome, eu oro. Amém!

JULHO 7

Nosso Deus recriador

SALMO 134

Bendigam o Senhor, todos vocês, servos do Senhor, que se encontram na Casa do Senhor nas horas da noite. Levantem as mãos para o santuário e bendigam o Senhor. Que, de Sião, o Senhor, que fez o céu e a terra, abençoe você!

ISAÍAS 43:19-21

Eis que faço uma coisa nova. Agora mesmo ela está saindo à luz. Será que vocês não o percebem? Eis que porei um caminho no deserto e rios nos lugares áridos. Os animais do campo me glorificarão, os chacais e os filhotes de avestruzes, porque porei águas no deserto e rios nos lugares áridos, para dar de beber ao meu povo, ao meu escolhido, a este povo que formei para mim, para celebrar o meu louvor.

APOCALIPSE 21:5-7

E aquele que estava sentado no trono disse:
—Eis que faço novas todas as coisas.
E acrescentou:
—Escreva, porque estas palavras são fiéis e verdadeiras.
Disse-me ainda:
—Tudo está feito! Eu sou o Alfa e o Ômega, o Princípio e o Fim.
Eu, a quem tem sede, darei de graça da fonte da água da vida. O vencedor herdará estas coisas, e eu serei o Deus dele e ele será o meu filho.

Deus está recriando todos os lugares, danificados e sem vida, em Sua criação, visto que foram afetados pelo pecado.

JULHO 8

A criativa e criadora Palavra de Deus

SALMO 119:130-132

A revelação das tuas palavras traz luz e dá entendimento aos simples. Abro a boca e suspiro, porque desejo os teus mandamentos. Volta-te para mim e tem compaixão, como costumas fazer aos que amam o teu nome.

GÊNESIS 1:14-16,18

E Deus disse:

—Que haja luzeiros no firmamento dos céus, para fazerem separação entre o dia e a noite; e sejam eles para sinais, para estações, para dias e anos. E sirvam de luzeiros no firmamento dos céus, para iluminar a terra.

E assim aconteceu. Deus fez os dois grandes luzeiros: o maior para governar o dia, e o menor para governar a noite; e fez também as estrelas [...] para governarem o dia e a noite e fazerem separação entre a luz e as trevas. E Deus viu que isso era bom.

1 PEDRO 1:23-25

Porque vocês foram regenerados não de semente corruptível, mas de semente incorruptível, mediante a palavra de Deus, a qual vive e é permanente. Porque "toda a humanidade é como a erva do campo, e toda a sua glória é como a flor da erva. A erva seca, e a flor cai; mas a palavra do Senhor permanece para sempre". Esta palavra é o evangelho que foi anunciado a vocês.

Em que momento ou ocasião você ignorou a Palavra de Deus e a vida que ela oferece? Converse com o Senhor sobre isso, agradeça a Ele por Sua palavra durar para sempre e por Ele ter propiciado a você o novo nascimento e a vida eterna por meio de Cristo.

JULHO 9

A Palavra de Deus instrui e ilumina

SALMO 119:105-106

Lâmpada para os meus pés é a tua palavra; ela é luz para os meus caminhos. Jurei e confirmei o juramento de guardar os teus retos juízos.

PROVÉRBIOS 4:20-22

Meu filho, escute as minhas palavras; preste atenção aos meus ensinamentos. Não deixe que eles se afastem dos seus olhos; guarde-os no mais íntimo do seu coração. Porque são vida para quem os encontra e saúde para todo o seu corpo.

MATEUS 7:24-25

Todo aquele, pois, que ouve estas minhas palavras e as pratica será comparado a um homem prudente que construiu a sua casa sobre a rocha. Caiu a chuva, transbordaram os rios, sopraram os ventos e bateram com força contra aquela casa, e ela não desabou, porque tinha sido construída sobre a rocha.

Senhor, agradeço-te por Tuas palavras que me guiam com luz e retidão. Desejo edificar a minha vida sobre a Tua sabedoria, pois Tu és como uma rocha sólida. Em nome de Jesus. Amém!

JULHO 10

A sabedoria que determina a vida das palavras de Deus

SALMO 119:9-12

De que maneira poderá o jovem guardar puro o seu caminho? Observando-o segundo a tua palavra. De todo o coração te busquei; não deixes que eu me desvie dos teus mandamentos. Guardo a tua palavra no meu coração para não pecar contra ti. Bendito és tu, Senhor; ensina-me os teus decretos.

JÓ 23:11-12

Os meus pés seguiram as suas pisadas; guardei o seu caminho e não me desviei dele. Do mandamento dos seus lábios nunca me afastei; escondi no meu íntimo as palavras da sua boca.

2 TIMÓTEO 3:14-17

Quanto a você, permaneça naquilo que aprendeu e em que acredita firmemente, sabendo de quem você o aprendeu e que, desde a infância, você conhece as sagradas letras, que podem torná-lo sábio para a salvação pela fé em Cristo Jesus. Toda a Escritura é inspirada por Deus e útil para o ensino, para a repreensão, para a correção, para a educação na justiça, a fim de que o servo de Deus seja perfeito e perfeitamente habilitado para toda boa obra.

Os mandamentos de Deus ensinam a você a melhor maneira de embasar todas as suas ações, palavras e relacionamentos.

JULHO 11

A eterna Palavra de Deus

SALMO 119:159-160

Vê como amo os teus preceitos; vivifica-me, Senhor, segundo a tua bondade. As tuas palavras são em tudo verdade desde o princípio, e cada um dos teus justos juízos dura para sempre.

EZEQUIEL 12:28

Portanto, diga-lhes: Assim diz o Senhor Deus: "Nenhuma das minhas palavras será adiada, e a palavra que eu falar se cumprirá", diz o Senhor Deus.

MATEUS 24:32-35

—Aprendam a parábola da figueira: quando já os seus ramos se renovam e as folhas brotam, vocês sabem que o verão está próximo. Assim, também vocês, quando virem todas estas coisas, saibam que está próximo, às portas. Em verdade lhes digo que não passará esta geração sem que tudo isto aconteça. Passará o céu e a terra, porém as minhas palavras não passarão.

Quais palavras ou frases dos trechos bíblicos acima chamaram a sua atenção? Separe um tempo e converse com Deus sobre isso.

JULHO 12

A perfeita Palavra de Deus

SALMO 12:2,6

Falam com falsidade uns aos outros, falam com lábios bajuladores e coração fingido. [...]
As palavras do Senhor são palavras puras, prata refinada em forno de barro, depurada sete vezes.

PROVÉRBIOS 30:5-6

Toda palavra de Deus é pura. Ele é escudo para os que nele confiam. Não acrescente nada às suas palavras, para que ele não o repreenda, e você seja achado mentiroso.

HEBREUS 4:12

Porque a palavra de Deus é viva e eficaz, e mais cortante do que qualquer espada de dois gumes, e penetra até o ponto de dividir alma e espírito, juntas e medulas, e é apta para julgar os pensamentos e propósitos do coração.

Senhor, nada é falso ou prejudicial em Tuas ordenanças. Pai, usa a Tua Palavra para me revelar as mentiras e o mal em meu coração. Peço-te que os substituas por Tua vida e amor. Em nome de Jesus. Amém!

JULHO 13

A Palavra de Deus que sustenta a vida

SALMO 130:5-6

Aguardo o Senhor, a minha alma o aguarda; eu espero na sua palavra. A minha alma anseia pelo Senhor mais do que os guardas anseiam pelo romper da manhã. Mais do que os guardas pelo romper da manhã.

JEREMIAS 15:16

Achadas as tuas palavras, logo as comi. As tuas palavras encheram o meu coração de júbilo e de alegria, pois sou chamado pelo teu nome, ó Senhor, Deus dos Exércitos.

MATEUS 4:1-4

A seguir, Jesus foi levado pelo Espírito ao deserto, para ser tentado pelo diabo. E, depois de jejuar quarenta dias e quarenta noites, teve fome. Então o tentador, aproximando-se, disse a Jesus:

—Se você é o Filho de Deus, mande que estas pedras se transformem em pães.

Jesus, porém, respondeu:

—Está escrito: "O ser humano não viverá só de pão, mas de toda palavra que procede da boca de Deus".

As palavras de Deus criaram a vida no princípio. Elas continuam a sustentar sua vida agora e para sempre.

JULHO 14

Jesus, a Palavra de Deus encarnada

SALMO 107:19-21

Então, na sua angústia, clamaram ao Senhor, e ele os livrou das suas tribulações. Enviou-lhes a sua palavra, e os sarou, e os livrou do que lhes era mortal. Que eles deem graças ao Senhor por sua bondade e por suas maravilhas para com os filhos dos homens!

ISAÍAS 55:10-11

Porque, assim como a chuva e a neve descem dos céus e para lá não voltam, sem que primeiro reguem a terra, e a fecundem, e a façam brotar, para dar semente ao semeador e pão ao que come, assim será a palavra que sair da minha boca: não voltará para mim vazia, mas fará o que me apraz e prosperará naquilo para que a designei.

HEBREUS 1:1-3

Antigamente, Deus falou, muitas vezes e de muitas maneiras, aos pais, pelos profetas, mas, nestes últimos dias, nos falou pelo Filho, a quem constituiu herdeiro de todas as coisas e pelo qual também fez o universo. O Filho, que é o resplendor da glória de Deus e a expressão exata do seu Ser, sustentando todas as coisas pela sua palavra poderosa, depois de ter feito a purificação dos pecados, assentou-se à direita da Majestade, nas alturas.

Você está vivendo, de alguma forma, como se Jesus não o tivesse resgatado ou não realizasse a vontade dele? Agradeça ao Senhor porque Ele criou o Universo, sustenta-o e é capaz de cumprir o que Ele diz.

JULHO 15

O Deus que estabelece a paz

SALMO 4:6-8

Há muitos que dizem: "Quem nos dará a conhecer o bem?". Senhor, levanta sobre nós a luz do teu rosto. Mais alegria me puseste no coração do que a alegria deles, quando eles têm fartura de cereal e de vinho. Em paz me deito e logo pego no sono, porque só tu, Senhor, me fazes repousar seguro.

ISAÍAS 32:17-18

O efeito da justiça será paz, e o fruto da justiça será repouso e segurança, para sempre. O meu povo habitará em moradas de paz, em moradas bem seguras e em lugares quietos e tranquilos.

ROMANOS 5:1-2

Justificados, pois, mediante a fé, temos paz com Deus por meio do nosso Senhor Jesus Cristo, pelo qual obtivemos também acesso, pela fé, a esta graça na qual estamos firmes; e nos gloriamos na esperança da glória de Deus.

Senhor, Tu criaste tantas coisas boas, inclusive Tu estabeleceste a paz entre nós e paz entre mim e as pessoas ao meu redor. Agradeço-te por nos possibilitar a paz por meio do Teu Filho, Jesus.

JULHO 16

Deus cria a paz mesmo em meio ao caos

SALMO 74:13-14,16-17

Tu, com o teu poder, dividiste o mar; esmagaste sobre as águas a cabeça dos monstros marinhos. Despedaçaste as cabeças do Leviatã e o deste por alimento às criaturas do deserto. [...] Teu é o dia; tua também é a noite; a luz e o sol, tu os formaste. Fixaste os confins da terra; verão e inverno, tu os fizeste.

ISAÍAS 55:12-13

Vocês sairão com alegria e em paz serão guiados; os montes e as colinas romperão em cânticos diante de vocês, e todas as árvores do campo baterão palmas. Em lugar do espinheiro, crescerá o cipreste, e em lugar da sarça crescerá a murta. E isso será glória para o Senhor e sinal eterno, que nunca se apagará.

1 CORÍNTIOS 14:31-33

Porque todos poderão profetizar, um após outro, para que todos aprendam e sejam consolados. Os espíritos dos profetas estão sujeitos aos próprios profetas, porque Deus não é Deus de confusão, e sim de paz. Como em todas as igrejas dos santos.

~~~

Assim como Deus trouxe a criação à existência a partir de algo vazio e sem forma, Ele cria a paz a partir da desordem do mundo.

JULHO 17

Deus cria a paz a partir de Seus mandamentos

SALMO 119:165-167

Grande paz têm os que amam a tua lei; para eles não há nada que os faça tropeçar. Espero, Senhor, na tua salvação e cumpro os teus mandamentos. A minha alma tem observado os teus testemunhos; eu os amo profundamente.

MALAQUIAS 2:5-6

—Minha aliança com ele foi de vida e de paz, e foi isso que eu lhe dei, para que me temesse; e, de fato, ele me temeu e tremeu por causa do meu nome. A verdadeira instrução esteve na sua boca, e nenhuma injustiça se achou em seus lábios. Ele andou comigo em paz e em retidão, e afastou muitos da iniquidade.

JOÃO 14:25-27

—Tenho dito isso enquanto ainda estou com vocês. Mas o Consolador, o Espírito Santo, que o Pai enviará em meu nome, esse ensinará a vocês todas as coisas e fará com que se lembrem de tudo o que eu lhes disse. Deixo com vocês a paz, a minha paz lhes dou; não lhes dou a paz como o mundo a dá. Que o coração de vocês não fique angustiado nem com medo.

Quais mandamentos de Deus você pode praticar hoje a fim de cultivar a paz em seus relacionamentos? Ore e peça ao Espírito Santo para guiá-lo na paz que do Senhor procede.

JULHO 18
A paz de Deus gera novos padrões

SALMO 34:12-14

Quem de vocês ama a vida e quer longevidade para ver o bem? Refreie a língua do mal e os lábios de falarem palavras enganosas. Afaste-se do mal e pratique o bem; procure a paz e empenhe-se por alcançá-la.

LEVÍTICOS 26:3-4,6

—Se andarem nos meus estatutos, guardarem os meus mandamentos e os cumprirem, então eu lhes darei as chuvas na época certa, a terra produzirá a sua colheita e a árvore do campo dará o seu fruto. [...]
Estabelecerei paz na terra. Vocês se deitarão, e não haverá quem os atemorize; afastarei da terra os animais nocivos, e pela terra de vocês não passará espada.

1 PEDRO 3:9-11

Não paguem mal com mal, nem ofensa com ofensa. Pelo contrário, respondam com palavras de bênção, pois para isto mesmo vocês foram chamados, a fim de receberem bênção por herança. Pois: "Aquele que quer amar a vida e ter dias felizes refreie a língua do mal e evite que os seus lábios falem palavras enganosas; afaste-se do mal e pratique o bem, busque a paz e empenhe-se por alcançá-la".

Senhor, graças te dou por estares desfazendo os meus padrões orgulhosos de retribuir o mal com o mal e o insulto com insulto. Peço-te que me ensines a seguir a Tua Palavra e a buscar a paz para minha vida e meus relacionamentos. Em nome de Jesus. Amém!

JULHO 19

A paz de Deus cria novos relacionamentos

SALMO 122:6-9

> Orem pela paz de Jerusalém!
> "Que sejam prósperos aqueles que a amam. Reine paz em seu meio e prosperidade nos seus palácios."
> Por amor dos meus irmãos e amigos, eu peço: "Haja paz em você!".
> Por amor da Casa do Senhor, nosso Deus, buscarei o seu bem.

ISAÍAS 2:3-4

> Muitos povos virão e dirão: "Venham, subamos ao monte do Senhor e ao templo do Deus de Jacó, para que nos ensine os seus caminhos, e andemos nas suas veredas". Porque de Sião sairá a lei, e a palavra do Senhor, de Jerusalém. Ele julgará entre as nações e corrigirá muitos povos. Estes transformarão as suas espadas em lâminas de arados e as suas lanças, em foices. Nação não levantará a espada contra nação, nem aprenderão mais a guerra.

EFÉSIOS 2:14-16

Porque ele é a nossa paz. De dois povos ele fez um só e, na sua carne, derrubou a parede de separação que estava no meio, a inimizade. Cristo aboliu a lei dos mandamentos na forma de ordenanças, para que dos dois criasse em si mesmo uma nova humanidade, fazendo a paz, e reconciliasse ambos em um só corpo com Deus, por meio da cruz, destruindo a inimizade por meio dela.

A paz oriunda de Deus transforma inimigos em amigos e torna estrangeiros família, unindo o Corpo de Cristo por meio do Seu sacrifício.

JULHO 20

Deus nos chama para estabelecer a paz

SALMO 37:10-11

Mais um pouco de tempo, e já não existirão os ímpios; você procurará no lugar onde eles estavam e não os encontrará. Mas os mansos herdarão a terra e terão alegria na abundância de paz.

ISAÍAS 52:7

Quão formosos são sobre os montes os pés do que anuncia boas-novas, que faz ouvir a paz, que anuncia coisas boas, que faz ouvir a salvação, que diz a Sião: "O seu Deus reina!".

MATEUS 5:5,8-9

—Bem-aventurados os mansos, porque herdarão a terra. [...]
—Bem-aventurados os limpos de coração, porque verão a Deus.
—Bem-aventurados os pacificadores, porque serão chamados filhos de Deus.

Em que momento ou ocasião suas ações ou palavras promoveram conflito em vez de paz? Peça perdão a Deus e agradeça a Ele por estar lhe ensinando a fazer as pazes com quem precisa.

JULHO 21

Deus traz paz ao Seu povo

SALMO 85:8-9

Escutarei o que Deus, o Senhor, disser, pois falará de paz ao seu povo e aos seus santos; e que jamais caiam em insensatez. Próxima está a salvação dos que o temem, para que a glória habite em nossa terra.

DANIEL 10:18-19

Então aquele ser semelhante a um homem tocou em mim outra vez e me fortaleceu. E disse:
—Não tenha medo, homem muito amado! Que a paz esteja com você! Anime-se! Sim, anime-se!
Enquanto ele falava comigo, fiquei fortalecido e disse:
—Fale agora, meu senhor, pois as suas palavras me fortaleceram.

2 TESSALONICENSES 3:16

Que o Senhor da paz, ele mesmo, dê a vocês a paz, sempre e de todas as maneiras. O Senhor esteja com todos vocês.

Senhor, Tu és a verdadeira fonte de paz e prometeste paz ao Teu povo. Peço-te que me concedas paciência enquanto Tu me enches com a Tua paz em todos os momentos e de todas as maneiras que te aprazem. Em nome de Jesus. Amém!

JULHO 22

O cuidado providencial de Deus para com a Sua criação

SALMO 145:15-16

Em ti esperam os olhos de todos, e tu, a seu tempo, lhes dás o alimento. Abres a mão e satisfazes os desejos de todos os viventes.

JÓ 10:9,12

Lembra-te de que me formaste como em barro. E, agora, queres reduzir-me a pó? [...]
Tu me deste vida e bondade, e o teu cuidado guardou o meu espírito.

MATEUS 6:28-30

—E por que se preocupam com o que vão vestir? Observem como crescem os lírios do campo: eles não trabalham, nem fiam. Eu, porém, afirmo a vocês que nem Salomão, em toda a sua glória, se vestiu como qualquer deles. Ora, se Deus veste assim a erva do campo, que hoje existe e amanhã é lançada no forno, não fará muito mais por vocês, homens de pequena fé?

A providência de Deus demonstra Sua criatividade, poder e cuidado para com toda a criação.

JULHO 23

A providência pessoal de Deus

SALMO 23:1-3

O Senhor é o meu pastor; nada me faltará. Ele me faz repousar em pastos verdejantes. Leva-me para junto das águas de descanso; refrigera-me a alma. Guia-me pelas veredas da justiça por amor do seu nome.

1 REIS 17:4-6

Você beberá a água do ribeiro; e eu ordenei aos corvos que sustentem você naquele lugar. Elias foi e fez segundo a palavra do Senhor. Retirou-se e ficou morando junto ao ribeiro de Querite, nas imediações do Jordão. Os corvos lhe traziam pão e carne pela manhã, bem como pão e carne ao anoitecer; e ele bebia a água do ribeiro.

FILIPENSES 1:4-6

...fazendo sempre, com alegria, súplicas por todos vocês, em todas as minhas orações. Dou graças pela maneira como vocês têm participado na proclamação do evangelho, desde o primeiro dia até agora. Estou certo de que aquele que começou boa obra em vocês há de completá-la até o Dia de Cristo Jesus.

De que maneira você viu recentemente a providência de Deus em sua vida? Agradeça ao Senhor pela generosidade dele com você e por Ele realizar a obra dele por seu intermédio.

JULHO 24

A incessante providência de Deus

SALMO 121:1-4

Elevo os meus olhos para os montes: de onde me virá o socorro? O meu socorro vem do SENHOR, que fez o céu e a terra. Ele não permitirá que os seus pés vacilem; não dormitará aquele que guarda você. É certo que não dormita, nem dorme o guarda de Israel.

GÊNESIS 8:22

Enquanto durar a terra, não deixará de haver semeadura e colheita, frio e calor, verão e inverno, dia e noite.

MARCOS 6:34-35,41-42

Ao desembarcar, Jesus viu uma grande multidão e compadeceu-se dela, porque eram como ovelhas que não têm pastor. E começou a ensinar-lhes muitas coisas. Como já era bastante tarde, os discípulos se aproximaram de Jesus e disseram:

—Este lugar é deserto, e já é bastante tarde. [...]

Jesus, pegando os cinco pães e os dois peixes, erguendo os olhos para o céu, os abençoou. Depois partiu os pães e os deu aos seus discípulos para que os distribuíssem. E também repartiu os dois peixes entre todos. Todos comeram e se fartaram.

Senhor, Tu nunca dormes ou estás muito cansado, ou simplesmente despreocupado com a minha vida. Quando eu estiver procurando ajuda, lembra-me de que Tu sempre cuidas de mim. Em nome de Jesus. Amém!

JULHO 25

Deus provê o bem em meio ao mal

SALMO 34:8-10

> Provem e vejam que o Senhor é bom; bem-aventurado é quem nele se refugia. Temam o Senhor, vocês que são os seus santos, pois nada falta aos que o temem. Os leõezinhos passam necessidade e sentem fome, porém aos que buscam o Senhor bem nenhum lhes faltará.

GÊNESIS 45:5-7

> Agora, pois, não fiquem tristes nem irritados contra vocês mesmos por terem me vendido para cá, porque foi para a preservação da vida que Deus me enviou adiante de vocês. Porque já houve dois anos de fome na terra, e ainda restam cinco anos em que não haverá lavoura nem colheita. Deus me enviou adiante de vocês, para que fosse conservado para vocês um remanescente na terra e para que a vida de vocês fosse salva por meio de um grande livramento.

ROMANOS 8:28-29

Sabemos que todas as coisas cooperam para o bem daqueles que amam a Deus, daqueles que são chamados segundo o seu propósito. Pois aqueles que Deus de antemão conheceu ele também predestinou para serem conformes à imagem de seu Filho, a fim de que ele seja o primogênito entre muitos irmãos.

Seja qual for a dificuldade ou sofrimento que você está experimentando ou venha experimentar, saiba que Deus usará esses meios para torná-lo mais parecido com Ele.

JULHO 26

A providência divina para todas as nações

SALMO 22:27-28

Os confins da terra se lembrarão do Senhor e a ele se converterão; diante dele se prostrarão todas as famílias das nações. Pois do Senhor é o reino, é ele quem governa as nações.

MALAQUIAS 3:10,12

Tragam todos os dízimos à casa do Tesouro, para que haja mantimento na minha casa. Ponham-me à prova nisto, diz o Senhor dos Exércitos, se eu não lhes abrir as janelas do céu e não derramar sobre vocês bênção sem medida. [...]
Todas as nações dirão que vocês são felizes, porque vocês serão uma terra de delícias, diz o Senhor dos Exércitos.

ATOS 14:15-17

—Senhores, por que estão fazendo isto? Nós também somos seres humanos como vocês, sujeitos aos mesmos sentimentos, e anunciamos o evangelho a vocês para que se convertam destas coisas vãs ao Deus vivo, que fez o céu, a terra, o mar e tudo o que neles há. Nas gerações passadas, Deus permitiu que todos os povos andassem nos seus próprios caminhos. Contudo, não deixou de dar testemunho de si mesmo, fazendo o bem, dando a vocês chuvas do céu e estações frutíferas, enchendo o coração de vocês de fartura e de alegria.

Onde você está negligenciando aqueles que ainda não conhecem a Deus? Converse com o Senhor e peça a Ele que lhe mostre a provisão e amor dele pelas nações.

JULHO 27

A providência de Deus para o Seu povo

SALMO 78:23-27

Mesmo assim, deu ordens às nuvens e abriu as portas dos céus; fez chover maná sobre eles, para alimentá-los, e lhes deu cereal do céu. Todos comeram o pão dos anjos; ele enviou-lhes comida à vontade. Fez soprar no céu o vento do Oriente e pelo seu poder conduziu o vento do Sul. Também fez chover sobre eles carne como poeira e aves numerosas como a areia do mar.

DEUTERONÔMIO 8:6-9

Guardem os mandamentos do SENHOR, seu Deus, para que vocês andem nos seus caminhos e o temam. Porque o SENHOR, o Deus de vocês, os faz entrar numa terra boa, terra de ribeiros de águas, de fontes, de mananciais profundos, que saem dos vales e das montanhas; terra de trigo e cevada, de vinhas, figueiras e romãzeiras; terra de oliveiras, de azeite e mel; terra em que vocês não terão escassez e em que não lhes faltará nada; terra cujas pedras são ferro e de cujos montes vocês extrairão o cobre.

2 CORÍNTIOS 9:8

Deus pode tornar abundante em vocês toda graça, a fim de que, tendo sempre, em tudo, ampla suficiência, vocês sejam abundantes em toda boa obra.

Senhor, agradeço-te pela Tua ilimitada provisão sobre o Teu povo. Sou tão ricamente abençoado por teres me dado tudo de que preciso para ser bem-sucedido em amar a ti, amar os outros e amar a Tua criação. Em nome de Jesus. Amém!

JULHO 28

A providência de Deus por intermédio do Seu Filho

SALMO 22:29-31

Todos os ricos da terra hão de comer e adorar, e todos os que descem ao pó se prostrarão diante dele, até aquele que não pode preservar a própria vida. A posteridade o servirá, e se falará do Senhor à geração vindoura. Virão e anunciarão a justiça dele; ao povo que há de nascer, contarão que foi ele quem o fez.

GÊNESIS 22:13-14

Abraão ergueu os olhos e viu atrás de si um carneiro preso pelos chifres entre os arbustos. Abraão pegou o carneiro e o ofereceu em holocausto, em lugar de seu filho. E Abraão deu àquele lugar o nome de "O Senhor Proverá". Daí dizer-se até o dia de hoje: "No monte do Senhor se proverá".

2 PEDRO 1:3-4

Pelo poder de Deus nos foram concedidas todas as coisas que conduzem à vida e à piedade, pelo pleno conhecimento daquele que nos chamou para a sua própria glória e virtude. Por meio delas, ele nos concedeu as suas preciosas e mui grandes promessas, para que por elas vocês se tornem coparticipantes da natureza divina, tendo escapado da corrupção das paixões que há no mundo.

Deus proveu o Seu próprio Filho em nosso lugar, a fim de que possamos usufruir da vida eterna e da bondade do Senhor.

JULHO 29

Os propósitos do Criador prevalecem sobre toda autoridade

SALMO 103:17-19

> Mas a misericórdia do Senhor é de eternidade a eternidade sobre os que o temem, e a sua justiça, sobre os filhos dos filhos, para com os que guardam a sua aliança e para com os que se lembram dos seus preceitos e os cumprem. Nos céus, o Senhor estabeleceu o seu trono, e o seu reino domina sobre tudo.

ISAÍAS 14:24,26

> O Senhor dos Exércitos jurou, dizendo: "Como pensei, assim será, e, como determinei, assim acontecerá". [...]
> "Este é o plano que foi elaborado para toda a terra; e esta é a mão que está estendida sobre todas as nações."

ROMANOS 13:1

> Que todos estejam sujeitos às autoridades superiores. Porque não há autoridade que não proceda de Deus, e as autoridades que existem foram por ele instituídas.

Em que momento ou ocasião você viu os propósitos de Deus direcionados por alguém em posição de autoridade ou realizados, apesar de tal autoridade? Ore e agradeça ao Senhor pelo Seu reino, os Seus planos não podem ser impedidos.

JULHO 30

A provisão do Criador em tempos difíceis

SALMO 56:3-4

Quando eu ficar com medo, hei de confiar em ti. Em Deus, cuja palavra eu exalto, neste Deus ponho a minha confiança e nada temerei. Que me pode fazer um mortal?

ESTER 4:12-14

Estas palavras de Ester foram transmitidas a Mordecai. Então Mordecai pediu que respondessem a Ester: "Não pense que, por estar no palácio real, você será a única, entre todos os judeus, que conseguirá escapar. Porque, se você ficar calada agora, de outro lugar virá socorro e livramento para os judeus, mas você e a casa de seu pai perecerão. Mas quem sabe se não foi para uma conjuntura como esta que você foi elevada à condição de rainha?".

JOÃO 16:31-33

Jesus respondeu:
—Vocês creem agora? Eis que vem a hora — e já chegou — em que vocês serão dispersos, cada um para a sua casa, e vocês me deixarão sozinho. Mas não estou sozinho, porque o Pai está comigo. Falei essas coisas para que em mim vocês tenham paz. No mundo, vocês passam por aflições; mas tenham coragem: eu venci o mundo.

Senhor, o mundo está cheio de problemas e dor. Peço-te que me lembres de confiar em ti quando eu estiver com medo. Agradeço-te por estares comigo e por Tu venceres o mundo. Em nome de Jesus. Amém!

JULHO 31

A providência do Criador mesmo que não a enxerguemos

SALMO 119:114-116

Tu és o meu refúgio e o meu escudo; na tua palavra eu espero. Afastem-se de mim, malfeitores; quero guardar os mandamentos do meu Deus. Ampara-me, segundo a tua promessa, para que eu viva; não permitas que eu seja envergonhado na minha esperança.

JÓ 1:20-21

Então Jó se levantou, rasgou o seu manto, rapou a cabeça, prostrou-se em terra e adorou. E disse:
—Nu saí do ventre de minha mãe e nu voltarei. O Senhor o deu e o Senhor o tomou; bendito seja o nome do Senhor!

FILIPENSES 4:11-13

Digo isto, não porque esteja necessitado, porque aprendi a viver contente em toda e qualquer situação. Sei o que é passar necessidade e sei também o que é ter em abundância; aprendi o segredo de toda e qualquer circunstância, tanto de estar alimentado como de ter fome, tanto de ter em abundância como de passar necessidade. Tudo posso naquele que me fortalece.

Mesmo quando não enxergamos ou sentimos a provisão de Deus, Ele é o Criador que está cuidando das coisas que Ele criou.

AGOSTO

Glorioso

A Deus demos glória, com grande fervor,
Seu Filho bendito por nós todos deu.
A graça concede a qualquer pecador,
Abrindo-lhe a porta de entrada no céu.

Exultai! Exultai! Vinde todos louvar
A Jesus, Salvador, a Jesus, Redentor.
A Deus demos glória, porquanto do céu
Seu Filho bendito por nós todos deu.

Ó, graça real! Foi assim que Jesus,
Morrendo, seu sangue por nós derramou.
Herança nos céus, com os santos em luz,
Comprou-nos Jesus, pois o preço pagou.

A crer nos convida tal prova de amor
Nos merecimentos do Filho de Deus.
E quem, pois confia em Jesus, Salvador,
Vai vê-lo exaltado na glória dos céus.

A Deus demos glória (HCC 228)
Autor: Fanny Jane Crosby (1820–1902)

AGOSTO 1
O Deus da glória

SALMO 24:7-8

Levantem as suas cabeças, ó portas! Levantem-se, ó portais eternos, para que entre o Rei da glória. Quem é o Rei da glória? O Senhor, forte e poderoso, o Senhor, poderoso nas batalhas.

2 CRÔNICAS 7:1-3

Quando Salomão acabou de orar, desceu fogo do céu e consumiu o holocausto e os sacrifícios; e a glória do Senhor encheu o templo. Os sacerdotes não podiam entrar na Casa do Senhor, porque a glória do Senhor tinha enchido a Casa do Senhor. Todos os filhos de Israel, vendo descer o fogo e a glória do Senhor sobre o templo, se inclinaram com o rosto em terra sobre o pavimento, adoraram, e louvaram o Senhor, porque ele é bom, porque a sua misericórdia dura para sempre.

APOCALIPSE 21:22-24

Não vi nenhum santuário na cidade, porque o seu santuário é o Senhor, o Deus Todo-Poderoso, e o Cordeiro. A cidade não precisa do sol nem da lua para lhe dar claridade, pois a glória de Deus a ilumina, e o Cordeiro é a sua lâmpada. As nações andarão mediante a sua luz, e os reis da terra lhe trazem a sua glória.

De que forma você tem negligenciado a tremenda glória de Deus em sua vida? Reconheça a sua indiferença para com Deus e peça a Ele que lhe mostre a Sua glória.

AGOSTO 2

O Deus que revela Sua glória

SALMO 72:18-19

Bendito seja o Senhor Deus, o Deus de Israel, o único que faz maravilhas! Bendito para sempre o seu glorioso nome, e da sua glória se encha toda a terra. Amém e amém!

ISAÍAS 40:3-5

Uma voz clama: "No deserto preparem o caminho do Senhor! No ermo façam uma estrada reta para o nosso Deus! Todos os vales serão levantados, e todos os montes e colinas serão rebaixados; o que é tortuoso será retificado, e os lugares ásperos serão aplanados. A glória do Senhor se manifestará, e toda a humanidade a verá, pois a boca do Senhor o disse".

LUCAS 2:13-14

E, de repente, apareceu com o anjo uma multidão do exército celestial, louvando a Deus e dizendo: "Glória a Deus nas maiores alturas, e paz na terra entre os homens, a quem ele quer bem".

Senhor, que privilégio incrível contemplar a Tua glória! Agradeço-te por me revelares a ti mesmo. Peço-te que sempre que a minha visão desvanecer, Tu abras novamente os meus olhos. Em nome de Jesus. Amém!

A luz da glória de Deus

AGOSTO 3

SALMO 76:1-4

Deus é conhecido em Judá; grande é o seu nome em Israel. Em Salém está o seu tabernáculo, e, em Sião, a sua morada. Ali, despedaçou ele as flechas, o escudo, a espada e a batalha. Tu és ilustre e mais glorioso do que os montes eternos.

JÓ 37:21-22

Eis que ninguém pode olhar para o sol, que brilha no céu, uma vez passado o vento que o deixa limpo. Do norte vem o áureo esplendor, pois Deus está cercado de tremenda majestade.

2 CORÍNTIOS 4:5-6

Porque não pregamos a nós mesmos, mas a Jesus Cristo como Senhor e a nós mesmos como servos de vocês, por causa de Jesus. Porque Deus, que disse: "Das trevas resplandeça a luz", ele mesmo resplandeceu em nosso coração, para iluminação do conhecimento da glória de Deus na face de Jesus Cristo.

A luz da glória de Deus excede a do Sol — e o conhecimento da glória do Senhor brilha em seu coração.

AGOSTO 4

A glória de Deus enche toda a Terra

SALMO 57:9-11

Eu te darei graças entre os povos; cantarei louvores a ti entre as nações. Pois a tua misericórdia se eleva até os céus, e a tua fidelidade, até as nuvens. Sê exaltado, ó Deus, acima dos céus; e em toda a terra brilhe a tua glória.

HABACUQUE 2:14

Porque a terra se encherá do conhecimento da glória do Senhor, como as águas cobrem o mar.

JOÃO 17:1-3

Depois de dizer essas coisas, Jesus levantou os olhos ao céu e disse: —Pai, é chegada a hora. Glorifica o teu Filho, para que o Filho glorifique a ti, assim como lhe deste autoridade sobre toda a humanidade, a fim de que ele conceda a vida eterna a todos os que lhe deste. E a vida eterna é esta: que conheçam a ti, o único Deus verdadeiro, e a Jesus Cristo, a quem enviaste.

Em que você percebe a glória de Deus em outras culturas, povos ou lugares? Agradeça ao Senhor pela glória dele estar em toda parte e por Ele se revelar às pessoas em toda a Terra.

AGOSTO 5

A glória das obras de Deus

SALMO 111:2-3

Grandes são as obras do Senhor, consideradas por todos os que se alegram por causa delas. Em suas obras há glória e majestade, e a sua justiça permanece para sempre.

ISAÍAS 42:6-8

Eu, o Senhor, chamei você em justiça; eu o tomarei pela mão, o guardarei, e farei de você mediador da aliança com o povo e luz para os gentios; para abrir os olhos dos cegos, para tirar da prisão os cativos, e do cárcere, os que jazem em trevas. Eu sou o Senhor: este é o meu nome. Não darei a mais ninguém a minha glória, nem a minha honra, às imagens de escultura.

ROMANOS 6:3-4

Ou será que vocês ignoram que todos nós que fomos batizados em Cristo Jesus fomos batizados na sua morte? Fomos sepultados com ele na morte pelo batismo, para que, como Cristo foi ressuscitado dentre os mortos pela glória do Pai, assim também nós andemos em novidade de vida.

―――

Senhor, graças te dou pelos Teus majestosos feitos. Tu trazes justiça, luz, liberdade e nova vida. Tuas obras são gloriosas e constrangedoras; eu posso somente te louvar por elas. Em nome de Jesus. Amém!

AGOSTO 6

A incomparável glória de Deus

SALMO 86:8-10

Não há entre os deuses quem seja semelhante a ti, Senhor; e nada existe que se compare às tuas obras. Todas as nações que fizeste virão, se prostrarão diante de ti, Senhor, e glorificarão o teu nome. Pois tu és grande e operas maravilhas; só tu és Deus!

1 CRÔNICAS 16:23-25

Cantem ao Senhor, todas as terras; proclamem a sua salvação, dia após dia. Anunciem entre as nações a sua glória, entre todos os povos, as suas maravilhas. Porque o Senhor é grande e digno de ser louvado, mais temível do que todos os deuses.

LUCAS 21:5-6,27-28

Alguns falavam a respeito do templo, como estava ornado de belas pedras e de dádivas. Então Jesus disse:

—Vocês estão vendo estas coisas? Virão dias em que não ficará pedra sobre pedra que não seja derrubada.[...]

Então verão o Filho do Homem vindo numa nuvem, com poder e grande glória. Ora, quando estas coisas começarem a acontecer, levantem-se e fiquem de cabeça erguida, porque a redenção de vocês se aproxima.

Nada em toda a criação — pessoa, coisa ou ideia alguma — pode ser comparado à glória do Senhor.

AGOSTO 7

Jesus, a plenitude da glória de Deus

SALMO 63:2-4

Assim, quero ver-te no santuário, para contemplar a tua força e a tua glória. Porque a tua graça é melhor do que a vida; os meus lábios te louvam. Assim, eu te bendirei enquanto viver; em teu nome, levanto as mãos.

ÊXODO 24:15-17

Tendo Moisés subido, uma nuvem cobriu o monte. E a glória do Senhor pousou sobre o monte Sinai, e a nuvem o cobriu durante seis dias. No sétimo dia, do meio da nuvem o Senhor chamou Moisés. Aos olhos dos israelitas, o aspecto da glória do Senhor era como um fogo consumidor no alto do monte.

MARCOS 9:2-4,7

Seis dias depois, Jesus tomou consigo Pedro, Tiago e João e os levou, em particular, a sós, a um alto monte. E Jesus foi transfigurado diante deles. As suas roupas se tornaram resplandecentes, de um branco muito intenso, como nenhum lavandeiro no mundo as poderia alvejar. E lhes apareceu Elias com Moisés, e estavam falando com Jesus. [...]

A seguir, veio uma nuvem que os envolveu; e dela veio uma voz que dizia:

—Este é o meu Filho amado; escutem o que ele diz!

Em que momento ou ocasião você não ouviu Jesus? Converse com Ele sobre isso e peça que Ele revele novamente a você quem Ele é.

AGOSTO 8

Nosso onipotente Deus

SALMO 66:3-4

Digam isto a Deus: "Que tremendos são os teus feitos! Pela grandeza do teu poder, a ti se mostram submissos os teus inimigos. Toda a terra se prostra diante de ti, e canta louvores a ti; canta louvores ao teu nome".

JEREMIAS 32:26-27

Então a palavra do Senhor veio a Jeremias, dizendo:
—Eis que eu sou o Senhor, o Deus de toda a humanidade. Será que existe algo demasiadamente difícil para mim?

MARCOS 10:24-27

Os discípulos estranharam estas palavras, mas Jesus insistiu em dizer-lhes:
—Filhos, como é difícil entrar no Reino de Deus! É mais fácil um camelo passar pelo fundo de uma agulha do que um rico entrar no Reino de Deus.
Eles ficaram muito admirados, dizendo entre si:
—Sendo assim, quem pode ser salvo?
Jesus, olhando para eles, disse:
—Para os seres humanos é impossível; contudo, não para Deus, porque para Deus tudo é possível.

Senhor, nada é difícil demais para ti. O que é impossível para eu fazer sozinho é possível contigo. Ensina-me a me prostrar diante de ti e a cantar os Teus louvores descansando em Teu pleno poder. Em nome de Jesus. Amém!

AGOSTO 9

Onipotente sobre toda a criação

SALMO 147:15-17

Ele envia as suas ordens à terra, e sua palavra corre velozmente. Faz cair a neve como lã e espalha a geada como cinza. Faz cair o seu gelo como se fossem migalhas; quem pode resistir ao seu frio?

DANIEL 2:20-22

Bendito seja o nome de Deus, de eternidade a eternidade, porque dele é a sabedoria e o poder! É ele quem muda o tempo e as estações, remove reis e estabelece reis; ele dá sabedoria aos sábios e entendimento aos inteligentes. Ele revela o profundo e o escondido; conhece o que está em trevas, e com ele mora a luz.

APOCALIPSE 19:5-6

E do trono saiu uma voz, que dizia: "Louvem o nosso Deus, todos vocês, os seus servos, todos os que o temem, os pequenos e os grandes". Então ouvi o que parecia ser a voz de uma grande multidão, uma voz como de muitas águas e como de fortes trovões, dizendo: "Aleluia! Pois reina o Senhor, nosso Deus, o Todo-Poderoso".

Em Sua gloriosa sabedoria, Deus é Todo-poderoso sobre os ciclos e épocas em tudo que Ele criou.

AGOSTO 10

Onipotente sobre a ordem e o propósito humano

SALMO 113:7-9

Ele levanta o pobre do pó e tira o necessitado do monte de lixo, para o fazer sentar ao lado dos príncipes, sim, com os príncipes do seu povo. O Senhor faz com que a mulher estéril viva em família e seja alegre mãe de filhos. Aleluia!

ISAÍAS 26:4-6

Confiem sempre no Senhor, porque o Senhor Deus é uma rocha eterna. Ele derruba os que habitam no alto, na cidade elevada; derruba e humilha até o chão, até o pó. O pé a pisará; os pés dos aflitos, e os passos dos pobres.

TIAGO 4:13-15

Escutem, agora, vocês que dizem: "Hoje ou amanhã, iremos para a cidade tal, e lá passaremos um ano, e faremos negócios, e teremos lucros". Vocês não sabem o que acontecerá amanhã. O que é a vida de vocês? Vocês não passam de neblina que aparece por um instante e logo se dissipa. Em vez disso, deveriam dizer: "Se Deus quiser, não só viveremos, como também faremos isto ou aquilo".

Quais palavras ou frases dos trechos bíblicos acima chamaram a sua atenção? Separe um tempo e converse com Deus sobre isso.

AGOSTO 11

Onipotente sobre a vida e a morte

SALMO 102:19-22

O Senhor, do alto do seu santuário, desde os céus, olhou para a terra, a fim de ouvir o gemido dos cativos e libertar os condenados à morte. Em Sião será anunciado o nome do Senhor e o seu louvor, em Jerusalém, quando se reunirem os povos e os reinos, para servirem o Senhor.

GÊNESIS 18:13-14

Então o Senhor perguntou a Abraão:
—Por que Sara riu, dizendo: "Será verdade que darei ainda à luz, sendo velha?". Por acaso, existe algo demasiadamente difícil para o Senhor? Daqui a um ano, neste mesmo tempo, voltarei a você, e Sara terá um filho.

ATOS 26:6,8

E agora estou sendo julgado por causa da esperança da promessa feita por Deus aos nossos pais [...]
Por que se julga incrível entre vocês que Deus ressuscite os mortos?

Senhor, não consigo enxergar o que acontecerá depois da morte, ou o que aconteceu antes de minha vida começar. O desconhecido me assusta. Agradeço-te por eu não precisar tentar dominar a morte, pois Tu és soberano sobre a vida e a morte. Em nome de Jesus. Amém!

AGOSTO 12

Onipotente sobre todo mal

SALMO 23:4

Ainda que eu ande pelo vale da sombra da morte, não temerei mal nenhum, porque tu estás comigo; o teu bordão e o teu cajado me consolam.

ISAÍAS 31:2-3

Porém o Senhor também é sábio e faz vir a desgraça; ele não volta atrás naquilo que falou. Ele se levantará contra a casa dos malfeitores e contra os que ajudam os que praticam o mal. Pois os egípcios são homens e não deuses; os seus cavalos são carne, e não espírito.

Quando o Senhor estender a mão, tropeçará aquele que ajuda e cairá quem é ajudado; e juntos todos perecerão.

MARCOS 9:22-25

...se o senhor pode fazer alguma coisa, tenha compaixão de nós e ajude-nos. Ao que Jesus respondeu:

—"Se o senhor pode"? Tudo é possível ao que crê.

E imediatamente o pai do menino exclamou:

—Eu creio! Ajude-me na minha falta de fé!

Vendo Jesus que muita gente estava se reunindo, repreendeu o espírito imundo, dizendo-lhe:

—Espírito mudo e surdo, eu ordeno a você: Saia deste menino e nunca mais entre nele.

O mal é uma realidade presente neste mundo, mas Deus derrotou o mal e Sua vitória sobre ele será definitiva.

AGOSTO 13

Onipotente para sempre

SALMO 66:5-7

Venham e vejam as obras de Deus: tremendos feitos para com os filhos dos homens! Transformou o mar em terra seca; eles atravessaram o rio a pé; ali, nos alegramos nele. Ele, em seu poder, governa eternamente; os seus olhos vigiam as nações. Não se exaltem os rebeldes!

ISAÍAS 50:2-3

Por que razão, quando eu vim, ninguém apareceu? Quando chamei, ninguém respondeu? Será que a minha mão se encolheu tanto, que já não pode remir? Ou será que já não há força em mim para livrar? Eis que pela minha repreensão eu seco o mar e transformo os rios em deserto, até que os seus peixes cheirem mal; pois, não havendo água, morrem de sede. Posso vestir os céus de escuridão e cobri-los com pano de saco.

JUDAS 1:24-25

E ao Deus que é poderoso para evitar que vocês tropecem e que pode apresentá-los irrepreensíveis diante da sua glória, com grande alegria, a este que é o único Deus, nosso Salvador, mediante Jesus Cristo, Senhor nosso, sejam a glória, a majestade, o poder e a autoridade, antes de todas as eras, agora, e por toda a eternidade. Amém!

Em que área de sua vida você não confia no poder de Deus? Apresente suas dúvidas ao Senhor. Ore para que Ele gentilmente lembre você da capacidade que Ele tem de mantê-lo sempre e apresentá-lo irrepreensível no fim.

AGOSTO 14

Jesus, o onipotente Deus revelado

SALMO 136:23-24

> Àquele que se lembrou de nós em nosso abatimento, porque a sua misericórdia dura para sempre. E nos libertou dos nossos inimigos, porque a sua misericórdia dura para sempre.

AMÓS 4:12-13

> Portanto, assim farei com você, Israel! E, porque farei isso com você, prepare-se, ó Israel, para se encontrar com o seu Deus! Porque é ele quem forma os montes, cria o vento e declara aos seres humanos qual é o seu pensamento; ele faz da manhã trevas e anda sobre os altos da terra; Senhor, Deus dos Exércitos, é o seu nome.

MARCOS 4:37-39,41

> Ora, levantou-se grande temporal de vento, e as ondas se arremessavam contra o barco, de modo que o mesmo já estava se enchendo de água. E Jesus estava na popa, dormindo sobre o travesseiro. Os discípulos o acordaram e lhe disseram:
> —Mestre, o senhor não se importa que pereçamos?
> E ele, despertando, repreendeu o vento e disse ao mar:
> —Acalme-se! Fique quieto!
> O vento se aquietou, e tudo ficou bem calmo. [...]
> E eles, possuídos de grande temor, diziam uns aos outros:
> —Quem é este que até o vento e o mar lhe obedecem?

~~~

Senhor, agradeço-te por trazeres a Tua plenitude à Terra na pessoa de Jesus. Teu poder sobre todas as coisas me surpreende. Quero me encontrar contigo e conhecer-te como Tu és. Em nome de Jesus. Amém!

AGOSTO 15
O soberano Senhor

SALMO 71:15-16

A minha boca proclamará a tua justiça; o dia inteiro contarei os feitos da tua salvação, ainda que eu não saiba o seu número. Irei na força do Senhor Deus; anunciarei a tua justiça, a tua somente.

DANIEL 4:17

Esta sentença é por decreto dos vigilantes, e esta ordem é por mandado dos santos, para que os que vivem saibam que o Altíssimo tem domínio sobre o reino dos homens. Ele dá esse reino a quem quer, e põe sobre ele até o mais humilde dos homens.

ATOS 5:38-39

Neste caso de agora, digo a vocês: Não façam nada contra esses homens. Deixem que vão embora, porque, se este plano ou esta obra vem de homens, será destruído; mas, se vem de Deus, vocês não poderão destruí-los e correm o risco de estar lutando contra Deus. E os membros do Sinédrio concordaram com Gamaliel.

Deus é soberano sobre qualquer coisa em toda a criação. O que for de Deus será dele.

AGOSTO 16

A soberania de Deus sobre todas as circunstâncias

SALMO 71:5-6

Pois tu és a minha esperança, Senhor Deus, a minha confiança desde a minha mocidade. Em ti eu tenho me apoiado desde o meu nascimento; tu me tiraste do ventre materno. A ti se dirige constantemente o meu louvor.

JÓ 12:14-16

O que ele derruba não pode ser reconstruído; se ele lança alguém na prisão, ninguém a pode abrir. Se ele retém as águas, elas secam; se ele as solta, elas devastam a terra. Com ele estão a força e a sabedoria; a ele pertencem o enganado e o enganador.

LUCAS 12:6-7

—Não se vendem cinco pardais por duas moedinhas? Entretanto, Deus não se esquece de nenhum deles. Até os cabelos da cabeça de vocês estão todos contados. Não temam! Vocês valem bem mais do que muitos pardais.

~~~

Em que você viu recentemente a soberania de Deus nos detalhes de sua vida? Agradeça ao Senhor pelo cuidado dele com você e por Ele conhecê-lo completamente.

AGOSTO 17

A soberania de Deus em meio às dificuldades

SALMO 109:21-22

Mas tu, ó Deus, meu Senhor, age por mim, por amor do teu nome; livra-me, porque é boa a tua misericórdia. Porque sou pobre e necessitado e, dentro de mim, sinto ferido o coração.

ECLESIASTES 7:13-14

Observe as obras de Deus, pois quem poderá endireitar o que ele fez torto? No dia da prosperidade, seja feliz; mas, no dia da adversidade, considere que Deus fez tanto este como aquele, para que o ser humano não descubra nada do que há de vir depois dele.

FILIPENSES 2:12-15

Assim, meus amados, como vocês sempre obedeceram, não só na minha presença, porém, muito mais agora, na minha ausência, desenvolvam a sua salvação com temor e tremor, porque Deus é quem efetua em vocês tanto o querer como o realizar, segundo a sua boa vontade. Façam tudo sem murmurações nem discussões, para que sejam irrepreensíveis e puros, filhos de Deus inculpáveis no meio de uma geração pervertida e corrupta, na qual vocês brilham como luzeiros no mundo.

Senhor, não entendo por que Tu permites momentos tão difíceis, ou como ainda és soberano quando meu coração está abatido. Peço-te que me ensines a confiar em ti, sabendo que Tu estás me tornando parecido contigo. Em nome de Jesus. Amém!

AGOSTO 18

A soberania de Deus sobre a morte

SALMO 68:19-20

Bendito seja o Senhor que, dia a dia, leva o nosso fardo! Deus é a nossa salvação. O nosso Deus é o Deus libertador; com Deus, o Senhor, está o escaparmos da morte.

ISAÍAS 25:7-8

Neste monte ele acabará com o pano que cobre todos os povos e com o véu que está posto sobre todas as nações. Tragará a morte para sempre, e, assim, o Senhor Deus enxugará as lágrimas de todos os rostos, e tirará de toda a terra o vexame do seu povo, porque o Senhor falou.

COLOSSENSES 1:18-20

Ele é a cabeça do corpo, que é a igreja. Ele é o princípio, o primogênito dentre os mortos, para ter a primazia em todas as coisas. Porque Deus achou por bem que, nele, residisse toda a plenitude e que, havendo feito a paz pelo sangue da sua cruz, por meio dele, reconciliasse consigo mesmo todas as coisas, quer sobre a terra, quer nos céus.

Deus tem o poder de tragar a morte para sempre. Jesus é o primogênito dentre os mortos, e todos os que o seguem, no Dia do Senhor, também ressuscitarão dentre os mortos.

AGOSTO 19

A soberania de Deus sobre a rebelião humana

SALMO 73:27-28

Os que se afastam de ti certamente perecerão; tu destróis todos os que são infiéis para contigo. Quanto a mim, bom é estar perto de Deus; faço do Senhor Deus o meu refúgio, para proclamar todas as suas obras.

GÊNESIS 50:19-20

Mas José respondeu:
—Não tenham medo; será que eu estou no lugar de Deus? Vocês, na verdade, planejaram o mal contra mim; porém Deus o tornou em bem, para fazer, como estão vendo agora, que se conserve a vida de muita gente.

ATOS 4:27-29

Porque de fato, nesta cidade, Herodes e Pôncio Pilatos, com gentios e gente de Israel, se juntaram contra o teu santo Servo Jesus, a quem ungiste, para fazerem tudo o que a tua mão e o teu propósito predeterminaram. Agora, Senhor, olha para as ameaças deles e concede aos teus servos que anunciem a tua palavra com toda a ousadia.

Em que momento ou ocasião você se rebelou conscientemente contra Deus? Confesse isso ao Senhor e agradeça a Ele por ser soberano mesmo sobre aqueles que não buscam a Sua vontade.

AGOSTO 20

A soberania de Deus sobre toda autoridade

SALMO 104:10-13

Tu fazes rebentar fontes no vale, cujas águas correm entre os montes; dão de beber a todos os animais do campo; os jumentos selvagens matam a sua sede. Junto delas as aves do céu têm o seu pouso e, por entre a ramagem, elas se põem a cantar. Do alto de tua morada, regas os montes; a terra farta-se do fruto de tuas obras.

JEREMIAS 27:4-5

Ordene-lhes que digam aos seus senhores: Assim diz o Senhor dos Exércitos, o Deus de Israel: —"Eu fiz a terra, os seres humanos e os animais que estão sobre a face da terra, com o meu grande poder e com o meu braço estendido, e a dou a quem eu quiser".

JOÃO 19:8-11

Pilatos, ouvindo tal declaração, ficou ainda mais atemorizado e, entrando outra vez no Pretório, perguntou a Jesus:
—De onde você é?
Mas Jesus não lhe deu resposta. Então Pilatos o advertiu:
—Você não me responde? Não sabe que tenho autoridade tanto para soltar você como para crucificá-lo?
Jesus respondeu:
—O senhor não teria nenhuma autoridade sobre mim se de cima não lhe fosse dada. Por isso, quem me entregou ao senhor tem maior pecado.

Senhor, não há governo ou autoridade humana que esteja fora da Tua soberania. Mesmo quando as pessoas abusarem do poder delas, lembra-me de que Tu vês todas as coisas e estás no controle delas. Em nome de Jesus. Amém!

AGOSTO 21

A glória da soberania de Deus

SALMO 29:7-9

A voz do Senhor produz chamas de fogo. A voz do Senhor faz tremer o deserto; o Senhor faz tremer o deserto de Cades. A voz do Senhor faz dar cria às corças e desnuda os bosques; e no seu templo todos dizem: "Glória!".

1 CRÔNICAS 29:12-13

Riquezas e glória vêm de ti. Tu dominas sobre tudo, e na tua mão há força e poder. Contigo está o engrandecer e dar força a todos. Agora, ó nosso Deus, graças te damos e louvamos o teu glorioso nome.

APOCALIPSE 1:12-16

Voltei-me para ver quem falava comigo e, ao me voltar, vi sete candelabros de ouro e, no meio dos candelabros, um semelhante a um filho de homem, com vestes talares e cingido, à altura do peito, com um cinto de ouro. A cabeça e os cabelos dele eram brancos como alva lã, como neve. Os olhos eram como chama de fogo. Os seus pés eram semelhantes ao bronze polido, como que refinado numa fornalha. A voz era como som de muitas águas. Na mão direita ele tinha sete estrelas, e da sua boca saía uma afiada espada de dois gumes. O seu rosto brilhava como o sol na sua força.

Deus governa sobre todas as coisas, e a Sua glória é mais poderosa e avassaladora do que qualquer coisa na criação que poderia ser comparada a ela.

AGOSTO 22

A beleza do Senhor

SALMO 27:4

Uma coisa peço ao Senhor e a buscarei: que eu possa morar na Casa do Senhor todos os dias da minha vida, para contemplar a beleza do Senhor e meditar no seu templo.

ISAÍAS 28:5-6

Naquele dia, o Senhor dos Exércitos será a coroa de glória e o formoso diadema para o restante de seu povo. Ele será o espírito de justiça para aqueles que se assentam para julgar e a força para os que rechaçam o ataque inimigo junto ao portão da cidade.

2 CORÍNTIOS 4:4

...o deus deste mundo cegou o entendimento dos descrentes, para que não lhes resplandeça a luz do evangelho da glória de Cristo, o qual é a imagem de Deus.

O que você enxerga de belo em Deus? Compartilhe isso com Ele e o louve pelo que você encontra nele.

AGOSTO 23
A beleza da glória de Deus

SALMO 34:4-5

Busquei o Senhor, e ele me acolheu; livrou-me de todos os meus temores. Os que olham para ele ficarão radiantes; o rosto deles jamais se cobrirá de vexame.

ÊXODO 34:28-30

E Moisés esteve ali com o Senhor quarenta dias e quarenta noites. Não comeu pão nem bebeu água. E escreveu nas tábuas as palavras da aliança, as dez palavras. Quando Moisés desceu do monte Sinai, tendo nas mãos as duas tábuas do testemunho, sim, quando desceu do monte, Moisés não sabia que a pele do seu rosto resplandecia, depois de Deus ter falado com ele. Quando Arão e todos os filhos de Israel olharam para Moisés, eis que a pele do seu rosto resplandecia; e ficaram com medo de chegar perto dele.

2 PEDRO 1:16-18

Porque não lhes demos a conhecer o poder e a vinda do nosso Senhor Jesus Cristo seguindo fábulas engenhosamente inventadas, mas nós mesmos fomos testemunhas oculares da sua majestade. Porque ele recebeu honra e glória da parte de Deus Pai, quando, pela Suprema Glória, lhe foi enviada a seguinte voz: "Este é o meu Filho amado, em quem me agrado". Ora, nós ouvimos esta voz vinda do céu quando estávamos com ele no monte santo.

Senhor, Tua glória é tão forte que até aqueles que veem a Tua face refletem o esplendor dela. Agradeço-te por compartilhar Tua beleza comigo. Desejo ver-te face a face. Em nome de Jesus. Amém!

AGOSTO 24

A beleza da presença de Deus entre Seu povo

SALMO 48:1-3

Grande é o Senhor e mui digno de ser louvado, na cidade do nosso Deus, seu santo monte. Alto e belo, alegria de toda a terra, é o monte Sião, para os lados do Norte, a cidade do grande Rei. Nos palácios dela, Deus se faz conhecer como alto refúgio.

NÚMEROS 24:5-7

Como são boas as suas tendas, ó Jacó! Como são boas as suas moradas, ó Israel! São como vales que se estendem, como jardins à beira dos rios, como árvores de sândalo que o Senhor plantou, como cedros junto às águas. Águas manarão de seus baldes, e as suas sementeiras terão águas abundantes. O seu rei se levantará mais do que Agague, e o seu reino será exaltado.

APOCALIPSE 21:10-11

E ele me levou, no Espírito, a uma grande e elevada montanha e me mostrou a cidade santa, Jerusalém, que descia do céu, da parte de Deus, a qual tem a glória de Deus. O seu brilho era semelhante a uma pedra preciosíssima, como pedra de jaspe cristalina.

A beleza gloriosa de Deus resplandece por meio do Corpo de Cristo — o templo onde habita o Seu Espírito.

AGOSTO 25

A beleza das obras de Deus

SALMO 90:16

Aos teus servos apareçam as tuas obras, e a seus filhos, a tua glória.

ZACARIAS 9:16-17

Naquele dia, o Senhor, seu Deus, os salvará, como o rebanho do seu povo; porque eles são pedras de uma coroa e resplandecem na terra dele. Pois quão grande é a sua bondade! E quão grande é a sua formosura! O trigo fará florescer os jovens, e o vinho, as moças.

FILIPENSES 4:8

Finalmente, irmãos, tudo o que é verdadeiro, tudo o que é respeitável, tudo o que é justo, tudo o que é puro, tudo o que é amável, tudo o que é de boa fama, se alguma virtude há e se algum louvor existe, seja isso o que ocupe o pensamento de vocês.

Em que lugar ou em que situações você pensa nas coisas desafiadoras, difíceis ou prejudiciais à vida? Converse com o Senhor sobre o que você sente sobre isso. Peça a Ele para lembrá-lo gentilmente, quando você precisar, da beleza das obras dele.

AGOSTO 26

A divina beleza interior

SALMO 139:23-24

Sonda-me, ó Deus, e conhece o meu coração, prova-me e conhece os meus pensamentos; vê se há em mim algum caminho mau e guia-me pelo caminho eterno.

1 SAMUEL 16:6-7

Aconteceu que, quando eles chegaram, Samuel viu Eliabe e disse consigo:
—Certamente está diante do Senhor o seu ungido.
Porém o Senhor disse a Samuel:
—Não olhe para a sua aparência nem para a sua altura, porque eu o rejeitei. Porque o Senhor não vê como o ser humano vê. O ser humano vê o exterior, porém o Senhor vê o coração.

1 PEDRO 3:3-4

Que a beleza de vocês não seja exterior, como tranças nos cabelos, joias de ouro e vestidos finos, mas que ela esteja no ser interior, uma beleza permanente de um espírito manso e tranquilo, que é de grande valor diante de Deus.

Senhor, graças te dou por Tua beleza resplandecer em Teu caráter bom e amoroso. Ela não é uma questão de influência social, roupas ou produtos caros. Eu quero manifestar a beleza do jeito que Tu és belo. Em nome de Jesus. Amém!

AGOSTO 27

A beleza da sabedoria de Deus

SALMO 73:23-24

No entanto, estou sempre contigo, tu me seguras pela minha mão direita. Tu me guias com o teu conselho e depois me recebes na glória.

PROVÉRBIOS 3:13-18

Feliz é quem acha a sabedoria; feliz é aquele que alcança o entendimento. Porque o lucro que a sabedoria dá é melhor do que o lucro da prata, e a sua renda é melhor do que o ouro mais fino. A sabedoria é mais preciosa do que as joias, e tudo o que você possa desejar não se compara com ela. Em sua mão direita ela oferece vida longa, e na sua mão esquerda ela tem riquezas e honra. Os seus caminhos são caminhos agradáveis, e todas as suas veredas são paz. Ela é árvore de vida para os que a alcançam, e felizes são todos os que a retêm.

EFÉSIOS 1:17

Peço ao Deus de nosso Senhor Jesus Cristo, o Pai da glória, que conceda a vocês espírito de sabedoria e de revelação no pleno conhecimento dele.

Deus guia Seus filhos por meio de Sua sabedoria, manifestando Sua glória e beleza, a fim de que você o conheça melhor.

AGOSTO 28

A beleza da restauração em Deus

SALMO 50:2

Desde Sião, excelência de formosura, resplandece Deus.

ISAÍAS 4:2-3,5

Naquele dia, o Renovo do SENHOR será de beleza e de glória; e o fruto da terra será o orgulho e a glória para os de Israel que forem salvos. Os restantes de Sião e os que ficarem em Jerusalém serão chamados santos, isto é, todos os que estão inscritos em Jerusalém, para a vida. [...]
Sobre todos os lugares do monte Sião e sobre todas as suas assembleias, o SENHOR criará uma nuvem durante o dia e fumaça e um clarão de fogo aceso durante a noite. Porque sobre toda a glória se estenderá uma proteção.

TITO 2:10-12

...deem prova de toda a fidelidade, a fim de que, em todas as coisas, manifestem a beleza da doutrina de Deus, nosso Salvador. Porque a graça de Deus se manifestou, trazendo salvação a todos. Ela nos educa para que, renegadas a impiedade e as paixões mundanas, vivamos neste mundo de forma sensata, justa e piedosa.

Quando foi o momento em que você viu a beleza de Deus refletida em Seu povo? Peça a Deus para ensiná-lo a ser autocontrolado, correto e piedoso, a fim de que possa ajudar a atrair outros à Sua magnífica salvação.

AGOSTO 29
A glória devida ao Seu nome

SALMO 96 7-8

Deem ao Senhor, ó famílias dos povos, deem ao Senhor glória e força. Deem ao Senhor a glória devida ao seu nome; tragam ofertas e entrem nos seus átrios.

1 CRÔNICAS 16:31-33

Alegrem-se os céus, e a terra exulte; diga-se entre as nações: "O Senhor reina". Ruja o mar e a sua plenitude; alegre-se o campo e tudo o que nele há. Cantem de alegria as árvores do bosque, na presença do Senhor, porque vem julgar a terra.

1 CORÍNTIOS 10:31

Portanto, se vocês comem, ou bebem ou fazem qualquer outra coisa, façam tudo para a glória de Deus.

Senhor, Tu mereces todo o louvor e ações de graças que o Teu povo é capaz de te dar, pois até os mares, campos e florestas te louvam! Ensina-me a fazer tudo o que faço como um ato de adoração a ti. Em nome de Jesus. Amém!

AGOSTO 30

A glória de Deus está muito acima da humanidade

SALMO 115:1

Não a nós, Senhor, não a nós, mas ao teu nome dá glória, por amor da tua misericórdia e da tua fidelidade.

ISAÍAS 45:9-10

Ai daquele que discute com o seu Criador, sendo um simples caco entre outros cacos de barro! Será que o barro pergunta ao oleiro: "O que você está fazendo?". Ou diz: "Este seu vaso não tem alça!". Ai daquele que diz ao seu pai: "Por que você gerou?". E à sua mãe: "Por que você deu à luz?".

LUCAS 1:51-53

Agiu com o seu braço valorosamente; dispersou os que, no coração, alimentavam pensamentos soberbos. Derrubou dos seus tronos os poderosos e exaltou os humildes. Encheu de bens os famintos e despediu vazios os ricos.

A glória de Deus — Seu poder, soberania, amor e fidelidade — supera em muito qualquer prestígio humano.

AGOSTO 31
Contemplando a glória de Deus

SALMO 102:15-17

Todas as nações temerão o nome do Senhor, e todos os reis da terra temerão a sua glória, quando o Senhor reconstruir Sião e se manifestar na sua glória, quando atender à oração do desamparado e não desprezar as suas preces.

DEUTERONÔMIO 5:23-24

Quando ouviram a voz que vinha do meio das trevas, enquanto o monte estava em chamas, vocês se aproximaram de mim, todos os chefes das tribos e os anciãos, e disseram: "Eis que aqui o Senhor, nosso Deus, nos mostrou a sua glória e a sua grandeza, e ouvimos a sua voz do meio do fogo. Hoje vimos que Deus fala com as pessoas e que elas permanecem vivas".

1 JOÃO 1:1-2

O que era desde o princípio, o que ouvimos, o que vimos com os nossos próprios olhos, o que contemplamos e as nossas mãos apalparam, a respeito do Verbo da vida — e a vida se manifestou, e nós a vimos e dela damos testemunho, e anunciamos a vocês a vida eterna, que estava com o Pai e nos foi manifestada.

Onde em sua vida você sente que não está vendo a glória de Deus? Ore e agradeça ao Senhor por Ele ser um Deus que se revela, e por ter vindo em forma humana para ser visto, ouvido e tocado.

SETEMBRO

Justo

Quem me poderá salvar?
Cristo, que verteu seu sangue.
Onde as manchas vou limpar?
Só no seu precioso sangue.

Oh! que preciosa paz,
Que vem da sua cruz,
A qual me dá Jesus
Pelo seu precioso sangue!

Vejo a minha salvação
Só no seu precioso sangue;
Deus concede-me perdão
Só no seu precioso sangue.

Dele vem perfeita paz
Pelo seu precioso sangue;
Infalível e eficaz
Esse tão precioso sangue.

Minha justificação
Tenho no precioso sangue.
Gozo traz ao coração
Esse tão precioso sangue.

Entrarei no céu enfim
Pelo seu precioso sangue;
Louvarei então sem fim
Esse tão precioso sangue.

Só no sangue (CC 093)
Autor: Robert Lowry (1826–99)

SETEMBRO 1

O Deus da justiça

SALMO 99:4-5

És rei poderoso que ama a justiça; tu estabeleces o direito, executas o juízo e a justiça em Jacó. Exaltem o Senhor, nosso Deus, e prostrem-se diante do estrado de seus pés. O Senhor é santo.

JEREMIAS 9:23-24

Assim diz o Senhor: Não se glorie o sábio na sua sabedoria, nem o forte, na sua força, nem o rico, nas suas riquezas. Mas aquele que se gloria, glorie-se nisto: em me conhecer e saber que eu sou o Senhor e faço misericórdia, juízo e justiça na terra; porque destas coisas me agrado, diz o Senhor.

LUCAS 18:6-8

Então o Senhor disse:
—Ouçam bem o que diz este juiz iníquo. Será que Deus não fará justiça aos seus escolhidos, que a ele clamam dia e noite, embora pareça demorado em defendê-los? Digo a vocês que, depressa, lhes fará justiça. Contudo, quando o Filho do Homem vier, será que ainda encontrará fé sobre a terra?

***

Senhor, Tu amas a justiça — relacionamentos justos e imparciais entre todas as pessoas que Tu criaste. Agradeço-te por seres um Rei justo e gentil ao trazeres Tua justiça à Terra. Em nome de Jesus. Amém!

SETEMBRO 2

Justiça de Deus para aqueles que precisam

SALMO 140:12-13

Sei que o Senhor defenderá a causa do oprimido e o direito do necessitado. Assim, os justos renderão graças ao teu nome; os retos habitarão na tua presença.

RUTE 2:11-12

Boaz respondeu:
—Já me contaram tudo o que você fez pela sua sogra, depois que você perdeu o marido. Sei que você deixou pai, mãe e a terra onde nasceu e veio para um povo que antes disso você não conhecia. O Senhor lhe pague pelo bem que você fez. Que você receba uma grande recompensa do Senhor, Deus de Israel, sob cujas asas você veio buscar refúgio.

TIAGO 1:26-27

Se alguém supõe ser religioso, mas não refreia a sua língua, está enganando a si mesmo; a sua religião é vã. A religião pura e sem mácula para com o nosso Deus e Pai é esta: visitar os órfãos e as viúvas nas suas aflições e guardar-se incontaminado do mundo.

Deus deseja que se faça justiça aos pobres e necessitados, aos órfãos e às viúvas. Ele o chama para buscar justiça para eles.

SETEMBRO 3

A justiça de Deus em meio a injustiça deste mundo

SALMO 82:2-4

> Até quando julgarão injustamente e tomarão partido pela causa dos ímpios? Defendam o direito dos fracos e dos órfãos, façam justiça aos aflitos e desamparados. Socorram os fracos e os necessitados, tirando-os das mãos dos ímpios.

ECLESIASTES 5:8-10

> Se você notar em alguma província opressão de pobres e roubo em lugar do direito e da justiça, não fique admirado com isso; porque o que está num posto elevado tem acima de si outro mais elevado que o explora, e sobre estes há ainda outros mais elevados que também exploram. O proveito da terra é para todos; até o rei se serve do campo. Quem ama o dinheiro jamais se fartará de dinheiro; e quem ama a abundância nunca ficará satisfeito com o que ganha. Também isto é vaidade.

APOCALIPSE 6:9-10

Quando o Cordeiro quebrou o quinto selo, vi, debaixo do altar, as almas daqueles que tinham sido mortos por causa da palavra de Deus e por causa do testemunho que deram. Clamaram com voz forte, dizendo:
—Até quando, ó Soberano Senhor, santo e verdadeiro, não julgas, nem vingas o nosso sangue dos que habitam sobre a terra?

~~~~

Você já testemunhou uma situação em que a justiça veio após um doloroso tempo de injustiça? Agradeça ao Senhor por Ele estar trazendo a justiça dele a esta Terra e peça a Ele por paciência e força enquanto você espera e trabalha por isso.

SETEMBRO 4

Deus deseja justiça, não sacrifício

SALMO 50:6-8

Os céus anunciam a sua justiça, porque é o próprio Deus que julga. "Escute, meu povo, e eu falarei; ó Israel, e eu testemunharei contra você. Eu sou Deus, o seu Deus. Não o repreendo pelos seus sacrifícios, nem pelos holocaustos que você continuamente me oferece.

AMÓS 5:22-24

Mesmo que vocês me ofereçam holocaustos e ofertas de cereais, não me agradarei deles. Quanto às suas ofertas pacíficas de animais gordos, nem sequer olharei para elas. Afastem de mim o barulho dos seus cânticos, porque não ouvirei as melodias das suas liras. Em vez disso, corra o juízo como as águas, e a justiça, como um ribeiro perene.

LUCAS 11:42

Ai de vocês, fariseus! Porque vocês dão o dízimo da hortelã, da arruda e de todas as hortaliças, e desprezam a justiça e o amor de Deus. Vocês deveriam fazer estas coisas, sem omitir aquelas.

Senhor, muitas vezes penso que Tu queres somente meu dinheiro ou meus bens, minhas orações e minhas canções de adoração. Perdoa-me! Peço-te que me ensines a Tua justiça e o Teu cuidado, sempre presente, com os meus semelhantes que são portadores da Tua imagem e a quem Tu amas. Em nome de Jesus. Amém!

SETEMBRO 5

A justiça disciplinadora de Deus

SALMO 58:9,11

> Como espinheiros, antes que as panelas de vocês sintam deles o calor, tanto os verdes como os que estão em brasa, serão arrebatados como por um redemoinho [...].
> Então se dirá: "Na verdade, há recompensa para os justos; de fato há um Deus que julga na terra".

ISAÍAS 10:1-3

> Ai dos que decretam leis injustas, dos que escrevem decretos opressivos, para negarem justiça aos pobres, para privarem do seu direito os aflitos do meu povo, a fim de despojarem as viúvas e roubarem os órfãos! Mas o que vocês vão fazer no dia do castigo, na calamidade que vem de longe? A quem vão pedir socorro e onde deixarão a sua glória?

GÁLATAS 6:7-8

> Não se enganem: de Deus não se zomba. Pois aquilo que a pessoa semear, isso também colherá. Quem semeia para a sua própria carne, da carne colherá corrupção; mas quem semeia para o Espírito, do Espírito colherá vida eterna.

―――

Deus pune a injustiça e a opressão — e isso inclui um doloroso acerto de contas com o pecado.

SETEMBRO 6
A infalível justiça de Deus

SALMO 37:27-28

Afaste-se do mal e pratique o bem, e a sua morada será perpétua. Pois o Senhor ama a justiça e não desampara os seus santos. Serão preservados para sempre, mas a descendência dos ímpios será exterminada.

SOFONIAS 3:5

O Senhor é justo, no meio da cidade; ele não comete injustiça. Manhã após manhã, ele traz o seu juízo à luz; não falha. Mas o injusto não sabe o que é vergonha.

MATEUS 12:15-18,20

Mas Jesus, sabendo disto, afastou-se dali. Muitos o seguiram, e a todos ele curou, advertindo-lhes, porém, que não o expusessem à publicidade. Isso aconteceu para se cumprir o que foi dito por meio do profeta Isaías: "Eis aqui o meu servo, que escolhi, o meu amado, em quem a minha alma se agrada. Farei repousar sobre ele o meu Espírito, e ele anunciará juízo aos gentios". [...]
Não esmagará a cana quebrada, nem apagará o pavio que fumega, até que faça vencedor o juízo.

Onde, no mundo hoje, você vê a injustiça prevalecendo? Lamente sobre isso diante de Deus. Agradeça ao Senhor por Ele estar trazendo um novo Tempo de justiça à Terra, e pelo fato de que Ele não falhará nisso.

SETEMBRO 7

A justiça na redenção oriunda de Deus

SALMO 33:5

Ele ama a justiça e o direito; a terra está cheia da bondade do Senhor.

ISAÍAS 51:4-5

Preste atenção, meu povo, e escute, minha nação! Porque de mim sairá a lei, e estabelecerei o meu direito como luz dos povos. Perto está a minha justiça, a minha salvação já aparece, e os meus braços dominarão os povos. As terras do mar me aguardam e no meu braço esperam.

ROMANOS 3:21-24

Mas, agora, sem lei, a justiça de Deus se manifestou, sendo testemunhada pela Lei e pelos Profetas. É a justiça de Deus mediante a fé em Jesus Cristo, para todos e sobre todos os que creem. Porque não há distinção, pois todos pecaram e carecem da glória de Deus, sendo justificados gratuitamente, por sua graça, mediante a redenção que há em Cristo Jesus.

Senhor, Tu lidaste justamente com meus pecados por meio da dádiva gratuita mediante a morte e a ressurreição de Jesus. Agradeço-te por corrigires meus erros, restaurares meu relacionamento contigo e me amares em todo tempo. Em nome de Jesus. Amém!

SETEMBRO 8
A justiça de Deus

SALMO 89:14-15

Justiça e direito são o fundamento do teu trono; graça e verdade te precedem. Bem-aventurado o povo que conhece os gritos de alegria, que anda, ó Senhor, na luz da tua presença.

JÓ 37:23-24

Quanto ao Todo-Poderoso, não o podemos compreender. Ele é grande em poder, porém não perverte o juízo e a plenitude da justiça. Por isso, as pessoas o temem; ele não olha para os que se julgam sábios.

ROMANOS 1:16-17

Pois não me envergonho do evangelho, porque é o poder de Deus para a salvação de todo aquele que crê, primeiro do judeu e também do grego. Porque a justiça de Deus se revela no evangelho, de fé em fé, como está escrito: "O justo viverá por fé".

Deus age corretamente com todos e em tudo.

SETEMBRO 9

A eterna justiça de Deus

SALMO 119:142-144

A tua justiça é justiça eterna, e a tua lei é a própria verdade. Sobre mim vieram tribulação e angústia, mas os teus mandamentos são o meu prazer. Eterna é a justiça dos teus testemunhos; dá-me entendimento, e viverei.

DANIEL 9:24

Setenta semanas estão determinadas para o seu povo e para a sua santa cidade, para acabar com a transgressão, para dar fim aos pecados, para expiar a iniquidade, para trazer a justiça eterna, para selar a visão e a profecia e para ungir o Santo dos Santos.

FILIPENSES 1:9-11

E também faço esta oração: que o amor de vocês aumente mais e mais em conhecimento e toda a percepção, para que vocês aprovem as coisas excelentes e sejam sinceros e inculpáveis para o Dia de Cristo, cheios do fruto de justiça que vem por meio de Jesus Cristo, para glória e louvor de Deus.

Quais palavras ou frases dos trechos bíblicos acima chamaram a sua atenção? Separe um tempo e converse com Deus sobre isso.

SETEMBRO 10

A justiça nos mandamentos de Deus

SALMO 119:137-138

Justo és tu, SENHOR, e retos são os teus juízos. Os teus testemunhos, tu os ordenaste com retidão e com absoluta fidelidade.

ISAÍAS 56:1-2

Assim diz o SENHOR: "Mantenham o direito e pratiquem a justiça, porque a minha salvação está prestes a vir, e a minha justiça está prestes a se manifestar. Bem-aventurado quem faz isto, e aquele que nisto se firma, que se guarda de profanar o sábado e guarda a sua mão de cometer algum mal".

1 JOÃO 2:28-29

E agora, filhinhos, permaneçam nele, para que, quando ele se manifestar, tenhamos confiança e não sejamos envergonhados, tendo de nos afastar dele no dia da sua vinda. Se sabem que ele é justo, reconheçam também que todo aquele que pratica a justiça é nascido de Deus.

~~~

Senhor, graças te dou por Teus mandamentos. Eles me mostram como manter a justiça e impedem as minhas mãos de praticarem o mal. Peço-te que continues me ensinando a viver conforme a Tua Palavra e a fazer o que é certo em todos os meus relacionamentos. Em nome de Jesus. Amém!

SETEMBRO 11

A justiça de Deus para com o povo da aliança

SALMO 48:9-11

Pensamos, ó Deus, na tua misericórdia no meio do teu templo. Como o teu nome, ó Deus, assim o teu louvor se estende até os confins da terra; a tua mão direita está cheia de justiça. Alegre-se o monte Sião, exultem as filhas de Judá, por causa dos teus juízos.

1 SAMUEL 12:6-7

Então Samuel disse ao povo:
—O Senhor é testemunha, ele que escolheu Moisés e Arão e tirou os pais de vocês da terra do Egito. Agora fiquem aqui, porque vou discutir com vocês diante do Senhor, com relação a todos os seus atos de justiça que ele realizou em favor de vocês e dos seus pais.

ROMANOS 10:1-4

Irmãos, o desejo do meu coração e a minha súplica a Deus em favor deles é para que sejam salvos. Porque dou testemunho a favor deles de que têm zelo por Deus, porém não com entendimento. Desconhecendo a justiça de Deus e procurando estabelecer a sua própria justiça, não se sujeitaram à justiça que vem de Deus. Porque o fim da lei é Cristo, para justiça de todo aquele que crê.

~~~

Deus sempre fez o que é correto para o Seu povo, e Ele continuará a fazê-lo mediante a justificação estabelecida em Jesus.

SETEMBRO 12

O justo julgamento de Deus

SALMO 96:12-13

Alegre-se o campo e tudo o que nele há; cantem de alegria todas as árvores do bosque, na presença do SENHOR, porque vem, vem julgar a terra; julgará o mundo com justiça e os povos, de acordo com a sua fidelidade.

ESDRAS 9:13,15

Depois de tudo o que nos aconteceu por causa das nossas más obras e da nossa grande culpa, e vendo ainda que tu, ó nosso Deus, nos tens castigado menos do que merecem as nossas iniquidades, e ainda nos deste este restante que escapou. [...]
Ó SENHOR, Deus de Israel, tu és justo, pois somos o restante que escapou, como hoje se vê. Eis que estamos diante de ti com a nossa culpa, porque não há ninguém que possa estar na tua presença por causa disto.

EFÉSIOS 4:22-24

Quanto à maneira antiga de viver, vocês foram instruídos a deixar de lado a velha natureza, que se corrompe segundo desejos enganosos, a se deixar renovar no espírito do entendimento de vocês, e a se revestir da nova natureza, criada segundo Deus, em justiça e retidão procedentes da verdade.

Quanto ao julgamento de Deus, parece que Ele está prejudicando você? Converse abertamente com o Senhor sobre isso. Peça a Ele para lhe mostrar como Ele está o tratando com retidão e como Ele o está transformando a fim de que você seja justo como Ele é.

SETEMBRO 13

A justiça e a fé provenientes de Deus

SALMO 71:19

A tua justiça, ó Deus, se eleva até os céus. Grandes coisas tens feito, ó Deus; quem é semelhante a ti?

GÊNESIS 15:5-6

Então o Senhor levou-o para fora e disse:
—Olhe para os céus e conte as estrelas, se puder contá-las.
E lhe disse:
—Assim será a sua posteridade.
Abrão creu no Senhor, e isso lhe foi atribuído para justiça.

TIAGO 2:22-24

Você percebe que a fé operava juntamente com as suas obras e que foi pelas obras que a fé se consumou. E se cumpriu a Escritura, que diz: "Abraão creu em Deus, e isso lhe foi atribuído para justiça", e ele foi chamado amigo de Deus. Assim, vocês percebem que uma pessoa é justificada pelas obras e não somente pela fé.

Senhor, ajuda-me em minha incredulidade quando Tuas promessas soarem impossíveis para mim. Agradeço-te que crer em ti, por si mesmo, é um ato de justiça. Nossa amizade é justa quando confio em ti e em Tua infinita habilidade. Em nome de Jesus. Amém!

SETEMBRO 14

A justiça de Jesus

SALMO 40:9-10

Proclamei as boas-novas de justiça na grande congregação; jamais cerrei os lábios, tu o sabes, Senhor. Não ocultei no coração a tua justiça; proclamei a tua fidelidade e a tua salvação; não escondi da grande congregação a tua graça e a tua verdade.

ISAÍAS 53:10-11

Todavia, ao Senhor agradou esmagá-lo, fazendo-o sofrer. Quando ele der a sua alma como oferta pelo pecado, verá a sua posteridade e prolongará os seus dias; e a vontade do Senhor prosperará nas suas mãos. Ele verá o fruto do trabalho de sua alma e ficará satisfeito. O meu Servo, o Justo, com o seu conhecimento justificará a muitos, porque as iniquidades deles levará sobre si.

1 PEDRO 2:24-25

[Pois] carregando ele mesmo, em seu corpo, sobre o madeiro, os nossos pecados, para que nós, mortos para os pecados, vivamos para a justiça. Pelas feridas dele vocês foram sarados. Porque vocês estavam desgarrados como ovelhas; agora, porém, se converteram ao Pastor e Bispo da alma de vocês.

Apesar das deficiências humanas, Jesus estabeleceu a justiça divina em Sua morte sacrificial e, por meio disso, restaurou o perfeito relacionamento entre Deus e a Sua criação.

SETEMBRO 15

Nosso imutável Deus

SALMO 55:19

Deus ouvirá e lhes responderá, ele, que preside desde a eternidade, porque não há neles mudança nenhuma, e não temem a Deus.

NÚMEROS 23:19-20

Deus não é homem, para que minta; nem filho de homem, para que mude de ideia. Será que, tendo ele prometido, não o fará? Ou, tendo falado, não o cumprirá? Eis que recebi ordem para abençoar; ele abençoou, não o posso revogar.

TIAGO 1:17-18

Toda boa dádiva e todo dom perfeito vêm lá do alto, descendo do Pai das luzes, em quem não pode existir variação ou sombra de mudança. Pois, segundo o seu querer, ele nos gerou pela palavra da verdade, para que fôssemos como que primícias das suas criaturas.

De que maneira você percebe a justiça, a fidelidade ou o amor de Deus agindo no passado? Louve a Ele pelo que Ele fez e agradeça ao Senhor por Ele ser o mesmo hoje.

SETEMBRO 16
A imutável Palavra de Deus

SALMO 119:89-91

Para sempre, ó Senhor, a tua palavra está firmada no céu. A tua fidelidade se estende de geração em geração; fundaste a terra, e ela permanece. Conforme os teus juízos, assim tudo se mantém até hoje; porque todas as coisas estão ao teu dispor.

ISAÍAS 46:11

Chamo uma ave de rapina desde o Oriente; de uma terra longínqua vem o homem do meu conselho. Eu o disse e também o cumprirei; fiz este plano, também o executarei.

2 PEDRO 1:19-21

Assim, temos ainda mais segura a palavra profética, e vocês fazem bem em dar atenção a ela, como a uma luz que brilha em lugar escuro, até que o dia clareie e a estrela da alva nasça no coração de vocês. Primeiramente, porém, saibam que nenhuma profecia da Escritura provém de interpretação pessoal; porque nunca jamais qualquer profecia foi dada por vontade humana; entretanto, homens falaram da parte de Deus, movidos pelo Espírito Santo.

Senhor, agradeço-te por Tua Palavra ser imutável. O que prometestes que fará, Tu farás. Peço-te que profundes a minha fé em ti, pois sei que Tu és completamente confiável. Em nome de Jesus. Amém!

SETEMBRO 17

As imutáveis promessas de Deus

SALMO 59:9-10

Em ti, força minha, esperarei; pois Deus é meu alto refúgio. Meu Deus virá ao meu encontro com a sua misericórdia, Deus me fará ver a derrota dos meus inimigos.

ÊXODO 32:11-14

Porém Moisés suplicou ao Senhor, seu Deus, dizendo:
—Ó Senhor, por que se acende a tua ira contra o teu povo, que tiraste da terra do Egito com grande poder e forte mão? Por que deixar que os egípcios digam: "Ele os tirou de lá com más intenções, para matá-los nos montes e para eliminá-los da face da terra"? Deixa de lado o furor da tua ira e muda de ideia quanto a este mal contra o teu povo. Lembra-te de Abraão, de Isaque e de Israel, teus servos, aos quais por ti mesmo juraste, dizendo: "Multiplicarei a descendência de vocês como as estrelas do céu, e toda esta terra de que tenho falado, eu a darei à sua descendência, para que a possuam por herança eternamente". Então o Senhor mudou de ideia quanto ao mal que ele tinha dito que traria sobre o povo.

HEBREUS 6:13-15,17

Pois, quando Deus fez a promessa a Abraão, visto que não tinha ninguém superior por quem jurar, jurou por si mesmo, dizendo: "Certamente eu o abençoarei e multiplicarei os seus descendentes". E assim, depois de esperar com paciência, Abraão obteve a promessa. [...]
Por isso, Deus, quando quis mostrar com mais clareza aos herdeiros da promessa que o seu propósito era imutável, confirmou-o com um juramento.

Toda promessa feita por Deus se cumprirá.

SETEMBRO 18
A imutável justiça de Deus

SALMO 20:6-8

Agora sei que o Senhor salva o seu ungido; ele lhe responderá do seu santo céu com a vitoriosa força da sua mão direita. Uns confiam em carros de guerra, e outros, em seus cavalos; nós, porém, invocaremos o nome do Senhor, nosso Deus. Eles se prostram e caem; nós, porém, nos levantamos e nos mantemos em pé.

EZEQUIEL 24:14

Eu, o Senhor, falei; será assim; eu o farei. Não voltarei atrás e não pouparei, nem mudarei de ideia. Você será julgada segundo os seus caminhos e segundo os seus atos, diz o Senhor Deus.

ATOS 17:31

Porque Deus estabeleceu um dia em que julgará o mundo com justiça, por meio de um homem que escolheu. E deu certeza disso a todos, ressuscitando-o dentre os mortos.

Onde ou em que você prefere evitar a justiça de Deus? Seja honesto com Ele. Agradeça ao Senhor por Jesus ser confiável e conceder vida quando Ele julga.

SETEMBRO 19

A imutável misericórdia de Deus

SALMO 71:1-3

Em ti, Senhor, me refugio; não seja eu jamais envergonhado. Livra-me por tua justiça e resgata-me; inclina-me os ouvidos e salva-me. Sê tu para mim uma rocha habitável em que eu sempre possa me refugiar. Ordenaste que eu me salve, pois tu és a minha rocha e a minha fortaleza.

MALAQUIAS 3:6-7

Porque eu, o Senhor, não mudo; por isso, vocês, filhos de Jacó, não foram destruídos. Desde os dias dos seus pais, vocês se afastaram dos meus estatutos e não os guardaram. Voltem para mim, e eu voltarei para vocês, diz o Senhor dos Exércitos. Mas vocês perguntam: "Como havemos de voltar?".

ROMANOS 11:28-31

Quanto ao evangelho, eles são inimigos por causa de vocês; mas quanto à eleição, amados por causa dos patriarcas; porque os dons e a vocação de Deus são irrevogáveis. Porque assim como no passado vocês foram desobedientes a Deus, mas agora alcançaram misericórdia à vista da desobediência deles, assim também estes agora foram desobedientes, para que também eles alcancem misericórdia, à vista da que foi concedida a vocês.

Senhor, agradeço-te por Tua misericórdia ser uma parte essencial da Tua justiça e da Tua retidão. Ela é parte da forma como Tu corriges os nossos erros e trazes reconciliação a nós. Estou tão feliz por Tu seres imutável. Em nome de Jesus. Amém!

SETEMBRO 20
Os imutáveis propósitos de Deus

SALMO 71:17-18

Tu me tens ensinado, ó Deus, desde a minha mocidade; e até agora tenho anunciado as tuas maravilhas. Não me desampares, ó Deus, agora que estou velho e de cabelos brancos, até que eu tenha declarado à presente geração a tua força e às gerações vindouras o teu poder.

PROVÉRBIOS 19:21

Há muitos planos no coração do ser humano, mas o propósito do SENHOR permanecerá.

ATOS 2:22-24

Israelitas, escutem o que vou dizer: Jesus, o Nazareno, homem aprovado por Deus diante de vocês com milagres, prodígios e sinais, os quais o próprio Deus realizou entre vocês por meio dele, como vocês mesmos sabem, a este, entregue conforme o plano determinado e a presciência de Deus, vocês mataram, crucificando-o por meio de homens maus. Porém Deus o ressuscitou, livrando-o da agonia da morte, porque não era possível que fosse retido por ela.

Ontem, hoje e amanhã, Deus está trabalhando em Seus propósitos — mesmo quando você não tem certeza de como Ele os estabelece.

SETEMBRO 21

O imutável amor de Deus

SALMO 21:7 NVT

Pois o rei confia no Senhor; o amor do Altíssimo não permitirá que ele se abale.

JEREMIAS 31:3-4

De longe o Senhor lhe apareceu, dizendo: "Com amor eterno eu a amei; por isso, com bondade a atraí. Eu a edificarei de novo, e você será edificada, ó virgem de Israel! Mais uma vez você se enfeitará com os seus tamborins e sairá com o coro dos que dançam".

ROMANOS 8:38-39

Porque eu estou bem certo de que nem a morte, nem a vida, nem os anjos, nem os principados, nem as coisas do presente, nem do porvir, nem os poderes, nem a altura, nem a profundidade, nem qualquer outra criatura poderá nos separar do amor de Deus, que está em Cristo Jesus, nosso Senhor.

Que evidência do amor de Deus você enxerga em sua vida hoje? Agradeça ao Senhor por Seu infalível amor e peça a Ele para que lhe dê uma convicção cada vez mais profunda do amor dele por você.

SETEMBRO 22

A ira de Deus

SALMO 2:9-12

[Meu Filho:] "Com uma vara de ferro você as quebrará e as despedaçará como um vaso de oleiro". Agora, pois, ó reis, sejam prudentes; deixem-se advertir, juízes da terra. Sirvam o Senhor com temor e alegrem-se nele com tremor. Beijem o Filho para que não se irrite, e não pereçam no caminho; porque em breve se acenderá a sua ira. Bem-aventurados todos os que nele se refugiam.

NAUM 1:2,6

O Senhor é Deus zeloso e vingador, o Senhor é vingador e cheio de ira; o Senhor toma vingança contra os seus adversários e reserva indignação para os seus inimigos. [...]
Quem pode suportar a sua indignação? E quem subsistirá diante do furor da sua ira? A sua cólera se derrama como fogo, e as rochas são por ele demolidas.

APOCALIPSE 19:13,15

Está vestido com um manto encharcado de sangue, e o seu nome é "Verbo de Deus". [...]
Da sua boca sai uma espada afiada, para com ela ferir as nações. Ele mesmo as regerá com cetro de ferro e ele mesmo é o que pisa o lagar do vinho do furor da ira do Deus Todo-Poderoso.

Senhor, Tua ira muitas vezes me traz desconforto. Peço-te que me ensines que a Tua ira é devido às iniquidades humanas que prejudicam a Tua amada criação. Em nome de Jesus. Amém!

SETEMBRO 23

A taça da ira de Deus

SALMO 75:6-8

Porque não é do Oriente, não é do Ocidente, nem do deserto que vem o auxílio. Deus é o juiz; a um ele humilha, a outro ele exalta. Porque na mão do Senhor há um cálice cujo vinho espumeja, cheio de mistura; dele dá a beber; sorvem-no, até a última gota, todos os ímpios da terra.

JEREMIAS 25:15-16

Porque assim me disse o Senhor, o Deus de Israel:
—Pegue o cálice do vinho do meu furor que está em minha mão e faça com que bebam dele todas as nações às quais eu o enviar. Elas beberão, ficarão tremendo e enlouquecerão, por causa da espada que eu enviarei para o meio delas.

APOCALIPSE 16:18-19

E sobrevieram relâmpagos, vozes e trovões, e ocorreu um grande terremoto, como nunca houve igual desde que há gente sobre a terra, tal foi o terremoto, forte e grande. E a grande cidade se dividiu em três partes, e caíram as cidades das nações. E Deus se lembrou da grande Babilônia para dar-lhe o cálice do vinho do furor da sua ira.

Deus fará com que as pessoas experimentem a ira dele sobre os pecados delas.

SETEMBRO 24

A justiça da ira de Deus

SALMO 7:10-12

Deus é o meu escudo; ele salva os retos de coração. Deus é justo juiz, Deus que sente indignação todos os dias. Se alguém não se converter, Deus afiará a sua espada; já armou e deixou pronto o seu arco.

ISAÍAS 13:11-13

Castigarei o mundo por causa da sua maldade, e os perversos, por causa da sua iniquidade. Farei cessar a arrogância dos atrevidos e abaterei o orgulho dos violentos. Farei com que as pessoas sejam mais escassas do que o ouro puro, mais raras do que o ouro de Ofir. Portanto, farei estremecer os céus, e a terra será sacudida do seu lugar, por causa da ira do SENHOR dos Exércitos e por causa do dia do seu ardente furor.

ROMANOS 2:5-6

Mas, por ser teimoso e ter um coração impenitente, você acumula contra si mesmo ira para o dia da ira e da revelação do justo juízo de Deus, que retribuirá a cada um segundo as suas obras.

―――

Onde há falta de arrependimento em sua vida? Confesse seus pecados a Deus, e agradeça ao Senhor por Ele ser justo em derramar a ira dele sobre as áreas de sua vida com as quais você tem ferido outros.

SETEMBRO 25

A disciplinadora ira de Deus

SALMO 76:7-10

Tu, sim, tu és terrível; se estás irado, quem pode permanecer na tua presença? Desde os céus fizeste ouvir o teu juízo; a terra tremeu e se aquietou, quando Deus se levantou para julgar e salvar todos os humildes da terra. Pois até a ira humana há de louvar-te; e da ira restante te cingirás.

JOSUÉ 22:19-20

Se a terra que vocês receberam por herança é impura, passem para a terra que pertence ao Senhor, onde está o tabernáculo do Senhor, e tomem posse entre nós. Porém não se rebelem contra o Senhor, nem se rebelem contra nós, edificando para vocês um altar que não é o altar do Senhor, nosso Deus. Não cometeu Acã, filho de Zera, infidelidade no que diz respeito às coisas condenadas? E não veio ira sobre toda a congregação de Israel? Pois aquele homem não morreu sozinho na sua iniquidade.

COLOSSENSES 3:4-8

Quando Cristo, que é a vida de vocês, se manifestar, então vocês também serão manifestados com ele, em glória. Portanto, façam morrer tudo o que pertence à natureza terrena: imoralidade sexual, impureza, paixões, maus desejos e a avareza, que é idolatria; por causa destas coisas é que vem a ira de Deus sobre os filhos da desobediência. Vocês também andaram nessas mesmas coisas, no passado, quando viviam nelas. Agora, porém, abandonem igualmente todas estas coisas: ira, indignação, maldade, blasfêmia, linguagem obscena no falar.

Senhor, Tua ira me corrige e me restringe de praticar o mal. Tua disciplina é dolorosa, mas agradeço-te por estares eliminando os pecados em minha vida que prejudicam a mim e os meus relacionamentos. Em nome de Jesus. Amém!

SETEMBRO 26
A ira e o perdão de Deus

SALMO 85:1-4

Favoreceste a tua terra, Senhor; restauraste a prosperidade de Jacó. Perdoaste a iniquidade de teu povo, encobriste todos os seus pecados. A tua indignação, reprimiste-a toda; do furor da tua ira te desviaste. Restabelece-nos, ó Deus da nossa salvação, e retira de sobre nós a tua ira.

EZEQUIEL 33:10-11

Filho do homem, diga à casa de Israel: Vocês dizem: "Visto que as nossas transgressões e os nossos pecados estão sobre nós, e nós desfalecemos por causa deles, como poderemos viver?". Diga-lhes: Tão certo como eu vivo, diz o Senhor Deus, não tenho prazer na morte do ímpio, mas em que o ímpio se converta do seu caminho e viva. Convertam-se! Convertam-se dos seus maus caminhos! Por que vocês haveriam de morrer, ó casa de Israel?

ROMANOS 5:7-9

Dificilmente alguém morreria por um justo, embora por uma pessoa boa alguém talvez tenha coragem para morrer. Mas Deus prova o seu próprio amor para conosco pelo fato de Cristo ter morrido por nós quando ainda éramos pecadores. Logo, muito mais agora, sendo justificados pelo seu sangue, seremos por ele salvos da ira.

Deus ama, perdoa e restaura você. Ele o salvou da ira divina enviando Jesus para morrer em seu lugar quando você ainda era um pecador.

SETEMBRO 27

A vingadora ira de Deus

SALMO 37:7-9

Descanse no Senhor e espere nele; não se irrite por causa daquele que prospera em seu caminho, por causa do que realiza os seus maus desígnios. Deixe a ira, abandone o furor; não se irrite; certamente isso acabará mal. Porque os malfeitores serão exterminados, mas os que esperam no Senhor possuirão a terra.

ISAÍAS 26:20-21

Meu povo, entrem nos seus quartos e tranquem as portas; escondam-se por um momento, até que passe a ira. Pois eis que o Senhor sai do seu lugar, para castigar a iniquidade dos moradores da terra. A terra deixará aparecer o sangue que embebeu e não encobrirá mais aqueles que foram mortos.

ROMANOS 12:17-19

Não paguem a ninguém mal por mal; procurem fazer o bem diante de todos. Se possível, no que depender de vocês, vivam em paz com todas as pessoas. Meus amados, não façam justiça com as próprias mãos, mas deem lugar à ira de Deus, pois está escrito: "A mim pertence a vingança; eu é que retribuirei, diz o Senhor".

Em que momento ou ocasião, mesmo enfrentando um doloroso mal por conta da ação de alguém, você foi capaz de confiar em Deus? Diga ao Senhor como você se sente sobre isso e rogue a Ele que traga a justiça dele sobre tal situação.

SETEMBRO 28
Jesus rompe a ira de Deus

SALMO 106:21-23

Esqueceram-se de Deus, seu Salvador, que, no Egito, havia feito coisas grandiosas, maravilhas na terra de Cam, tremendos feitos no mar Vermelho. Deus os teria exterminado, como tinha dito, se Moisés, seu escolhido, não houvesse intercedido, impedindo que o seu furor os destruísse.

EZEQUIEL 22:30-31

"Procurei entre eles um homem que reconstruísse a muralha e se colocasse na brecha diante de mim, a favor desta terra, para que eu não a destruísse, mas não encontrei ninguém. Por isso, derramarei sobre eles a minha indignação, e com o fogo do meu furor os consumirei. Farei cair sobre a cabeça deles o castigo que os seus atos merecem", diz o Senhor Deus.

1 TESSALONICENSES 5:9-11

Porque Deus não nos destinou para a ira, mas para alcançar a salvação mediante nosso Senhor Jesus Cristo, que morreu por nós para que, quer vigiemos, quer durmamos, vivamos em união com ele. Portanto, consolem uns aos outros e edifiquem-se mutuamente, como vocês têm feito até agora.

Senhor Deus, graças te dou por enviares Teu Filho para redimir a humanidade e tomar sobre Ele mesmo a Tua ardente ira contra o pecado. Agradeço-te pelo sacrifício dele me possibilitar viver junto a ti. Em nome de Jesus. Amém!

SETEMBRO 29
O Deus que deseja justiça

SALMO 101:1-2

Cantarei a respeito da bondade e da justiça; a ti, Senhor, cantarei. Quero, com sabedoria, refletir no caminho da perfeição. Quando virás ao meu encontro? Em minha casa, andarei com sinceridade de coração.

2 CRÔNICAS 19:6-7

Disse aos juízes:
—Vejam bem o que vão fazer, porque vocês não estão julgando em nome de homens, e sim em nome do Senhor. E, ao julgarem, ele estará com vocês. E agora, que o temor do Senhor esteja com vocês. Tenham cuidado com o que vão fazer, porque o Senhor, nosso Deus, não admite injustiça nem parcialidade, e também não aceita suborno.

MATEUS 7:12

Portanto, tudo o que vocês querem que os outros façam a vocês, façam também vocês a eles; porque esta é a Lei e os Profetas.

Assim como Deus é justo com você, Ele deseja que você seja justo com as outras pessoas.

SETEMBRO 30
O Deus que deseja retidão

SALMO 11:5-7

O Senhor põe à prova o justo e o ímpio; mas ele abomina o que ama a violência. Fará chover sobre os perversos brasas de fogo e enxofre, e vento abrasador será a parte do cálice deles. Por ser justo, o Senhor ama a justiça; os retos lhe contemplarão a face.

OSEIAS 10:12

Então eu disse: "Semeiem a justiça e colham a misericórdia. Lavrem o campo não cultivado, porque é tempo de buscar o Senhor, até que ele venha, e chova a justiça sobre vocês".

MATEUS 6:1-2

Evitem praticar as suas obras de justiça diante dos outros para serem vistos por eles; porque, sendo assim, vocês já não terão nenhuma recompensa junto do Pai de vocês, que está nos céus. Quando, pois, você der esmola, não fique tocando trombeta nas sinagogas e nas ruas, como fazem os hipócritas, para serem elogiados pelos outros. Em verdade lhes digo que eles já receberam a sua recompensa.

Como você vem praticando a retidão a fim de obter a aprovação dos outros? Peça a Deus para lhe ensinar o que realmente significa tratar os outros corretamente.

OUTUBRO
Verdadeiro

Ó, Deus da verdade, cuja palavra em ação
Sustenta a nós e aos que têm respiração
Vê a Tua criação, ó Senhor onipotente,
Pecado e morte escravizam Tua gente.

Ergue Teu estandarte, grande Senhor,
Para que possamos, pelo Teu amor,
Marchar contigo e destruir o engano
Que nos aflige, causando-nos dano.

Lutamos pela verdade? Estamos a Teu lado?
Pobres de nós, escravos da mentira e do pecado!
Se por ti nos propomos, nesta Terra, a lutar
Devemos ser puros e por dentro brilhar.

Deus da verdade, por quem ansiamos,
Ouve a oração, que a ti apresentamos.
Realiza Tua justiça em nosso coração,
Extermina o mal sem dar-lhe perdão.

Sim, que pelo fogo sejamos então provados,
De todo o engano e das mentiras, libertados.
Tua verdade perfeita em nós há de habitar,
Para todo o sempre, em glória, no Teu Lar.

Ó Deus da verdade (Tradução livre)
Autor: Thomas Hughes (1822–96)

OUTUBRO 1

A verdade de Deus

SALMO 25:4-5

Faze-me conhecer os teus caminhos, Senhor; ensina-me as tuas veredas. Guia-me na tua verdade e ensina-me, pois tu és o Deus da minha salvação, em quem eu espero todo o dia.

1 SAMUEL 15:27-29

Quando Samuel se virou para ir embora, Saul o segurou pela borda do manto, e este se rasgou. Então Samuel lhe disse:
—Hoje o Senhor rasgou das suas mãos o reino de Israel e o deu a alguém que é melhor do que você. Também a Glória de Israel não mente, nem muda de ideia, porque não é homem, para que mude de ideia.

JOÃO 14:6-7

Jesus respondeu:
—Eu sou o caminho, a verdade e a vida; ninguém vem ao Pai senão por mim. Se vocês me conheceram, conhecerão também o meu Pai. E desde agora vocês o conhecem e têm visto.

~~~~

Senhor, Tu és a verdade — não há nada falso, incorreto ou enganoso em ti. Desejo conhecer a Tua verdade. Em nome de Jesus. Amém!

OUTUBRO 2

O Deus que revela a verdade

SALMO 105:16-19

Deus fez vir fome sobre a terra e cortou os meios de se obter pão. Adiante deles enviou um homem, José, que foi vendido como escravo. Apertaram os seus pés com correntes e puseram uma coleira de ferro no seu pescoço, até cumprir-se a profecia a respeito dele, e tê-lo provado a palavra do Senhor.

ISAÍAS 45:19

Não falei em segredo, nem em algum lugar escuro da terra; eu não disse à descendência de Jacó: "Busquem-me em vão"; eu, o Senhor, falo a verdade e proclamo o que é direito.

JOÃO 18:37-38

Pilatos perguntou:
—Então você é rei?
Jesus respondeu:
—O senhor está dizendo que sou rei. Eu para isso nasci e para isso vim ao mundo, a fim de dar testemunho da verdade. Todo aquele que é da verdade ouve a minha voz.
Pilatos perguntou:
—O que é a verdade?

Deus não esconde a verdade. Ele testifica da verdade, Ele fala a verdade e todas as Suas palavras são verdadeiras.

OUTUBRO 3

A verdade da Palavra de Deus

SALMO 119:43-44

Não tires jamais de minha boca a palavra da verdade, pois tenho esperado nos teus juízos. Assim, observarei continuamente a tua lei, para todo o sempre.

DEUTERONÔMIO 18:21-22

Se vocês pensarem: "Como conheceremos a palavra que o Senhor não falou?", saibam que, quando esse profeta falar em nome do Senhor, e a palavra dele não se cumprir, nem acontecer o que ele profetizou, esta é uma palavra que o Senhor não falou. Tal profeta falou isso com presunção; não tenham medo dele.

2 TIMÓTEO 2:14-15

Relembre a todos essas coisas, dando testemunho solene diante de Deus, para que evitem brigas a respeito de palavras, pois isso não serve para nada, a não ser para prejudicar os ouvintes. Procure apresentar-se a Deus aprovado, como obreiro que não tem de que se envergonhar, que maneja bem a palavra da verdade.

De que forma você tem conseguido manter a Palavra de Deus em seus lábios e em seu trabalho? Agradeça ao Senhor pelas palavras dele serem verdadeiras, pois elas conduzem à verdade e descrevem, com precisão, todas as coisas.

OUTUBRO 4
A verdade das promessas de Deus

SALMO 145:13-14

O teu reino é um reino eterno, e o teu domínio subsiste por todas as gerações. O Senhor é fiel em todas as suas palavras e santo em todas as suas obras. O Senhor sustém todos os que vacilam e levanta todos os que estão prostrados.

GÊNESIS 28:13-15

E eis que o Senhor estava perto dele e lhe disse:
—Eu sou o Senhor, Deus de Abraão, seu pai, e Deus de Isaque. A terra em que agora você está deitado, eu a darei a você e à sua descendência. A sua descendência será como o pó da terra; você se estenderá para o oeste e para o leste, para o norte e para o sul. Em você e na sua descendência serão benditas todas as famílias da terra.

ROMANOS 15:7-9

Portanto, acolham uns aos outros, como também Cristo acolheu vocês para a glória de Deus. Pois digo que Cristo foi constituído ministro da circuncisão, em prol da verdade de Deus, para confirmar as promessas feitas aos nossos pais e para que os gentios glorifiquem a Deus por causa da sua misericórdia, como está escrito: "Por isso, eu te glorificarei entre os gentios e cantarei louvores ao teu nome".

Senhor, agradeço-te por todas as Tuas promessas serem verdadeiras. Somente Tu, em Tua fidelidade, as cumpriu ao longo de milhares de anos. Ensina-me a confiar que Tu também és fiel a mim. Em nome de Jesus. Amém!

OUTUBRO 5

A verdade do Espírito de Deus

SALMO 119:151

Tu estás perto, Senhor, e todos os teus mandamentos são verdade.

JOEL 2:28-29

E acontecerá, depois disso, que derramarei o meu Espírito sobre toda a humanidade. Os filhos e as filhas de vocês profetizarão, os seus velhos sonharão, e os seus jovens terão visões. Até sobre os servos e sobre as servas derramarei o meu Espírito naqueles dias.

JOÃO 16:13-15

Porém, quando vier o Espírito da verdade, ele os guiará em toda a verdade. Ele não falará por si mesmo, mas dirá tudo o que ouvir e anunciará a vocês as coisas que estão para acontecer. Ele me glorificará, porque vai receber do que é meu e anunciará isso a vocês. Tudo o que o Pai tem é meu. Por isso eu disse que o Espírito vai receber do que é meu e anunciar isso a vocês.

Deus derramou o Espírito Santo em sua vida, e esse Espírito, que habita em seu interior, guia você em toda verdade.

OUTUBRO 6

A verdade de Deus que habita em Seu povo

SALMO 119:86-88

Todos os teus mandamentos são verdadeiros. Ajuda-me, pois sou perseguido injustamente. Quase acabaram comigo, na terra; mas eu não deixo os teus preceitos. Vivifica-me, segundo a tua misericórdia, e guardarei os testemunhos que procedem de tua boca.

ZACARIAS 8:16-17

Eis as coisas que vocês devem fazer: Que cada um fale a verdade com o seu próximo. Nos tribunais, julguem com justiça, segundo a verdade, em favor da paz. Que ninguém faça planos para prejudicar o seu próximo, nem ame o juramento falso, porque eu odeio todas estas coisas, diz o SENHOR.

2 JOÃO 1:1-3

O presbítero à senhora eleita e aos seus filhos, a quem eu amo na verdade — e não somente eu, mas também todos os que conhecem a verdade —, por causa da verdade que permanece em nós e conosco estará para sempre. Que a graça, a misericórdia e a paz, da parte de Deus Pai e de Jesus Cristo, o Filho do Pai, estejam conosco em verdade e amor.

Em que momento ou ocasião você falou falsamente ou tratou alguma pessoa com falsidade? Confesse isso a Deus e agradeça a Ele por colocar a verdade dele em seu coração a fim de que ela esteja com você eternamente.

OUTUBRO 7

A verdade do Filho de Deus

SALMO 9:9-10

O Senhor é também alto refúgio para o oprimido, refúgio nas horas de angústia. Em ti, pois, confiam os que conhecem o teu nome, porque tu, Senhor, não desamparas os que te buscam.

DEUTERONÔMIO 18:17-19

Então o Senhor me disse: "Eles estão corretos naquilo que disseram. Farei com que se levante do meio de seus irmãos um profeta semelhante a você, em cuja boca porei as minhas palavras, e ele lhes falará tudo o que eu lhe ordenar. De todo aquele que não ouvir as minhas palavras, que ele falar em meu nome, disso lhe pedirei contas".

1 JOÃO 5:20

Também sabemos que o Filho de Deus já veio e nos tem dado entendimento para reconhecermos aquele que é o Verdadeiro. E nós estamos naquele que é o Verdadeiro, em seu Filho, Jesus Cristo. Este é o verdadeiro Deus e a vida eterna.

Senhor, Teu Filho Jesus é a verdade e a vida eterna. Graças te dou por enviá-lo a fim de revelar que Tu és verdadeiro. Afasta-me dos meus pecados para que eu possa me refugiar em ti. Em nome de Jesus. Amém!

OUTUBRO 8

Nosso imutável Deus

SALMO 125:1-2

Os que confiam no Senhor são como o monte Sião, que não se abala, mas continua firme para sempre. Como em volta de Jerusalém estão os montes, assim o Senhor está ao redor do seu povo, desde agora e para sempre.

ISAÍAS 54:10

"Mesmo que os montes se retirem e as colinas sejam removidas, a minha misericórdia não se afastará de você, e a minha aliança de paz não será removida", diz o Senhor, que se compadece de você.

HEBREUS 6:18-20

Ele fez isso para que, mediante duas coisas imutáveis, nas quais é impossível que Deus minta, nós, que já corremos para o refúgio, tenhamos forte alento, para tomar posse da esperança que nos foi proposta. Temos esta esperança por âncora da alma, segura e firme e que entra no santuário que fica atrás do véu, onde Jesus, como precursor, entrou por nós, tendo-se tornado sumo sacerdote para sempre, segundo a ordem de Melquisedeque.

O amor, a fidelidade e a verdade de Deus são imutáveis.

OUTUBRO 9

Nosso imutável Deus frente a um mundo mutável

SALMO 102:23-24

Ele me abateu a força no caminho e abreviou os meus dias. Eu disse: "Deus meu, não me leves na metade de minha vida; tu, cujos anos se estendem por todas as gerações".

1 SAMUEL 15:29

Também a Glória de Israel não mente, nem muda de ideia, porque não é homem, para que mude de ideia.

1 JOÃO 2:15-17

Não amem o mundo nem as coisas que há no mundo. Se alguém amar o mundo, o amor do Pai não está nele. Porque tudo o que há no mundo — os desejos da carne, os desejos dos olhos e a soberba da vida — não procede do Pai, mas procede do mundo. Ora, o mundo passa, bem como os seus desejos; mas aquele que faz a vontade de Deus permanece para sempre.

Quais palavras ou frases dos trechos bíblicos acima chamaram a sua atenção? Separe um tempo e converse com Deus sobre isso.

OUTUBRO 10

A imutável Lei de Deus

SALMO 119:97-98

Quanto amo a tua lei! É a minha meditação todo o dia! O teu mandamento me torna mais sábio do que os meus inimigos, porque eu o tenho sempre comigo.

JOSUÉ 1:8-9

Não cesse de falar deste Livro da Lei; pelo contrário, medite nele dia e noite, para que você tenha o cuidado de fazer segundo tudo o que nele está escrito; então você prosperará e será bem-sucedido. Não foi isso que eu ordenei? Seja forte e corajoso! Não tenha medo, nem fique assustado, porque o Senhor, seu Deus, estará com você por onde quer que você andar.

MATEUS 5:17-18

Não pensem que vim revogar a Lei ou os Profetas; não vim para revogar, mas para cumprir. Porque em verdade lhes digo: até que o céu e a terra passem, nem um i ou um til jamais passará da Lei, até que tudo se cumpra.

Senhor, Teus mandamentos me revelam como viver em um perfeito relacionamento contigo e com os outros. Agradeço-te pelo fato de que o amor correto aos outros não está sujeito a mudanças. Ensina-me a amar como Tu amas. Em nome de Jesus. Amém!

OUTUBRO 11

A imutável fidelidade de Deus

SALMO 117:1-2

Louvem o Senhor, todos os gentios; que todos os povos o louvem! Porque grande é a sua misericórdia para conosco, e a fidelidade do Senhor dura para sempre. Aleluia!

1 REIS 8:56-57

Bendito seja o Senhor, que deu repouso ao seu povo de Israel, segundo tudo o que havia prometido! Nem uma só palavra falhou de todas as boas promessas que fez por meio de Moisés, seu servo. Que o Senhor, nosso Deus, esteja conosco, assim como esteve com os nossos pais. Que ele não nos deixe nem nos abandone!

1 PEDRO 4:19

Por isso, também os que sofrem segundo a vontade de Deus entreguem a sua alma ao fiel Criador, na prática do bem.

Mesmo em tempos de sofrimento, a fidelidade de Deus a Seu caráter e Suas promessas jamais falha.

OUTUBRO 12
A imutável disciplina de Deus

SALMO 132:11-12

O Senhor jurou a Davi com firme juramento e dele não se desviará: "Farei com que no seu trono se assente um dos seus descendentes. Se os filhos de você guardarem a minha aliança e o testemunho que eu lhes ensinar, também os filhos deles se assentarão para sempre no seu trono".

JEREMIAS 44:28-29

Os que escaparem da espada voltarão da terra do Egito à terra de Judá, poucos em número; e todo o remanescente de Judá que veio à terra do Egito para morar ficará sabendo qual foi a palavra que se cumpriu, a minha ou a deles. Este é o sinal que dou para vocês de que eu os castigarei neste lugar, diz o Senhor, para que saibam que as minhas palavras certamente se cumprirão contra vocês para mal.

HEBREUS 12:5-6

E vocês se esqueceram da exortação que lhes é dirigida, como a filhos: "Filho meu, não despreze a correção que vem do Senhor, nem desanime quando você é repreendido por ele; porque o Senhor corrige a quem ama e castiga todo filho a quem aceita".

Em que momento ou ocasião você considerou a disciplina de Deus como um sinal de descontentamento dele com você? Converse com o Senhor sobre isso e peça a Ele para lhe mostrar como a Sua consistente disciplina é um sinal do verdadeiro relacionamento dele com você.

OUTUBRO 13

O imutável perdão de Deus

SALMO 62:1-2

Somente em Deus a minha alma espera silenciosa; dele vem a minha salvação. Só ele é a minha rocha, a minha salvação e o meu alto refúgio; não serei muito abalado.

JONAS 3:8-10

Todos devem ser cobertos de pano de saco, tanto as pessoas como os animais. Então clamarão fortemente a Deus e se converterão, cada um do seu mau caminho e da violência que há nas suas mãos. Quem sabe? Talvez Deus se volte e mude de ideia, e então se afaste do furor da sua ira, para que não pereçamos. Deus viu o que fizeram, como se converteram do seu mau caminho; e Deus mudou de ideia quanto ao mal que tinha dito que lhes faria e não o fez.

ATOS 3:17-21

E agora, irmãos, eu sei que vocês fizeram isso por ignorância, como também as suas autoridades o fizeram. Mas Deus, assim, cumpriu o que tinha anunciado anteriormente pela boca de todos os profetas: que o seu Cristo havia de padecer. Portanto, arrependam-se e se convertam, para que sejam cancelados os seus pecados, a fim de que, da presença do Senhor, venham tempos de refrigério, e que ele envie o Cristo, que já foi designado para vocês, a saber, Jesus, ao qual é necessário que o céu receba até os tempos da restauração de todas as coisas, de que Deus falou por boca dos seus santos profetas desde a antiguidade.

―~~―

Senhor, sinto vergonha do meu pecado e do mal que causei por conta do meu orgulho. Peço-te que me lembres que Tu me concedes o Teu perdão, que é verdadeiro, quando eu me arrependo e me volto para ti. Em nome de Jesus. Amém!

OUTUBRO 14
Deus é eternamente imutável

SALMO 102:12

Tu, porém, Senhor, permaneces para sempre, e a memória do teu nome, de geração em geração.

ECLESIASTES 3:14-15

Sei que tudo o que Deus faz durará eternamente, sem que nada possa ser acrescentado nem tirado, e que Deus faz isto para que as pessoas o temam. O que é já foi, e o que será também já foi; Deus fará vir outra vez o que já passou.

HEBREUS 1:10-12

No princípio, Senhor, lançaste os fundamentos da terra, e os céus são obra das tuas mãos. Eles perecerão, mas tu permaneces; todos eles envelhecerão como veste; como manto tu os enrolarás, e, como roupas, serão igualmente mudados. Tu, porém, és o mesmo, e os teus anos jamais terão fim.

Deus permanece o mesmo — ontem, hoje e para sempre.

OUTUBRO 15

O nosso Deus é o único Senhor

SALMO 89:16-18

Em teu nome se alegra o dia todo e na tua justiça se exalta, porque tu és a glória de sua força; no teu favor é exaltado o nosso poder. Pois ao Senhor pertence o nosso escudo, e ao Santo de Israel, o nosso rei.

DEUTERONÔMIO 6:4-5

Escute, Israel, o Senhor, nosso Deus, é o único Senhor. Portanto, ame o Senhor, seu Deus, de todo o seu coração, de toda a sua alma e com toda a sua força.

MARCOS 12:28-31

Chegando um dos escribas, que ouviu a discussão entre eles e viu que Jesus tinha dado uma boa resposta, perguntou-lhe:
—Qual é o principal de todos os mandamentos?
Jesus respondeu:
—O principal é: "Escute, ó Israel, o Senhor, nosso Deus, é o único Senhor! Ame o Senhor, seu Deus, de todo o seu coração, de toda a sua alma, de todo o seu entendimento e com toda a sua força". O segundo é: "Ame o seu próximo como você ama a si mesmo". Não há outro mandamento maior do que estes.

───⌇───

O que a verdade de que Deus é o único e verdadeiro Deus, significa para você? Compartilhe seus pensamentos e louvores com Ele.

OUTUBRO 16

O único Deus sobre todos os "deuses"

SALMO 68:7-8

Ao saíres, ó Deus, à frente do teu povo, ao avançares pelo deserto, a terra tremeu; também os céus gotejaram na presença de Deus; o próprio Sinai tremeu na presença de Deus, do Deus de Israel.

ÊXODO 20:1-3

Então Deus falou todas estas palavras:
—Eu sou o Senhor, seu Deus, que o tirei da terra do Egito, da casa da servidão.
—Não tenha outros deuses diante de mim.

1 CORÍNTIOS 8:3-4

Mas, se alguém ama a Deus, esse é conhecido por ele. Quanto a comer alimentos sacrificados a ídolos, sabemos que o ídolo, por si mesmo, nada é no mundo e que não há senão um só Deus.

~~~

Senhor, agradeço-te por seres o único e verdadeiro Deus. Não preciso tentar apaziguar outros "deuses" ou dividir minha lealdade com eles. Ensina-me a adorar somente a ti. Em nome de Jesus. Amém!

OUTUBRO 17

O único Deus de toda a Terra

SALMO 76:11-12

Façam votos ao Senhor, seu Deus, e tratem de cumpri-los; todos os que o rodeiam tragam presentes àquele que deve ser temido. Ele acaba com o orgulho dos príncipes; ele é tremendo para os reis da terra.

1 REIS 8:59-60

Que estas minhas palavras, com que supliquei diante do Senhor, estejam presentes, diante do Senhor, nosso Deus, de dia e de noite, para que ele faça justiça ao seu servo e ao seu povo de Israel, segundo cada dia o exigir, para que todos os povos da terra saibam que o Senhor é Deus e que não há outro.

ROMANOS 3:29-30

Ou seria Deus apenas Deus dos judeus? Será que não é também Deus dos gentios? Sim, também dos gentios, visto que Deus é um só, o qual justificará o circunciso a partir da fé e o incircunciso por meio da fé.

~~~

Deus é o único Deus sobre todas as nações da Terra, e Ele se revela a elas por meio do Seu relacionamento com o Seu povo.

OUTUBRO 18
O único Deus é Trino

SALMO 71:22-23

Eu também te louvo com a lira por tua verdade, ó Deus meu; cantarei louvores a ti ao som da harpa, ó Santo de Israel. Os meus lábios exultarão quando eu cantar louvores a ti; também exultará a minha alma, que remiste.

GÊNESIS 3:21-22

O Senhor Deus fez roupas de peles, com as quais vestiu Adão e sua mulher. Então o Senhor Deus disse:
—Eis que o homem se tornou como um de nós, conhecedor do bem e do mal. É preciso impedir que estenda a mão, tome também da árvore da vida, coma e viva eternamente.

ATOS 2:32-33

Deus ressuscitou este Jesus, e disto todos nós somos testemunhas. Exaltado, pois, à direita de Deus, tendo recebido do Pai a promessa do Espírito Santo, derramou isto que vocês estão vendo e ouvindo.

Em que área da sua vida você tende a limitar Deus a certa dimensão quando, na verdade, Ele é três pessoas em uma? Peça por compreensão a Deus, a fim de entender mais plenamente quem Ele é.

OUTUBRO 19

O Deus único, diferente de todos os "deuses"

SALMO 3:3-4

> Porém tu, Senhor, és o meu escudo protetor, és a minha glória e o que exalta a minha cabeça. Com a minha voz clamo ao Senhor, e ele do seu santo monte me responde.

1 REIS 18:37-39

> Responde-me, Senhor, responde-me, para que este povo saiba que tu, Senhor, és Deus e que fizeste o coração deles voltar para ti. Então caiu fogo do Senhor e consumiu o holocausto, a lenha, as pedras e a terra, e ainda lambeu a água que estava na vala. Quando o povo viu isso, todos se prostraram com o rosto em terra e disseram:
> —O Senhor é Deus! Só o Senhor é Deus!

TIAGO 2:19

> Você crê que Deus é um só? Faz muito bem! Até os demônios creem e tremem.

Senhor, muitas vezes presumo que Tu tens as falhas, as fraquezas e os pontos cegos das pessoas ao meu redor. Agradeço-te por seres único e diferente de todos os falsos deuses, pois Tu és glorioso, bom e Todo-poderoso. Em nome de Jesus. Amém!

OUTUBRO 20

O único Deus está próximo ao Seu povo

SALMO 132:2-5

Lembra-te de como ele jurou ao Senhor e fez votos ao Poderoso de Jacó, dizendo: "Não entrarei na tenda em que moro, nem me deitarei no leito em que repouso; não darei sono aos meus olhos, nem repouso às minhas pálpebras, enquanto eu não encontrar um lugar para o Senhor, uma morada para o Poderoso de Jacó".

ISAÍAS 37:14-17

Ezequias recebeu a carta das mãos dos mensageiros e a leu. Então Ezequias subiu à Casa do Senhor e estendeu a carta diante do Senhor. E Ezequias orou ao Senhor, dizendo:
—Ó Senhor dos Exércitos, Deus de Israel, que estás entronizado acima dos querubins, somente tu és o Deus de todos os reinos da terra; tu fizeste os céus e a terra. Inclina, ó Senhor, os ouvidos e ouve; abre, Senhor, os olhos e vê; ouve todas as palavras de Senaqueribe, as quais ele enviou para afrontar o Deus vivo.

JOÃO 14:9-10

Jesus respondeu:
—Há tanto tempo estou com vocês, Filipe, e você ainda não me conhece? Quem vê a mim vê o Pai. Como é que você diz: "Mostre-nos o Pai"? Você não crê que eu estou no Pai e que o Pai está em mim? As palavras que eu digo a vocês não as digo por mim mesmo, mas o Pai, que permanece em mim, faz as suas obras.

Por Sua presença, cuidado e encarnação, o único e verdadeiro Deus se aproxima do Seu povo.

OUTUBRO 21

O único Salvador para todas as pessoas

SALMO 78:40-42

> Quantas vezes se rebelaram contra ele no deserto e nos lugares áridos lhe causaram tristeza! Tornaram a pôr Deus à prova, ofenderam o Santo de Israel. Não se lembraram do poder dele, nem do dia em que os resgatou do adversário;

OSEIAS 13:4-5

> Mas eu sou o S<small>ENHOR</small>, seu Deus, desde a terra do Egito. Portanto, vocês não conhecerão outro deus além de mim, porque não há salvador, a não ser eu. Eu os conheci no deserto, em terra muito seca.

1 TIMÓTEO 2:3-6

> Isto é bom e aceitável diante de Deus, nosso Salvador, que deseja que todos sejam salvos e cheguem ao pleno conhecimento da verdade. Porque há um só Deus e um só Mediador entre Deus e a humanidade, Cristo Jesus, homem, que deu a si mesmo em resgate por todos, testemunho que se deve dar em tempos oportunos.

Como a salvação compartilhada em Jesus Cristo uniu você a outros cristãos? Agradeça a Deus por Ele prover o Salvador para todas as pessoas e por conduzir você ao conhecimento da verdade.

OUTUBRO 22
Deus é a realidade suprema

SALMO 14:1

Diz o insensato no seu coração: "Não há Deus". São corruptos e praticam abominação; já não há quem faça o bem.

EZEQUIEL 1:26-28

Por cima do firmamento que estava sobre a cabeça dos seres viventes, havia algo semelhante a um trono, como uma safira; e, sobre essa espécie de trono, estava sentada uma figura semelhante a um ser humano. Vi que essa figura era como metal brilhante, como um fogo ao redor dela, desde a sua cintura e daí para cima; e desde a sua cintura e daí para baixo, vi que essa figura era como fogo e havia um resplendor ao redor dela. Como o aspecto do arco que aparece nas nuvens em dia de chuva, assim era o resplendor ao redor. Esta era a aparência da glória do Senhor. Ao ver isto, caí com o rosto em terra e ouvi a voz de quem falava.

COLOSSENSES 2:15-17

E, despojando os principados e as potestades, publicamente os expôs ao desprezo, triunfando sobre eles na cruz. Portanto, que ninguém julgue vocês por causa de comida e bebida, ou dia de festa, ou lua nova, ou sábados, porque tudo isso tem sido sombra das coisas que haviam de vir; porém o corpo é de Cristo.

Senhor, Tu és a verdadeira realidade, a pessoa que dá sentido a tudo na vida. Sei que Tu estás além dos meus sentidos e da minha compreensão, contudo desejo ver-te como Tu és. Em nome de Jesus. Amém!

OUTUBRO 23

O Deus da realidade visível e invisível

SALMO 89:6-7

> Pois quem nos céus é comparável ao Senhor? Entre os seres celestiais, quem é semelhante ao Senhor? Deus infunde grande terror na assembleia dos santos; é temível sobre todos os que o rodeiam.

2 REIS 6:16-17

> Ele respondeu:
> —Não tenha medo, porque são mais os que estão conosco do que os que estão com eles.
> E Eliseu orou e disse:
> —Senhor, peço-te que abras os olhos dele para que veja.
> O Senhor abriu os olhos do moço, e ele viu que o monte estava cheio de cavalos e carros de fogo, ao redor de Eliseu.

LUCAS 9:28-30,34-35

> Cerca de oito dias depois de proferidas estas palavras, Jesus levou consigo Pedro, João e Tiago e subiu ao monte com o propósito de orar. E aconteceu que, enquanto ele orava, a aparência do seu rosto se transfigurou e a roupa dele ficou de um branco brilhante. E eis que dois homens falavam com ele: eram Moisés e Elias. [...]
> Enquanto assim falava, veio uma nuvem e os envolveu. E ficaram com medo ao entrar na nuvem. E dela veio uma voz que dizia:
> —Este é o meu Filho, o meu eleito; escutem o que ele diz!

~

Deus comanda toda a realidade — tanto as coisas que você enxerga quanto aquelas que você não consegue ver.

OUTUBRO 24

Deus, a veracidade da vida

SALMO 27:1

O Senhor é a minha luz e a minha salvação; de quem terei medo? O Senhor é a fortaleza da minha vida; a quem temerei?

ISAÍAS 42:5

Assim diz Deus, o Senhor, que criou os céus e os estendeu; que formou a terra e tudo o que ela produz; que dá fôlego de vida ao povo que nela está e o espírito aos que andam nela.

JOÃO 12:23-26

Então Jesus se dirigiu a eles, dizendo:
—É chegada a hora de ser glorificado o Filho do Homem. Em verdade, em verdade lhes digo: se o grão de trigo, caindo na terra, não morrer, fica ele só; mas, se morrer, produz muito fruto. Quem ama a sua vida perde-a; mas aquele que odeia a sua vida neste mundo irá preservá-la para a vida eterna. Se alguém me serve, siga-me, e, onde eu estou, ali estará também o meu servo. E, se alguém me servir, meu Pai o honrará.

Em que momento ou ocasião você considerou algo diferente para a vida que não fosse Deus? Converse com o Ele a respeito disso e agradeça ao Senhor por Ele ser a vida que dá a vida.

OUTUBRO 25

Deus, a verdadeira sabedoria

SALMO 36:1-3

Há no coração do ímpio a voz da transgressão; não há temor de Deus diante de seus olhos. Porque a transgressão o lisonjeia a seus olhos e lhe diz que a sua iniquidade não há de ser descoberta, nem detestada. As palavras de sua boca são maldade e engano; deixou de lado o discernimento e a prática do bem.

PROVÉRBIOS 8:12-14

Eu, a Sabedoria, moro com a prudência e disponho de conhecimento e de conselhos. O temor do Senhor consiste em odiar o mal. Eu odeio a soberba, a arrogância, o mau caminho e a boca que fala coisas perversas. Meu é o conselho e a verdadeira sabedoria; eu sou o Entendimento, minha é a fortaleza.

1 CORÍNTIOS 1:18-19

Certamente a palavra da cruz é loucura para os que se perdem, mas para nós, que somos salvos, ela é poder de Deus. Pois está escrito: "Destruirei a sabedoria dos sábios e aniquilarei a inteligência dos inteligentes".

Senhor, agradeço-te por seres a verdadeira sabedoria. Peço-te que, quando o orgulho e a arrogância me cegarem para o meu pecado, Tu me faças voltar a ti a fim de aprender os Teus caminhos. Em nome de Jesus. Amém!

OUTUBRO 26

Deus, a veracidade da força

SALMO 103:15-16

Quanto ao ser humano, os seus dias são como a relva. Como a flor do campo, assim ele floresce; mas, soprando nela o vento, desaparece e não conhecerá, daí em diante, o seu lugar.

ISAÍAS 40:29-31

Ele fortalece o cansado e multiplica as forças ao que não tem nenhum vigor. Os jovens se cansam e se fatigam, e os moços, de exaustos, caem, mas os que esperam no Senhor renovam as suas forças, sobem com asas como águias, correm e não se cansam, caminham e não se fatigam.

APOCALIPSE 11:16-17

E os vinte e quatro anciãos que estavam sentados no seu trono, diante de Deus, prostraram-se sobre o seu rosto e adoraram a Deus, dizendo: "Graças te damos, Senhor Deus, Todo-Poderoso, que és e que eras, porque assumiste o teu grande poder e passaste a reinar".

A força humana diminui com o tempo; porém a verdadeira força proveniente de Deus sempre foi e jamais se desvanecerá.

OUTUBRO 27

Deus, a veracidade da autoridade

SALMO 89:11-13

Teus são os céus, e tua é a terra; o mundo e a sua plenitude, tu os estabeleceste. O Norte e o Sul, tu os criaste; o Tabor e o Hermom exultam em teu nome. O teu braço é poderoso; forte é a tua mão, e elevada é a tua mão direita.

ZACARIAS 14:9

O Senhor será Rei sobre toda a terra. Naquele dia, um só será o Senhor, e um só será o seu nome.

1 CORÍNTIOS 15:20-24

Mas, de fato, Cristo ressuscitou dentre os mortos, sendo ele as primícias dos que dormem. Visto que a morte veio por um homem, também por um homem veio a ressurreição dos mortos. Porque, assim como, em Adão, todos morrem, assim também todos serão vivificados em Cristo. Cada um, porém, na sua ordem: Cristo, as primícias; depois, os que são de Cristo, na sua vinda. E então virá o fim, quando ele entregar o Reino ao Deus e Pai, quando houver destruído todo principado, bem como toda potestade e poder.

Em que momento você viu a verdadeira autoridade de Deus reinando sobre um lugar sob a temporária autoridade humana? Ore e agradeça ao Senhor por Ele ser o Rei eterno que está trazendo Seu governo sobre toda a criação.

OUTUBRO 28

Deus, a veracidade da unidade

SALMO 133:1-3

Oh! Como é bom e agradável viverem unidos os irmãos! É como o óleo precioso sobre a cabeça, o qual desce pela barba, a barba de Arão, e desce para a gola de suas vestes. É como o orvalho do Hermom, que desce sobre os montes de Sião. Ali o Senhor ordena a sua bênção e a vida para sempre.

2 CRÔNICAS 30:12

Também em Judá se fez sentir a mão de Deus, dando-lhes um só coração, para cumprirem a ordem do rei e dos príncipes, segundo a palavra do Senhor.

JOÃO 17:22-23

Eu lhes transmiti a glória que me deste, para que sejam um, como nós o somos; eu neles, e tu em mim, a fim de que sejam aperfeiçoados na unidade, para que o mundo conheça que tu me enviaste e os amaste, como também amaste a mim.

Senhor, o mundo está cheio de divisões e conflitos. Agradeço-te por trazeres amor e unidade por meio do Teu Espírito. Peço-te que ensines o Teu povo a ser um como Tu, o Teu Filho e o Espírito Santo são um. Em nome de Jesus. Amém!

OUTUBRO 29

A verdade de Deus nos liberta

SALMO 119:45-47

Andarei em liberdade, pois tenho buscado os teus preceitos. Também falarei dos teus testemunhos na presença dos reis e não me envergonharei. Terei prazer nos teus mandamentos, os quais eu amo.

ISAÍAS 49:8-9

Assim diz o Senhor: "No tempo aceitável eu escutei você e no dia da salvação eu o socorri. Eu o guardarei e o farei mediador da aliança com o povo, para restaurar a terra e repartir as propriedades devastadas, para dizer aos presos: 'Saiam da prisão!', e aos que estão em trevas: 'Venham para fora!'. Eles pastarão ao longo dos caminhos e em todos os montes desertos terão o seu pasto".

JOÃO 8:31-32

Então Jesus disse aos judeus que haviam crido nele:
—Se vocês permanecerem na minha palavra, são verdadeiramente meus discípulos, conhecerão a verdade, e a verdade os libertará.

A verdadeira liberdade é encontrada nos mandamentos, nas promessas e na salvação em Jesus.

OUTUBRO 30

A imutável aliança de Deus

SALMO 46:1-3

Deus é o nosso refúgio e fortaleza, socorro bem presente nas tribulações. Portanto, não temeremos, ainda que a terra se transtorne e os montes se abalem no seio dos mares; ainda que as águas tumultuem e espumejem e na sua fúria os montes estremeçam.

GÊNESIS 17:5-7

O seu nome não será mais Abrão, e sim Abraão, porque eu o constituí pai de muitas nações. Farei com que você seja extraordinariamente fecundo. De você farei surgir nações, e reis procederão de você. Estabelecerei uma aliança entre mim e você e a sua descendência no decurso das suas gerações, aliança perpétua, para ser o seu Deus e o Deus da sua descendência.

HEBREUS 7:20-22

E isto não se deu sem juramento. Porque os outros são feitos sacerdotes sem juramento, mas este foi feito sacerdote com juramento, por aquele que lhe disse: "O Senhor jurou e não se arrependerá: 'Você é sacerdote para sempre'". Por isso mesmo, Jesus se tornou fiador de superior aliança.

Em quais promessas de Deus você tem dificuldade para crer? Peça ao Senhor para ajudá-lo em suas dúvidas e lembrar você da fidelidade dele no passado.

OUTUBRO 31

Deus se deleita com a verdade

SALMO 15:1-3

Senhor, quem habitará no teu tabernáculo? Quem poderá morar no teu santo monte? Aquele que vive com integridade, que pratica a justiça, e, de coração, fala a verdade; aquele que não difama com sua língua, não faz mal ao próximo, nem lança injúria contra o seu vizinho.

PROVÉRBIOS 12:22

O Senhor detesta lábios mentirosos, mas aqueles que praticam a verdade são o seu prazer.

3 JOÃO 1:3-4

Pois fiquei muito alegre quando os irmãos vieram e deram testemunho de que você é fiel à verdade e vive de acordo com a verdade. Não tenho maior alegria do que esta, a de ouvir que os meus filhos vivem de acordo com a verdade.

Senhor, graças te dou por seres a verdade e por te deleitares com a verdade. Peço-te que mantenhas minha boca longe de mentiras e minha mente longe de falsas suposições. Desejo andar na Tua verdade. Em nome de Jesus. Amém!

NOVEMBRO

Bom

Jesus tem sido tão bom para mim.
Ninguém consegue ser como Ele: tão generoso,
Como poderei retribuir a esse amor maravilhoso?
Em segurança, mantém-me todos os dias,
Livre do pecado e de todas as armadilhas.
Ele é tão bom para mim.

Jesus tem sido tão bom para mim.

Ninguém é tão justo e querido como Ele:

Aleluia, aleluia! Ele é meu, e eu sou dele.

Guarda-me e, pela graça divina,

Sua glória meu coração ilumina.

Ele é tão bom para mim.

Jesus tem sido tão bom para mim.

Guarda-me, com segurança, do pecado,

Fortalece-me e sempre está ao meu lado.

Guia-me em toda a minha longa jornada,

Com Jesus no barco, a vida é abençoada.

Ele é tão bom para mim.

Jesus é bom para mim (Tradução livre)
Autor: Daniel Otis Teasley (1876–1942)

NOVEMBRO 1

Deus é bom

SALMO 106:1-2

Aleluia!
Deem graças ao Senhor, porque ele é bom, porque a sua misericórdia dura para sempre. Quem saberá contar os poderosos feitos do Senhor ou anunciar todo o seu louvor?

JEREMIAS 32:40-41

Farei com eles uma aliança eterna, segundo a qual não deixarei de lhes fazer o bem; porei o meu temor no coração deles, para que nunca se afastem de mim. Terei alegria em lhes fazer o bem, e os plantarei firmemente nesta terra, de todo o meu coração e de toda a minha alma.

1 JOÃO 1:5-7

A mensagem que dele ouvimos e que anunciamos a vocês é esta: Deus é luz, e não há nele treva nenhuma. Se dissermos que mantemos comunhão com ele e andarmos nas trevas, mentimos e não praticamos a verdade. Se andarmos na luz, como ele está na luz, mantemos comunhão uns com os outros, e o sangue de Jesus, seu Filho, nos purifica de todo pecado.

Deus é bom, e nele não há mal algum. Ele jamais deixará de fazer o bem a você.

NOVEMBRO 2

Ninguém é bom, exceto o único Deus

SALMO 53:1

Diz o insensato no seu coração: "Não há Deus". Corrompem-se e praticam iniquidade; já não há quem faça o bem.

JUÍZES 17:5-6

E, assim, este homem, Mica, veio a ter um santuário. Fez uma estola sacerdotal, alguns ídolos do lar, e consagrou um de seus filhos para ser o sacerdote. Naqueles dias, não havia rei em Israel; cada um fazia o que achava mais certo.

MARCOS 10:17-18

Pondo-se Jesus a caminho, um homem correu ao seu encontro e, ajoelhando-se diante dele, perguntou-lhe:
—Bom Mestre, que farei para herdar a vida eterna?
Jesus respondeu:
—Por que você me chama de bom? Ninguém é bom, a não ser um, que é Deus.

―――

Em que momento ou ocasião você viu a bondade de Deus se destacar em meio ao egocentrismo humano? Agradeça ao Senhor por Ele ser quem Ele é e peça a Ele para guiá-lo na vontade dele, não na sua.

NOVEMBRO 3

Deus é bom para os bons e para os maus

SALMO 145:9

O S{\sc enhor} é bom para todos, e as suas misericórdias permeiam todas as suas obras.

JEREMIAS 12:1-2

Justo serias, S{\sc enhor}, se eu apresentasse a minha causa diante de ti. No entanto, preciso falar contigo a respeito da justiça. Por que o caminho dos ímpios prospera? Por que todos os traidores vivem em paz? Tu os plantas, e eles lançam raízes; crescem e dão fruto. Estás perto dos lábios deles, mas longe do coração.

MATEUS 5:43-45

Vocês ouviram o que foi dito: "Ame o seu próximo e odeie o seu inimigo". Eu, porém, lhes digo: amem os seus inimigos e orem pelos que perseguem vocês, para demonstrarem que são filhos do Pai de vocês, que está nos céus. Porque ele faz o seu sol nascer sobre maus e bons e vir chuvas sobre justos e injustos.

Senhor, às vezes, sinto-me injustiçado, porque Tu és bom para os que não temem o Teu nome. Não quero sentir inveja deles. Agradeço-te por seres bom para os que não merecem, pois também sou um deles. Em nome de Jesus. Amém!

NOVEMBRO 4

A boa disciplina vinda de Deus

SALMO 119:65-68

Tens sido bom para o teu servo, Senhor, segundo a tua palavra. Ensina-me bom juízo e conhecimento, pois creio nos teus mandamentos. Antes de ser afligido, eu andava errado, mas agora guardo a tua palavra. Tu és bom e fazes o bem; ensina-me os teus decretos.

JOSUÉ 23:14-15

Eis que hoje sigo pelo caminho de todos os mortais, e vocês sabem de todo o coração e de toda a alma que nem uma só promessa falhou de todas as boas palavras que o Senhor, seu Deus, lhes falou; todas se cumpriram, nem uma delas falhou. E assim como se cumpriram todas estas boas coisas que o Senhor, seu Deus, lhes prometeu, assim o Senhor também cumprirá contra vocês todas as ameaças, até que os destrua de sobre a boa terra que o Senhor, seu Deus, lhes deu.

HEBREUS 12:10-11

Pois eles nos corrigiam por pouco tempo, segundo melhor lhes parecia; Deus, porém, nos disciplina para o nosso próprio bem, a fim de sermos participantes da sua santidade. Na verdade, toda disciplina, ao ser aplicada, não parece ser motivo de alegria, mas de tristeza. Porém, mais tarde, produz fruto pacífico aos que têm sido por ela exercitados, fruto de justiça.

A disciplina proveniente de Deus é dolorosa, mas ela é uma boa ferramenta para desenvolver santidade, retidão e paz na vida de Seus filhos.

NOVEMBRO 5

A eterna bondade de Deus

SALMO 118:28-29

Tu és o meu Deus, e eu te louvarei; tu és o meu Deus, eu te exaltarei. Deem graças ao Senhor, porque ele é bom, porque a sua misericórdia dura para sempre.

1 CRÔNICAS 16:34-36

Deem graças ao Senhor, porque ele é bom, porque a sua misericórdia dura para sempre. E digam: "Salva-nos, ó Deus da nossa salvação, congrega-nos e livra-nos das nações, para que demos graças ao teu santo nome e nos gloriemos no teu louvor".

HEBREUS 9:11-12

Quando, porém, Cristo veio como sumo sacerdote dos bens já realizados, mediante o maior e mais perfeito tabernáculo, não feito por mãos humanas, quer dizer, não desta criação, e não pelo sangue de bodes e de bezerros, mas pelo seu próprio sangue, ele entrou no Santuário, uma vez por todas, e obteve uma eterna redenção.

Em relação ao futuro, que acontecimento ou circunstância provoca ansiedade em você? Converse com Deus sobre isso. Agradeça ao Senhor pela bondade dele ser eterna — ela jamais se esgotará.

NOVEMBRO 6

A bondade de Deus refletida no Seu povo

SALMO 1:1-3

Bem-aventurado é aquele que não anda no conselho dos ímpios, não se detém no caminho dos pecadores, nem se assenta na roda dos escarnecedores. Pelo contrário, o seu prazer está na lei do Senhor, e na sua lei medita de dia e de noite. Ele é como árvore plantada junto a uma corrente de águas, que, no devido tempo, dá o seu fruto, e cuja folhagem não murcha; e tudo o que ele faz será bem-sucedido.

AMÓS 5:14-15

Busquem o bem e não o mal, para que vocês vivam. E assim o Senhor, o Deus dos Exércitos, estará com vocês, como vocês dizem. Odeiem o mal e amem o bem. Promovam a justiça nos tribunais. Talvez o Senhor, o Deus dos Exércitos, se compadeça do remanescente de José.

FILEMOM 1:6-7

Oro para que a comunhão da sua fé se torne eficaz no pleno conhecimento de todo o bem que há em nós, para com Cristo. Pois, irmão, o seu amor me trouxe grande alegria e consolo, visto que o coração dos santos tem sido reanimado por você.

Senhor, Tu és bom, abundante em sabedoria, amor e justiça. Peço-te que, mediante o cuidado vindo do Teu Espírito, Tu me tornes cada vez mais parecido contigo. Planta-me junto às correntes da Tua água viva. Em nome de Jesus. Amém!

NOVEMBRO 7
A bondade de Deus ao nos resgatar

SALMO 107:1-3

Deem graças ao Senhor, porque ele é bom, e a sua misericórdia dura para sempre. Digam-no os remidos do Senhor, os que ele resgatou da mão do inimigo e congregou dentre as terras, do Oriente e do Ocidente, do Norte e do Sul.

JEREMIAS 29:10-12

Assim diz o Senhor: "Logo que se cumprirem para a Babilônia setenta anos, atentarei para vocês e cumprirei a promessa que fiz a vocês, trazendo-os de volta a este lugar. Eu é que sei que pensamentos tenho a respeito de vocês", diz o Senhor. "São pensamentos de paz e não de mal, para dar-lhes um futuro e uma esperança. Então vocês me invocarão, se aproximarão de mim em oração, e eu os ouvirei".

JOÃO 10:9-11

Eu sou a porta. Se alguém entrar por mim, será salvo; entrará, sairá e achará pastagem. O ladrão vem somente para roubar, matar e destruir; eu vim para que tenham vida e a tenham em abundância.

—Eu sou o bom pastor. O bom pastor dá a vida pelas ovelhas.

A bondade de Deus redime o Seu povo por meio do sacrifício abnegado de Jesus. Ele nos liberta do pecado e do exílio, conduzindo-nos para a Sua vida abundante.

NOVEMBRO 8

Deus é perfeito

SALMO 18:30-31

O caminho de Deus é perfeito; a palavra do Senhor é confiável; ele é escudo para todos os que nele se refugiam. Pois quem é Deus além do Senhor? E quem é rochedo, a não ser o nosso Deus?

DEUTERONÔMIO 32:3-4

Porque proclamarei o nome do Senhor. Louvem a grandeza do nosso Deus. Eis a Rocha! Suas obras são perfeitas, porque todos os seus caminhos são juízo. Deus é fidelidade, e nele não há injustiça; é justo e reto.

MATEUS 5:46-48

Porque, se vocês amam aqueles que os amam, que recompensa terão? Os publicanos também não fazem o mesmo? E, se saudarem somente os seus irmãos, o que é que estão fazendo de mais? Os gentios também não fazem o mesmo? Portanto, sejam perfeitos como é perfeito o Pai de vocês, que está no céu.

―――∽∽―――

Quais palavras ou frases dos trechos bíblicos acima chamaram a sua atenção? Separe um tempo e converse com Deus sobre isso.

NOVEMBRO 9

Deus não faz nada incorreto

SALMO 92:12-15

O justo florescerá como a palmeira, crescerá como o cedro no Líbano. Plantados na Casa do SENHOR, florescerão nos átrios do nosso Deus. Na velhice ainda darão frutos, serão cheios de seiva e de verdor, para anunciar que o SENHOR é reto. Ele é a minha rocha, e nele não há injustiça.

JÓ 34:10-12

Por isso, vocês que têm entendimento, me escutem: longe de Deus o praticar ele a maldade, e longe do Todo-Poderoso o cometer injustiça. Pois Deus retribui ao homem segundo as suas obras e paga a cada um conforme o seu caminho. Na verdade, Deus não pratica o mal; o Todo-Poderoso não perverte o direito.

1 JOÃO 3:6-7

Todo aquele que permanece nele não vive pecando; todo aquele que vive pecando não o viu, nem o conheceu. Filhinhos, não se deixem enganar por ninguém. Aquele que pratica a justiça é justo, assim como ele é justo.

Senhor, graças te dou por jamais errares. Confesso que, por vezes, sinto como se Tu não agisses com justiça comigo ou com os outros. Peço-te que me mostres como Tu nunca falhas em nenhum de Teus relacionamentos com toda a Tua criação. Em nome de Jesus. Amém!

NOVEMBRO 10

A perfeita Lei de Deus

SALMO 119:94-96

Sou teu; salva-me, pois eu busco os teus preceitos. Os ímpios me espreitam para me destruir, mas eu considero os teus testemunhos. Tenho visto que toda perfeição tem o seu limite; mas o teu mandamento é ilimitado.

2 SAMUEL 22:31

O caminho de Deus é perfeito; a palavra do Senhor é confiável; ele é escudo para todos os que nele se refugiam.

TIAGO 1:23-25

Porque, se alguém é ouvinte da palavra e não praticante, assemelha-se àquele que contempla o seu rosto natural num espelho; pois contempla a si mesmo, se retira e logo esquece como era a sua aparência.

Os mandamentos de Deus são perfeitos. Eles revelam total e completamente o que são relacionamentos corretos e o que é a liberdade.

NOVEMBRO 11

O Deus perfeito e as pessoas imperfeitas

SALMO 18:25-27

> Para com quem é fiel, fiel te mostras; com o íntegro, também íntegro. Com o puro, puro te mostras; com o perverso, inflexível. Porque tu salvas o povo humilde, mas os olhos soberbos, tu os abates.

EZEQUIEL 18:28-29

> Pois se ele percebe o que fez e se converte de todas as transgressões que cometeu, certamente viverá; não será morto. No entanto, a casa de Israel diz: "O caminho do Senhor não é reto". Será que são os meus caminhos que não são retos, ó casa de Israel? Não seriam muito mais os caminhos de vocês que são tortuosos?

2 CORÍNTIOS 12:8-9

> Três vezes pedi ao Senhor que o afastasse de mim. Então ele me disse: "A minha graça é o que basta para você, porque o poder se aperfeiçoa na fraqueza". De boa vontade, pois, mais me gloriarei nas fraquezas, para que sobre mim repouse o poder de Cristo.

Em que área de sua vida você tem plena consciência de suas imperfeições? Conte para Deus o que sente sobre isso. Agradeça ao Senhor por Ele ser perfeito, mesmo em meio às fraquezas que você apresenta.

NOVEMBRO 12

A perfeita santidade de Deus

SALMO 119:1-3

Bem-aventurados os irrepreensíveis no seu caminho, que andam na lei do Senhor. Bem-aventurados os que guardam os seus testemunhos e o buscam de todo o coração; não praticam iniquidade e andam nos seus caminhos.

LEVÍTICO 19:1-2

O Senhor disse a Moisés:
—Fale a toda a congregação dos filhos de Israel e diga-lhes: Sejam santos, porque eu, o Senhor, o Deus de vocês, sou santo.

1 PEDRO 1:14-16

Como filhos obedientes, não vivam conforme as paixões que vocês tinham anteriormente, quando ainda estavam na ignorância. Pelo contrário, assim como é santo aquele que os chamou, sejam santos vocês também em tudo o que fizerem, porque está escrito: "Sejam santos, porque eu sou santo".

~~~

Senhor, Tu és perfeitamente santo! És totalmente perfeito como nenhum outro, e és diferente por seres completamente bom e amoroso. Agradeço-te por desejares que eu seja como Tu. Conforma-me à perfeita imagem do Teu Filho. Em nome de Jesus. Amém!

NOVEMBRO 13

A perfeita justiça de Deus

SALMO 19:9-10

O temor do Senhor é límpido e permanece para sempre; os juízos do Senhor são verdadeiros e todos igualmente, justos. São mais desejáveis do que ouro, mais do que muito ouro depurado; e são mais doces do que o mel e o destilar dos favos.

GÊNESIS 18:24-25

Se houver, por acaso, cinquenta justos na cidade, ainda assim destruirás e não pouparás o lugar por amor dos cinquenta justos que nela se encontram? Longe de ti fazeres tal coisa: matar o justo com o ímpio, como se o justo fosse igual ao ímpio. Longe de ti! Será que o Juiz de toda a terra não faria justiça?

MATEUS 19:18-21

E ele lhe perguntou:
—Quais?
Jesus respondeu:
—"Não mate, não cometa adultério, não furte, não dê falso testemunho; honre o seu pai e a sua mãe e ame o seu próximo como você ama a si mesmo."
O jovem disse:
—Tudo isso tenho observado. O que me falta ainda?
Jesus respondeu:
—Se você quer ser perfeito, vá, venda os seus bens, dê o dinheiro aos pobres e você terá um tesouro nos céus; depois, venha e siga-me.

Deus é o juiz de toda a Terra, e Sua justiça é equitativa, verdadeira, amorosa e justa para todos.

NOVEMBRO 14

O perfeito Deus torna o Seu povo perfeito

SALMO 40:5

São muitas, Senhor, Deus meu, as maravilhas que tens operado e também os teus desígnios para conosco; não há ninguém que possa se igualar a ti. Eu quisera anunciá-los e deles falar, mas são mais do que se pode contar.

ISAÍAS 25:1

Ó Senhor, tu és o meu Deus; eu te exaltarei e louvarei o teu nome, porque tens feito maravilhas e tens executado os teus conselhos antigos, fiéis e verdadeiros.

EFÉSIOS 5:25-27

Maridos, que cada um de vocês ame a sua esposa, como também Cristo amou a igreja e se entregou por ela, para que a santificasse, tendo-a purificado por meio da lavagem de água pela palavra, para a apresentar a si mesmo como igreja gloriosa, sem mancha, nem ruga, nem coisa semelhante, porém santa e sem defeito.

De que forma, recentemente, Deus o tem tornado mais perfeito? Agradeça ao Senhor por amar você, entregar-se por você e torná-lo santo e irrepreensível em Cristo — como Ele sempre planejou fazer.

Deus é gracioso

NOVEMBRO 15

SALMO 67:1-2

Seja Deus gracioso para conosco, e nos abençoe, e faça resplandecer sobre nós o seu rosto; para que se conheça na terra o teu caminho e, em todas as nações, a tua salvação.

ISAÍAS 33:2-3

Senhor, tem misericórdia de nós! Em ti temos esperado. Sê tu o nosso braço manhã após manhã e a nossa salvação no tempo da angústia. Ao ruído do tumulto, os povos fogem; quando tu te ergues, as nações se dispersam.

JOÃO 1:16-18

Porque todos nós temos recebido da sua plenitude e graça sobre graça. Porque a lei foi dada por meio de Moisés; a graça e a verdade vieram por meio de Jesus Cristo. Ninguém jamais viu Deus; o Deus unigênito, que está junto do Pai, é quem o revelou.

Senhor, agradeço-te por derramares Tua graça sobre mim concedendo-me Tua força, verdade e salvação. Peço-te que uses a Tua graça em minha vida para revelar-te àqueles que estão ao meu redor. Em nome de Jesus. Amém!

NOVEMBRO 16

Nosso gracioso Deus conosco

SALMO 5:1-3

> Dá ouvidos, Senhor, às minhas palavras e acode ao meu gemido. Escuta, Rei meu e Deus meu, a minha voz que clama, pois a ti é que imploro. De manhã, Senhor, ouves a minha voz; de manhã te apresento a minha oração e fico esperando.

2 REIS 13:23

> Porém o Senhor teve misericórdia de Israel, se compadeceu deles e voltou-se para eles, por amor da aliança com Abraão, Isaque e Jacó; e não quis destruí-los e, até agora, ainda não os expulsou da sua presença.

HEBREUS 2:16-17

> Pois ele, evidentemente, não socorre anjos, mas socorre a descendência de Abraão. Por isso mesmo, era necessário que, em todas as coisas, ele se tornasse semelhante aos irmãos, para ser misericordioso e fiel sumo sacerdote nas coisas referentes a Deus e para fazer propiciação pelos pecados do povo.

O fato de Deus o ouvir, vê-lo e estar com você é uma dádiva incalculável.

NOVEMBRO 17
As graciosas promessas de Deus

SALMO 119:57-58

O Senhor é a minha porção; eu disse que guardaria as tuas palavras. De todo o coração, imploro a tua graça; compadece-te de mim, segundo a tua palavra.

GÊNESIS 21:1-2

O Senhor visitou Sara, como tinha dito, e cumpriu o que lhe havia prometido. Sara ficou grávida e deu à luz um filho a Abraão na sua velhice, no tempo determinado, de que Deus lhe havia falado.

ROMANOS 4:16-17

Essa é a razão por que provém da fé, para que seja segundo a graça, a fim de que a promessa seja garantida para toda a descendência, não somente à descendência que está no regime da lei, mas também à descendência que tem a fé que Abraão teve — porque Abraão é pai de todos nós, como está escrito: "Eu o constituí por pai de muitas nações" — diante daquele em quem Abraão creu, o Deus que vivifica os mortos e chama à existência as coisas que não existem.

Em que área da sua vida você sente que Deus não cumpriu Suas promessas para você? Converse com o Senhor sobre isso e peça a Ele que o lembre da graça que Ele derramou no passado e continuará derramando sobre o Seu povo.

NOVEMBRO 18

A graciosa provisão de Deus

SALMO 78:14-16

> Durante o dia, os guiou com uma nuvem e de noite, com um clarão de fogo. No deserto, fendeu rochas e lhes deu de beber abundantemente como de abismos. Da pedra fez brotar torrentes, fez manar água como rios.

ESDRAS 9:8-9

> Agora, por um breve momento, se manifestou a graça do Senhor, nosso Deus, deixando que alguns escapassem, dando-nos estabilidade no seu santo lugar. Assim, iluminaste os nossos olhos, ó nosso Deus, e nos deste um pouco de vida em meio à nossa servidão. Porque éramos escravos, mas o nosso Deus não nos abandonou em nossa servidão. Pelo contrário, estendeu sobre nós a sua misericórdia, e achamos favor diante dos reis da Pérsia, para revivermos, para levantarmos o templo do nosso Deus, para restaurarmos as suas ruínas e para nos dar um muro de segurança em Judá e em Jerusalém.

ATOS 4:33-35

> Com grande poder, os apóstolos davam testemunho da ressurreição do Senhor Jesus, e em todos eles havia abundante graça. Não havia nenhum necessitado entre eles, porque os que possuíam terras ou casas, vendendo-as, traziam os valores correspondentes e os depositavam aos pés dos apóstolos; então se distribuía a cada um conforme a sua necessidade.

Senhor, Tu me guias, encorajas-me, proteges-me e me sustentas. Dou-te graças, pois todas essas coisas são dádivas de Tuas mãos. Em nome de Jesus. Amém!

NOVEMBRO 19

A graça de Deus, ainda quando não somos graciosos

SALMO 143:1-2

Ouve, Senhor, a minha oração, dá ouvidos às minhas súplicas. Responde-me, segundo a tua fidelidade, segundo a tua justiça. Não entres em juízo com o teu servo, porque à tua vista não há justo nenhum vivente.

ISAÍAS 26:9-10

Com minha alma suspiro de noite por ti e, com o meu espírito dentro de mim, eu te busco ansiosamente. Porque, quando os teus juízos reinam na terra, os moradores do mundo aprendem a justiça. Ainda que se mostre favor ao ímpio, nem por isso ele aprende a justiça; até na terra da retidão ele comete a iniquidade e não vê a majestade do Senhor.

MARCOS 3:2,4-5

E estavam observando Jesus para ver se curaria aquele homem no sábado, a fim de o acusarem. [...]
Então lhes perguntou:
—É lícito nos sábados fazer o bem ou fazer o mal? Salvar uma vida ou deixar morrer?
Mas eles ficaram em silêncio. Então Jesus, olhando em volta, indignado e entristecido com a dureza de coração daquelas pessoas, disse ao homem:
—Estenda a mão.
O homem estendeu a mão, e ela lhe foi restaurada.

Ainda quando você é infiel, teimoso ou mesquinho, Deus é gracioso com você.

NOVEMBRO 20

O gracioso perdão de Deus

SALMO 25:16-18

> Volta-te para mim e tem compaixão, porque estou sozinho e aflito. Alivia-me as tribulações do coração; tira-me das minhas angústias. Considera as minhas aflições e o meu sofrimento e perdoa todos os meus pecados.

OSEIAS 14:1-2

> Israel, volte para o Senhor, seu Deus, porque você caiu por causa dos seus pecados. Tragam palavras de arrependimento e convertam-se ao Senhor, dizendo: "Perdoa toda a nossa iniquidade, aceita o que é bom e, em vez de novilhos, os sacrifícios dos nossos lábios".

ROMANOS 5:20-21

> A lei veio para que aumentasse a ofensa. Mas onde aumentou o pecado, aumentou muito mais ainda a graça, a fim de que, como o pecado reinou pela morte, assim também a graça reinasse pela justiça que conduz à vida eterna, por meio de Jesus Cristo, nosso Senhor.

Em que momento você conheceu o gracioso perdão de Deus em sua vida? Louve ao Senhor por isso. Independentemente da dimensão do seu pecado, a graça de Deus é muito maior.

NOVEMBRO 21

A graciosa salvação propiciada por Deus

SALMO 116:1-4

Amo o Senhor, porque ele ouve a minha voz e as minhas súplicas. Porque inclinou para mim os seus ouvidos, eu o invocarei por toda a minha vida. Laços de morte me cercaram, e angústias do inferno se apoderaram de mim; fiquei aflito e triste. Então invoquei o nome do Senhor: "Ó Senhor, livra a minha alma".

ISAÍAS 30:19

Porque o povo habitará em Sião, em Jerusalém. Vocês não vão chorar mais. Ele certamente se compadecerá, ao ouvir o clamor de vocês; e, ouvindo-o, lhes responderá.

ROMANOS 5:15,17

Mas o dom gratuito não é como a ofensa. Porque, se muitos morreram pela ofensa de um só, muito mais a graça de Deus e o dom pela graça de um só homem, Jesus Cristo, foram abundantes sobre muitos! [...]

Se a morte reinou pela ofensa de um e por meio de um só, muito mais os que recebem a abundância da graça e o dom da justiça reinarão em vida por meio de um só, a saber, Jesus Cristo.

Senhor, agradeço-te por Tua graça que vence o pecado e a morte mediante a dádiva do Teu Filho, Jesus. Tu és tão gentil em me ouvir quando eu clamo diante de ti. Em nome de Jesus. Amém!

NOVEMBRO 22

Deus é humilde

SALMO 113:5-6

Quem é semelhante ao Senhor, nosso Deus, cujo trono está nas alturas, que se inclina para ver o que se passa no céu e sobre a terra?

OSEIAS 11:4

Atraí-os com cordas humanas, com laços de amor; fui para eles como quem alivia o jugo de sobre o pescoço e me inclinei para dar-lhes de comer.

FILIPENSES 2:5-8

Tenham entre vocês o mesmo modo de pensar de Cristo Jesus, que, mesmo existindo na forma de Deus, não considerou o ser igual a Deus algo que deveria ser retido a qualquer custo. Pelo contrário, ele se esvaziou, assumindo a forma de servo, tornando-se semelhante aos seres humanos. E, reconhecido em figura humana, ele se humilhou, tornando-se obediente até a morte, e morte de cruz.

Deus é glorioso e Todo-poderoso — contudo, humildemente busca um relacionamento amoroso e altruísta conosco.

A humildade do Deus encarnado

NOVEMBRO 23

SALMO 22:9-11

Contudo, tu és quem me fez nascer; e me preservaste, estando eu ainda ao seio de minha mãe. A ti me entreguei desde o meu nascimento; desde o ventre de minha mãe, tu és o meu Deus. Não te distancies de mim, porque a tribulação está próxima, e não há quem me ajude.

ISAÍAS 7:14

Portanto, o Senhor mesmo lhes dará um sinal: eis que a virgem conceberá e dará à luz um filho e lhe chamará Emanuel.

GÁLATAS 4:4-5

Mas, quando chegou a plenitude do tempo, Deus enviou o seu Filho, nascido de mulher, nascido sob a lei, para resgatar os que estavam sob a lei, a fim de que recebêssemos a adoção de filhos.

De que maneira, você leva a sério o fato de o Deus eterno e Todo-poderoso ter tomado a forma humana e nascido como um bebê a fim de salvar a humanidade do pecado? Agradeça ao Senhor por Sua humildade, amor e bondade.

NOVEMBRO 24

A humildade de Deus em sentir fome

SALMO 50:12

> Se eu tivesse fome, não teria necessidade de dizê-lo a você, pois meu é o mundo e a sua plenitude.

DEUTERONÔMIO 8:2-3

> Lembrem-se de todo o caminho pelo qual o Senhor, seu Deus, os guiou no deserto durante estes quarenta anos, para humilhar vocês, para pôr vocês à prova, para saber o que estava no coração de vocês, se guardariam ou não os seus mandamentos. Ele humilhou vocês, ele os deixou passar fome, ele os sustentou com o maná, que vocês não conheciam e que nem os pais de vocês conheciam, para que vocês compreendessem que o ser humano não viverá só de pão, mas de tudo o que procede da boca do Senhor.

LUCAS 4:1-4

> Jesus, cheio do Espírito Santo, voltou do Jordão e foi guiado pelo mesmo Espírito, no deserto, durante quarenta dias, sendo tentado pelo diabo. Nada comeu naqueles dias, ao fim dos quais teve fome. Então o diabo disse a Jesus:
> —Se você é o Filho de Deus, mande que esta pedra se transforme em pão.
> Mas Jesus lhe respondeu:
> —Está escrito: "O ser humano não viverá só de pão".

Senhor, Tu experimentaste uma fome intensa, durante a tentação que enfrentaste, bem maior do que eu jamais conheci. Estou surpreso que Tu, o Criador de toda a vida, tenha escolhido experimentar tal necessidade humana. Dou-te graças por Tua imensa humildade. Em nome de Jesus. Amém!

A humildade no governo de Deus

NOVEMBRO 25

SALMO 45:3-4

Cinja a espada no seu flanco, herói; cinja a sua glória e a sua majestade! E nessa majestade cavalgue vitoriosamente, pela causa da verdade e da justiça; e a sua mão direita lhe ensinará proezas.

ZACARIAS 9:9

Alegre-se muito, ó filha de Sião! Exulte, ó filha de Jerusalém! Eis que o seu rei vem até você, justo e salvador, humilde, montado em jumento, num jumentinho, cria de jumenta.

MATEUS 11:28-30

Venham a mim todos vocês que estão cansados e sobrecarregados, e eu os aliviarei. Tomem sobre vocês o meu jugo e aprendam de mim, porque sou manso e humilde de coração; e vocês acharão descanso para a sua alma. Porque o meu jugo é suave, e o meu fardo é leve.

O Rei de toda a criação vem em modesta vitória, inaugurando Seu reino de verdade, justiça e retidão com um coração humilde.

NOVEMBRO 26

A humildade de Deus no sofrimento

SALMO 22:6-8

> Mas eu sou verme e não um ser humano; afrontado pelos homens e desprezado pelo povo. Todos os que me veem zombam de mim; fazem caretas e balançam a cabeça, dizendo: "Confiou no Senhor! Ele que o livre! Salve-o, pois nele tem prazer".

ISAÍAS 50:5-6

> O Senhor Deus me abriu os ouvidos, e eu não fui rebelde nem me retraí. Ofereci as costas aos que me batiam e o rosto aos que me arrancavam a barba; não escondi o rosto dos que me afrontavam e cuspiam em mim.

MATEUS 26:67-68

> Então alguns cuspiram no rosto de Jesus e bateram nele. E outros o esbofeteavam, dizendo:
> —Profetize para nós, ó Cristo! Quem foi que bateu em você?

O que você sente quando pensa sobre Deus se humilhar e sofrer em seu lugar? Compartilhe seus pensamentos com o Senhor e agradeça a Ele pela bondade e sacrifício dele por você.

NOVEMBRO 27

A humildade de Deus em tornar-se maldição por nós

SALMO 109:26-28

Socorre-me, SENHOR, meu Deus! Salva-me segundo a tua misericórdia. Para que saibam que isso vem das tuas mãos; que tu, SENHOR, o fizeste. Amaldiçoem eles, mas tu, abençoa. Sejam envergonhados os que se levantam contra mim; alegre-se, porém, o teu servo.

DEUTERONÔMIO 21:22-23

Se alguém tiver cometido um pecado que é passível da pena de morte, e tiver sido morto, e vocês o pendurarem num madeiro, o seu cadáver não deve permanecer no madeiro durante a noite. É preciso sepultá-lo no mesmo dia, pois o que for pendurado no madeiro é maldito de Deus. Assim vocês não contaminarão a terra que o SENHOR, seu Deus, lhes dá por herança.

GÁLATAS 3:13-14

Cristo nos resgatou da maldição da lei, fazendo-se ele próprio maldição em nosso lugar — porque está escrito: "Maldito todo aquele que for pendurado em madeiro" —, para que a bênção de Abraão chegasse aos gentios, em Cristo Jesus, a fim de que recebêssemos, pela fé, o Espírito prometido.

Senhor, agradeço-te por te tornares maldição por mim a fim de me redimir da maldição da Lei. Se eu vier a me esquecer disso, lembra-me da Tua incrível humildade e do Teu infalível amor. Em nome de Jesus. Amém!

NOVEMBRO 28

A humildade de Deus na crucificação

SALMO 22:17-19

Posso contar todos os meus ossos; os meus inimigos estão olhando para mim e me encarando. Repartem entre si as minhas roupas e sobre a minha túnica lançam sortes. Tu, porém, Senhor, não te afastes de mim; força minha, apressa-te em me socorrer.

ISAÍAS 53:7-8

Ele foi oprimido e humilhado, mas não abriu a boca. Como cordeiro foi levado ao matadouro e, como ovelha muda diante dos seus tosquiadores, ele não abriu a boca. Pela opressão e pelo juízo, ele foi levado, e de sua linhagem, quem se preocupou com ela? Porque ele foi cortado da terra dos viventes; foi ferido por causa da transgressão do meu povo.

MATEUS 27:39-42

Os que iam passando blasfemavam contra ele, balançando a cabeça e dizendo:

—Ei, você que destrói o santuário e em três dias o reedifica! Salve a si mesmo, se você é o Filho de Deus, e desça da cruz!

De igual modo, os principais sacerdotes com os escribas e anciãos, zombando, diziam:

—Salvou os outros, a si mesmo não pode salvar. É rei de Israel! Que ele desça da cruz, e então creremos nele.

A crucificação de Jesus, a morte sacrificial do Criador por Sua criação, foi o ato supremo de humildade do Senhor.

NOVEMBRO 29

As boas obras do nosso bom Deus

SALMO 77:10-12

Então eu disse: "Esta é a minha aflição: o poder do Altíssimo não é mais o mesmo". Recordarei os feitos do Senhor; certamente me lembrarei das tuas maravilhas da antiguidade. Meditarei em todas as tuas obras e pensarei em todos os teus feitos poderosos.

GÊNESIS 1:31

Deus viu tudo o que havia feito, e eis que era muito bom. Houve tarde e manhã, o sexto dia.

ATOS 10:37-38

Vocês sabem o que aconteceu em toda a Judeia, tendo começado na Galileia depois do batismo que João pregou, como Deus ungiu a Jesus de Nazaré com o Espírito Santo e com poder. Jesus andou por toda parte, fazendo o bem e curando todos os oprimidos do diabo, porque Deus estava com ele.

Em que momento ou ocasião você duvidou da bondade de Deus e do que Ele está fazendo em sua vida? Converse abertamente com o Senhor e peça a Ele que lhe mostre a bondade dele por meio de Suas obras.

NOVEMBRO 30

A boa presença de Deus

SALMO 136:1

Deem graças ao Senhor, porque ele é bom, porque a sua misericórdia dura para sempre.

2 CRÔNICAS 5:13-14

...quando em uníssono, ao mesmo tempo, tocaram as trombetas e cantaram para se fazerem ouvir, para louvar e dar graças ao Senhor; e quando levantaram eles a voz com trombetas, címbalos e outros instrumentos musicais para louvarem o Senhor, porque ele é bom, porque a sua misericórdia dura para sempre, então o templo, a saber, a Casa do Senhor, se encheu de uma nuvem, de maneira que os sacerdotes não puderam permanecer ali para ministrar, por causa da nuvem, porque a glória do Senhor encheu a Casa de Deus.

HEBREUS 10:19-21

Portanto, meus irmãos, tendo ousadia para entrar no Santuário, pelo sangue de Jesus, pelo novo e vivo caminho que ele nos abriu por meio do véu, isto é, pela sua carne, e tendo um grande sacerdote sobre a casa de Deus.

~~~

Senhor, Teu sacrifício em Jesus restaurou o nosso relacionamento contigo; agora estou eternamente em Tua boa presença. Peço-te que me ensines a estar ciente e grato por Tua presença em todos os momentos. Em nome de Jesus. Amém!

DEZEMBRO

Amor

Que amor maravilhoso é esse, ó minha alma, ó minha alma!

Que amor maravilhoso é esse, ó minha alma!

Que amor maravilhoso é esse que fez o Senhor da bem-aventurança

Suportar a terrível maldição pela minha alma, pela minha alma,

Suportar a terrível maldição pela minha alma.

Quando eu estava afundando, afundando, afundando,

Quando eu estava afundando, ó minha alma!

Quando eu estava afundando, sob a justa condenação de Deus,

Cristo deixou de lado Sua coroa, por minha alma, por minha alma,

Cristo deixou de lado Sua coroa, por minha alma.

A Deus e ao Cordeiro, cantarei, cantarei,

A Deus e ao Cordeiro, cantarei,

A Deus e ao Cordeiro, que é o grande Eu Sou.

Enquanto milhões se unem ao convite, cantarei, cantarei,

Enquanto milhões se unem ao convite, eu cantarei.

E quando da morte eu livre estiver, eu cantarei, eu cantarei,

E quando da morte eu livre estiver, eu continuarei a cantar.

E quando da morte eu livre estiver, cantarei Teu amor por mim,

E por toda a eternidade eu cantarei, eu cantarei,

E por toda a eternidade eu cantarei.

Que amor maravilhoso é esse (Tradução livre)
Autor desconhecido, primeira publicação em 1811

DEZEMBRO 1

Deus é amor

SALMO 118:1-4

Deem graças ao Senhor, porque ele é bom, porque a sua misericórdia dura para sempre. Diga, pois, Israel: "Sim, a sua misericórdia dura para sempre". Diga, pois, a casa de Arão: "Sim, a sua misericórdia dura para sempre". Digam, pois, os que temem o Senhor: "Sim, a sua misericórdia dura para sempre."

SOFONIAS 3:17

O Senhor, seu Deus, está no meio de você, poderoso para salvar. Ele ficará muito contente com você. Ele a renovará no seu amor, e se encherá de júbilo por causa de você.

1 JOÃO 4:7-10

Amados, amemo-nos uns aos outros, porque o amor procede de Deus, e todo aquele que ama é nascido de Deus e conhece a Deus. Quem não ama não conhece a Deus, pois Deus é amor. Nisto se manifestou o amor de Deus em nós: em haver Deus enviado o seu Filho unigênito ao mundo, para vivermos por meio dele. Nisto consiste o amor: não em que nós tenhamos amado a Deus, mas em que ele nos amou e enviou o seu Filho como propiciação pelos nossos pecados.

O amor de Deus dura para sempre. Ele se alegra em você e enviou Seu Filho para libertá-lo das trevas a fim de que você também possa amar os outros.

DEZEMBRO 2

O infalível amor de Deus

SALMO 33:20-22

Nossa alma espera no Senhor, nosso auxílio e escudo. Nele, o nosso coração se alegra, pois confiamos no seu santo nome. Seja sobre nós, Senhor, a tua misericórdia, como de ti esperamos.

OSEIAS 3:1

O Senhor me disse:
—Vá outra vez e ame uma mulher, que é amada por outro e é adúltera, assim como o Senhor ama os filhos de Israel, embora eles olhem para outros deuses e amem bolos de passas.

1 CORÍNTIOS 13:6-8

O amor não se alegra com a injustiça, mas se alegra com a verdade. O amor tudo sofre, tudo crê, tudo espera, tudo suporta. O amor jamais acaba. Havendo profecias, desaparecerão; havendo línguas, cessarão; havendo ciência, passará.

De que forma você já experimentou o amor cristão demonstrado por outra pessoa a você? Graças a Deus que o amor dele é infalível, pois Ele é paciente, bondoso, humilde, altruísta, tardio em ira-se e verdadeiro.

DEZEMBRO 3

O amor eterno de Deus

SALMO 52:8-9

Quanto a mim, porém, sou como a oliveira verde na Casa de Deus; confio na misericórdia de Deus para todo o sempre. Sempre te louvarei, porque assim o fizeste; na presença dos teus fiéis, esperarei no teu nome, porque é bom.

JEREMIAS 33:10-11

—Assim diz o Senhor: "Neste lugar, que vocês dizem que está deserto, sem pessoas e sem animais, nas cidades de Judá e nas ruas de Jerusalém, que estão arrasadas, sem pessoas, sem moradores e sem animais, ainda se ouvirá o som das festas e da alegria, a voz do noivo e a voz da noiva, e a voz dos que cantam: 'Deem graças ao Senhor dos Exércitos, porque ele é bom, porque a sua misericórdia dura para sempre'".
—"Também se ouvirá a voz dos que trazem ofertas de ações de graças à Casa do Senhor; porque restaurarei a sorte da terra como no princípio", diz o Senhor.

EFÉSIOS 3:17-19

E assim, pela fé, que Cristo habite no coração de vocês, estando vocês enraizados e alicerçados em amor. Isto para que, com todos os santos, vocês possam compreender qual é a largura, o comprimento, a altura e a profundidade e conhecer o amor de Cristo, que excede todo entendimento, para que vocês fiquem cheios de toda a plenitude de Deus.

Senhor, Teu amor é enorme, extenso, alto e profundo para eu compreender. Agradeço-te por me amares eternamente e por me enraizares neste amor. Em nome de Jesus. Amém!

DEZEMBRO 4

Deus nos chama em Seu amor

SALMO 13:3,5-6

Olha para mim e responde-me, Senhor, meu Deus! Ilumina os meus olhos, para que eu não durma o sono da morte. [...]
Quanto a mim, confio na tua graça; que o meu coração se alegre na tua salvação. Cantarei ao Senhor, porque ele me tem feito muito bem.

DEUTERONÔMIO 10:14-15

Eis que os céus e os céus dos céus são do Senhor, o Deus de vocês; a ele pertencem a terra e tudo o que nela há. Mas o Senhor se afeiçoou tão somente aos pais de vocês para os amar; e a vocês, descendentes deles, ele escolheu do meio de todos os povos, como hoje se vê.

JOÃO 6:44-45

Ninguém pode vir a mim se o Pai, que me enviou, não o trouxer; e eu o ressuscitarei no último dia. Está escrito nos Profetas: "E todos serão ensinados por Deus". Portanto, todo aquele que ouviu e aprendeu do Pai, esse vem a mim.

※

Deus o escolheu pelo Seu infalível amor, e ninguém pode tirar você da proteção dele.

DEZEMBRO 5

Deus nos perdoa em Seu amor

SALMO 130:7-8

Espere Israel no Senhor, pois no Senhor há misericórdia; nele, temos ampla redenção. É ele quem redime Israel de todas as suas iniquidades.

PROVÉRBIOS 16:6-7

Pela misericórdia e pela verdade se expia a culpa; e pelo temor do Senhor se evita o mal. Se os caminhos de alguém são agradáveis ao Senhor, ele faz com que até os seus inimigos vivam em paz com ele.

2 CORÍNTIOS 5:14-15

Pois o amor de Cristo nos domina, porque reconhecemos isto: um morreu por todos; logo, todos morreram. E ele morreu por todos, para que os que vivem não vivam mais para si mesmos, mas para aquele que por eles morreu e ressuscitou.

Em que ocasiões ou lugares você tem vivido para si mesmo e não para Cristo? Confesse isso ao Senhor e agradeça a Ele por ter morrido em seu lugar a fim de que você possa viver em um relacionamento pleno e amoroso com Deus, com os outros e consigo mesmo.

DEZEMBRO 6

Deus nos enche com o Seu amor

SALMO 119:62-64

No meio da noite eu me levanto para te dar graças, por causa dos teus retos juízos. Companheiro sou de todos os que te temem e dos que guardam os teus preceitos. A terra, Senhor, está cheia da tua bondade; ensina-me os teus decretos.

PROVÉRBIOS 3:3-4

Não deixe que a bondade e a fidelidade abandonem você. Amarre-as ao pescoço; escreva-as na tábua do seu coração e você encontrará favor e boa compreensão diante de Deus e das outras pessoas.

ROMANOS 5:3-5

E não somente isto, mas também nos gloriamos nas tribulações, sabendo que a tribulação produz perseverança, a perseverança produz experiência e a experiência produz esperança. Ora, a esperança não nos deixa decepcionados, porque o amor de Deus é derramado em nosso coração pelo Espírito Santo, que nos foi dado.

Senhor, graças te dou por derramares Teu amor em minha vida por meio do poder do Teu Espírito Santo. Escreve Teu amor em meu coração. Amarra-o em volta do meu pescoço. Desejo que o Teu amor transborde para todos ao meu redor. Em nome de Jesus. Amém!

DEZEMBRO 7
O amor salvador de Jesus

SALMO 6:4-5

Volta-te, Senhor, e socorre-me; salva-me por tua graça. Pois, na morte, não há recordação de ti; no sepulcro, quem te dará louvor?

PROVÉRBIOS 10:11-12

A boca do justo é manancial de vida, mas na boca dos ímpios mora a violência. O ódio provoca conflitos, mas o amor cobre todas as transgressões.

JOÃO 15:9-13

Como o Pai me amou, também eu amei vocês; permaneçam no meu amor. Se vocês guardarem os meus mandamentos, permanecerão no meu amor, assim como também eu tenho guardado os mandamentos de meu Pai e no seu amor permaneço. Tenho lhes dito estas coisas para que a minha alegria esteja em vocês, e a alegria de vocês seja completa.

—O meu mandamento é este: que vocês amem uns aos outros, assim como eu os amei. Ninguém tem amor maior do que este: de alguém dar a própria vida pelos seus amigos.

Deus o ama com imensurável amor: Ele deu a vida do Seu Filho por você e o convida a permanecer para sempre em Seu amor.

DEZEMBRO 8

Nosso Trino Deus é relacional

SALMO 107:8-9

Que eles deem graças ao Senhor por sua bondade e por suas maravilhas para com os filhos dos homens! Pois saciou a alma sedenta e encheu de bens a alma faminta.

ISAÍAS 6:6-8

Então um dos serafins voou para mim, trazendo na mão uma brasa viva, que havia tirado do altar com uma pinça. Com a brasa tocou a minha boca e disse:
—Eis que esta brasa tocou os seus lábios. A sua iniquidade foi tirada, e o seu pecado, perdoado.
Depois disto, ouvi a voz do Senhor, que dizia:
—A quem enviarei, e quem há de ir por nós?
Eu respondi:
—Eis-me aqui, envia-me a mim.

LUCAS 3:21-22

Ao ser todo o povo batizado, Jesus também foi batizado. E aconteceu que, enquanto ele orava, o céu se abriu, o Espírito Santo desceu sobre ele em forma corpórea como pomba, e do céu veio uma voz, que dizia:
—Você é o meu Filho amado; em você me agrado.

Quais palavras ou frases dos trechos bíblicos acima chamaram a sua atenção? Separe um tempo e converse com Deus sobre isso.

DEZEMBRO 9

Nosso Deus busca relacionamento

SALMO 23:6

Bondade e misericórdia certamente me seguirão todos os dias da minha vida; e habitarei na Casa do Senhor para todo o sempre.

GÊNESIS 3:8-9

Ao ouvirem a voz do Senhor Deus, que andava no jardim quando soprava o vento suave da tarde, o homem e a sua mulher se esconderam da presença do Senhor Deus, entre as árvores do jardim. E o Senhor Deus chamou o homem e lhe perguntou: —Onde você está?

LUCAS 15:3-6

Então Jesus lhes contou esta parábola:
—Qual de vocês é o homem que, possuindo cem ovelhas e perdendo uma delas, não deixa no deserto as noventa e nove e vai em busca da que se perdeu, até encontrá-la? E, quando a encontra, põe-na sobre os ombros, cheio de alegria. E, indo para casa, reúne os amigos e vizinhos, dizendo-lhes: "Alegrem-se comigo, porque já achei a minha ovelha perdida".

Senhor, com muita frequência, tento me esconder de ti por conta da vergonha do que fiz ou do que deixei de fazer. Agradeço-te por sempre me buscares. Peço-te que me ajudes a conhecer realmente a alegria que Tu sentes em me encontrar e pela minha vida pertencer a ti. Em nome de Jesus. Amém!

DEZEMBRO 10

Deus torna o nosso relacionamento com Ele possível

SALMO 132:7-9

> Entremos na sua morada, adoremos diante do estrado de seus pés. Levanta-te, Senhor, e entra no lugar do teu repouso, tu e a arca do teu poder. Vistam-se de justiça os teus sacerdotes, e exultem os teus fiéis.

ZACARIAS 6:12-13

> E diga-lhe: Assim diz o Senhor dos Exércitos: "Eis aqui o homem cujo nome é Renovo. Ele brotará do seu lugar e edificará o templo do Senhor. Ele mesmo edificará o templo do Senhor e será revestido de glória. Ele se assentará no seu trono, e dominará, e será sacerdote no seu trono; e reinará perfeita união entre ambos os ofícios.

MATEUS 27:50-51

> E Jesus, clamando outra vez em alta voz, entregou o espírito. Eis que o véu do santuário se rasgou em duas partes, de alto a baixo; a terra tremeu e as rochas se partiram.

Mediante a morte e a ressurreição de Jesus Cristo — o grande Sumo Sacerdote —, o relacionamento entre Deus e a humanidade foi restaurado.

DEZEMBRO 11

Nosso Deus nos conhece por inteiro

SALMO 31:14-16

Quanto a mim, confio em ti, Senhor. Eu disse: "Tu és o meu Deus". Nas tuas mãos estão os meus dias; livra-me das mãos dos meus inimigos e dos meus perseguidores. Faze resplandecer o teu rosto sobre o teu servo; salva-me por tua misericórdia.

ÊXODO 33:9-11

Quando Moisés entrava na tenda, descia a coluna de nuvem e punha-se à porta da tenda; e o Senhor falava com Moisés. Todo o povo via a coluna de nuvem que se detinha à porta da tenda; todo o povo se levantava, e cada um, à porta da sua tenda, adorava o Senhor. O Senhor falava com Moisés face a face, como quem fala com o seu amigo. Depois Moisés voltava para o arraial. Porém o moço Josué, seu auxiliar, filho de Num, não se afastava da tenda.

1 CORÍNTIOS 13:12

Porque agora vemos como num espelho, de forma obscura; depois veremos face a face. Agora meu conhecimento é incompleto; depois conhecerei como também sou conhecido.

Como você entende que enxerga a Deus: de maneira obscura ou imprecisa? Peça ao Senhor que se manifeste a você e lhe dê paciência até que você o conheça plenamente.

DEZEMBRO 12

Cristo, nosso irmão

SALMO 22:22-24

A meus irmãos declararei o teu nome; no meio da congregação eu te louvarei. Louvem o Senhor, vocês que o temem; glorifiquem-no, todos vocês, descendência de Jacó; temam-no, todos vocês, posteridade de Israel. Porque não desprezou nem detestou a dor do aflito, nem ocultou dele o seu rosto, mas o ouviu, quando lhe gritou por socorro.

PROVÉRBIOS 18:24

Quem tem muitos amigos pode cair em desgraça; mas há amigo mais chegado que um irmão.

HEBREUS 2:11-12

Pois, tanto o que santifica como os que são santificados, todos vêm de um só. É por isso que Jesus não se envergonha de chamá-los de irmãos, dizendo: "A meus irmãos declararei o teu nome, no meio da congregação eu te louvarei".

Senhor, agradeço-te por nos tornares Tua família em Teu Filho Jesus e por poder chamá-lo de meu irmão. Dou-te graças por estares me tornando santo como Tu és santo. Em nome de Jesus. Amém!

DEZEMBRO 13

O aspecto maternal do nosso Deus

SALMO 131:2-3

Pelo contrário, fiz calar e sossegar a minha alma. Como a criança desmamada se aquieta nos braços de sua mãe, assim é a minha alma dentro de mim. Espere, ó Israel, no Senhor, desde agora e para sempre.

ISAÍAS 66:12-13

Porque assim diz o Senhor: "Eis que estenderei sobre Jerusalém a paz como um rio, e a glória das nações, como uma torrente que transborda; então vocês serão amamentados, carregados nos braços e acalentados no colo. Tal como a mãe consola o filho, assim eu os consolarei; em Jerusalém vocês serão consolados".

LUCAS 13:34

Jerusalém, Jerusalém! Você mata os profetas e apedreja os que lhe são enviados! Quantas vezes eu quis reunir os seus filhos, como a galinha ajunta os do seu próprio ninho debaixo das asas, mas vocês não quiseram!

Deus é um pai carinhoso que provê para você. Assim como uma mãe, Ele o carrega nos braços, conforta e orienta você.

DEZEMBRO 14

Deus, nosso marido

SALMO 42:8

Contudo, o S{senhor}, durante o dia, me concede a sua misericórdia, e de noite está comigo o seu cântico, uma oração ao Deus da minha vida.

OSEIAS 2:16

"Naquele dia", diz o S{senhor}, "ela me chamará de 'Meu Marido', e não me chamará mais de 'Meu Baal'".

APOCALIPSE 21:2-4

Vi também a cidade santa, a nova Jerusalém, que descia do céu, da parte de Deus, preparada como uma noiva enfeitada para o seu noivo. Então ouvi uma voz forte que vinha do trono e dizia:

—Eis o tabernáculo de Deus com os seres humanos. Deus habitará com eles. Eles serão povos de Deus, e Deus mesmo estará com eles e será o Deus deles. E lhes enxugará dos olhos toda lágrima. E já não existirá mais morte, já não haverá luto, nem pranto, nem dor, porque as primeiras coisas passaram.

———

O que significa para você usufruir de um relacionamento amoroso, íntimo e de aliança com Deus? Converse com o Senhor sobre isso e agradeça a Ele por Ele ser o seu Deus.

DEZEMBRO 15

O Senhor está perto

SALMO 34:17-18

Clamam os justos, e o Senhor os escuta e os livra de todas as suas angústias. Perto está o Senhor dos que têm o coração quebrantado; ele salva os de espírito oprimido.

ISAÍAS 41:9-10

Você, a quem eu trouxe dos confins da terra e chamei dos seus cantos mais remotos, e a quem eu disse: 'Você é o meu servo, eu o escolhi e não o rejeitei'; não tema, porque eu estou com você; não fique com medo, porque eu sou o seu Deus. Eu lhe dou forças; sim, eu o ajudo; sim, eu o seguro com a mão direita da minha justiça.

FILIPENSES 4:4-7

Alegrem-se sempre no Senhor; outra vez digo: alegrem-se! Que a moderação de vocês seja conhecida por todos. Perto está o Senhor. Não fiquem preocupados com coisa alguma, mas, em tudo, sejam conhecidos diante de Deus os pedidos de vocês, pela oração e pela súplica, com ações de graças. E a paz de Deus, que excede todo entendimento, guardará o coração e a mente de vocês em Cristo Jesus.

———

Senhor, em toda parte e lugares da criação, Tu estás presente. Agradeço-te por ouvires a minha voz sempre que clamo a ti. Desejo Tua paz, força e alegria junto a mim. Em nome de Jesus. Amém!

DEZEMBRO 16

A gloriosa proximidade de Deus

SALMO 68:32-35

Reinos da terra, cantem a Deus, cantem louvores ao Senhor, àquele que vai montado sobre os céus, os céus da antiguidade; eis que ele faz ouvir a sua voz, voz poderosa. Deem glória a Deus! A sua majestade está sobre Israel, e a sua fortaleza, nos céus. Ó Deus, tu és tremendo no teu santuário! O Deus de Israel, ele dá força e poder ao seu povo. Bendito seja Deus!

ÊXODO 24:9-11

Moisés, Arão, Nadabe, Abiú e setenta dos anciãos de Israel subiram o monte. E viram o Deus de Israel, sob cujos pés havia como que uma pavimentação de pedra de safira, que se parecia com o céu na sua claridade. Deus não estendeu a mão contra os escolhidos dos filhos de Israel; eles viram Deus, comeram e beberam.

APOCALIPSE 4:2-5

Imediatamente eu me achei no Espírito, e eis que havia um trono armado no céu, e alguém estava sentado no trono. E esse que estava sentado era semelhante, no aspecto, à pedra de jaspe e ao sardônio, e ao redor do trono havia um arco-íris semelhante, no aspecto, à esmeralda. Ao redor do trono havia também vinte e quatro tronos, e neles estavam sentados vinte e quatro anciãos, vestidos de branco e com coroas de ouro na cabeça. Do trono saíam relâmpagos, vozes e trovões, e, diante do trono, estavam acesas sete tochas de fogo, que são os sete espíritos de Deus.

Deus se aproxima em Sua transcendente glória para que você possa viver e adorar na presença dele.

DEZEMBRO 17

Deus se aproxima daqueles que se aproximam dele

SALMO 34:15-16

Os olhos do Senhor repousam sobre os justos, e os seus ouvidos estão abertos ao seu clamor. O rosto do Senhor está contra os que praticam o mal, para extirpar da terra a memória deles.

2 CRÔNICAS 15:2-4

...O Senhor está com vocês, enquanto vocês estão com ele. Se o buscarem, ele se deixará achar; mas, se o deixarem, ele também os deixará. Israel esteve por muito tempo sem o verdadeiro Deus, sem sacerdote que o ensinasse e sem Lei. Mas quando, na sua angústia, eles voltaram ao Senhor, Deus de Israel, e o buscaram, foi por eles achado.

TIAGO 4:7-10

Portanto, sujeitem-se a Deus, mas resistam ao diabo, e ele fugirá de vocês. Cheguem perto de Deus, e ele se chegará a vocês. Limpem as mãos, pecadores! E vocês que são indecisos, purifiquem o coração. Reconheçam a sua miséria, lamentem e chorem. Que o riso de vocês se transforme em pranto, e que a alegria de vocês se transforme em tristeza. Humilhem-se diante do Senhor, e ele os exaltará.

O que o leva a se afastar de Deus? Confesse isso ao Senhor e lamente por ter escolhido se distanciar dele. Diga ao Senhor que você deseja se humilhar e purificar seu coração.

DEZEMBRO 18

Deus está perto daqueles a quem Ele perdoa

SALMO 105:2-4

> Cantem a Deus, cantem louvores a ele; falem de todas as suas maravilhas. Gloriem-se no seu santo nome; alegre-se o coração dos que buscam o Senhor. Busquem o Senhor e o seu poder; busquem continuamente a sua presença.

ISAÍAS 50:8-9

> Perto está o que me justifica. Quem ousará entrar em litígio comigo? Compareçamos juntos diante do juiz! Quem é o meu adversário? Que se aproxime de mim! Eis que o Senhor Deus me ajuda. Quem poderá me condenar? Eis que todos eles envelhecerão como a roupa; a traça os comerá.

ATOS 2:38-39

> Pedro respondeu:
> —Arrependam-se, e cada um de vocês seja batizado em nome de Jesus Cristo para remissão dos seus pecados, e vocês receberão o dom do Espírito Santo. Porque a promessa é para vocês e para os seus filhos, e para todos os que ainda estão longe, isto é, para todos aqueles que o Senhor, nosso Deus, chamar.

Senhor, graças te dou por me perdoares. Quando eu estava afastado de ti, Tu me chamaste em Teu amor e te aproximaste de mim. Tua força e fiel promessa me trazem enorme alegria. Em nome de Jesus. Amém!

DEZEMBRO 19

Deus está perto do Seu povo escolhido

SALMO 84:8-10

Senhor, Deus dos Exércitos, escuta a minha oração; ouve-me, ó Deus de Jacó! Olha, ó Deus, escudo nosso, e contempla o rosto do teu ungido. Pois um dia nos teus átrios vale mais que mil; prefiro estar à porta da casa do meu Deus a permanecer nas tendas da perversidade.

DEUTERONÔMIO 31:7-8

Moisés chamou Josué e lhe disse na presença de todo o Israel:
—Seja forte e corajoso, porque, com este povo, você entrará na terra que o Senhor, sob juramento, prometeu dar a seus pais; e você os fará herdá-la. O Senhor é quem irá à sua frente. Ele estará com você, não o deixará, nem o abandonará. Não tenha medo, nem fique assustado.

JOÃO 14:18-20

Não deixarei que fiquem órfãos; voltarei para junto de vocês. Mais um pouco e o mundo não me verá mais; vocês, no entanto, me verão. Porque eu vivo, vocês também viverão. Naquele dia vocês saberão que eu estou em meu Pai, que vocês estão em mim e que eu estou em vocês.

Deus jamais abandona nem despreza o Seu povo. Você está no Senhor, e Ele está em você.

DEZEMBRO 20

Deus está próximo a todas as pessoas

SALMO 65:2-3

Ó tu que escutas a oração, a ti virão todas as pessoas, por causa de suas iniquidades. Se prevalecem as nossas transgressões, tu as perdoas.

ISAÍAS 52:9-10

Gritem de alegria e juntas exultem, ó ruínas de Jerusalém, porque o Senhor consolou o seu povo; ele remiu Jerusalém. O Senhor desnudou o seu santo braço à vista de todas as nações, e todos os confins da terra verão a salvação do nosso Deus.

JOÃO 12:30-33

Então Jesus explicou:
—Não foi por minha causa que veio esta voz, e sim por causa de vocês. Chegou o momento de este mundo ser julgado, e agora o seu príncipe será expulso. E eu, quando for levantado da terra, atrairei todos a mim. Ele dizia isto, significando com que tipo de morte estava para morrer.

Em que momento ou ocasião você viu Deus próximo àqueles que ainda não o conhecem? Agradeça ao Senhor por estar tornando a salvação dele conhecida até os confins da Terra e peça a Ele que dê a você o amor dele pelos outros.

DEZEMBRO 21
Deus habita entre nós

SALMO 91:1-2,4

Aquele que habita no esconderijo do Altíssimo e descansa à sombra do Onipotente diz ao Senhor: "Tu és o meu refúgio e a minha fortaleza, o meu Deus, em quem confio". [...]
Ele o cobrirá com as suas penas, e, sob as suas asas, você estará seguro; a sua verdade é proteção e escudo.

EZEQUIEL 48:34-35

...do lado oeste, dois mil duzentos e cinquenta metros e os seus três portões: o portão de Gade, o de Aser e o de Naftali. O contorno será de nove quilômetros. E o nome da cidade desde aquele dia será: "O Senhor Está Ali".

APOCALIPSE 22:3-5

Nunca mais haverá qualquer maldição. Nela estará o trono de Deus e do Cordeiro. Os seus servos o adorarão, contemplarão a sua face, e na sua testa terão gravado o nome dele. Então já não haverá noite, e não precisarão de luz de lamparina, nem da luz do sol, porque o Senhor Deus brilhará sobre eles, e reinarão para todo o sempre.

Senhor, Tu habitas comigo para que eu possa descansar sob Tuas asas e viver para sempre em Tua luz. Ensina-me a viver cada dia com a convicção de que Tu estás perto. Em nome de Jesus. Amém!

DEZEMBRO 22

Deus se tornou homem

SALMO 46:11

O Senhor dos Exércitos está conosco; o Deus de Jacó é o nosso refúgio.

ISAÍAS 9:1-2

Mas para a terra que estava aflita não continuará a escuridão. Deus, nos primeiros tempos, tornou desprezível a terra de Zebulom e a terra de Naftali, mas, nos últimos tempos, tornará glorioso o caminho do mar, além do Jordão, Galileia dos gentios. O povo que andava em trevas viu grande luz, e aos que viviam na região da sombra da morte resplandeceu-lhes a luz.

MATEUS 1:20-23

Enquanto ele refletia sobre isso, eis que lhe apareceu em sonho um anjo do Senhor, dizendo:

—José, filho de Davi, não tenha medo de receber Maria como esposa, porque o que nela foi gerado é do Espírito Santo. Ela dará à luz um filho e você porá nele o nome de Jesus, porque ele salvará o seu povo dos pecados deles. Ora, tudo isto aconteceu para se cumprir o que foi dito pelo Senhor por meio do profeta: "Eis que a virgem conceberá e dará à luz um filho, e ele será chamado pelo nome de Emanuel". ("Emanuel" significa: "Deus conosco".)

Em Seu amor por tudo que criou, Deus se tornou humano a fim de salvar a humanidade dos pecados dela.

DEZEMBRO 23

Jesus, o Homem-Deus

SALMO 40:6-8

Sacrifícios e ofertas não quiseste; abriste os meus ouvidos; holocaustos e ofertas pelo pecado não requeres. Então eu disse: "Eis aqui estou, no rolo do livro está escrito a meu respeito; agrada-me fazer a tua vontade, ó Deus meu; a tua lei está dentro do meu coração".*

GÊNESIS 3:14-15

Então o Senhor Deus disse à serpente:
—Por causa do que você fez, você é maldita entre todos os animais domésticos e entre todos os animais selvagens. Você rastejará sobre o seu ventre e comerá pó todos os dias da sua vida. Porei inimizade entre você e a mulher, entre a sua descendência e o descendente dela. Este lhe ferirá a cabeça, e você lhe ferirá o calcanhar.

HEBREUS 2:14-15

Visto, pois, que os filhos têm participação comum de carne e sangue, também Jesus, igualmente, participou dessas coisas, para que, por sua morte, destruísse aquele que tem o poder da morte, a saber, o diabo, e livrasse todos os que, pelo pavor da morte, estavam sujeitos à escravidão por toda a vida.

O temor da morte tem aprisionado você? Compartilhe seus medos com Jesus e agradeça a Ele, pois, como Deus e homem, Ele foi capaz de quebrar o poder da morte sobre a humanidade.

---

* Muitas profecias do Antigo Testamento tiveram seu cumprimento na vida e no ministério de Jesus. O próprio Cristo chamou atenção para esse fato, em Lucas 4:14-21.

DEZEMBRO 24

Jesus, nosso firme alicerce

SALMO 118:21-23

Graças te dou porque me escutaste e foste a minha salvação. A pedra que os construtores rejeitaram, essa veio a ser a pedra angular. Isto procede do Senhor e é maravilhoso aos nossos olhos.

ISAÍAS 28:16-17

Portanto, assim diz o Senhor Deus: "Eis que ponho em Sião uma pedra, pedra já provada, pedra preciosa, angular, solidamente assentada; aquele que crer não foge. Farei do juízo a régua e da justiça, o prumo". O granizo varrerá o refúgio da mentira, e as águas arrastarão o esconderijo.

MATEUS 21:42-44

Então Jesus perguntou:
—Vocês nunca leram nas Escrituras: "A pedra que os construtores rejeitaram, essa veio a ser a pedra angular. Isto procede do Senhor e é maravilhoso aos nossos olhos"?
—Portanto, eu lhes digo que o Reino de Deus será tirado de vocês e entregue a um povo que lhe produza os respectivos frutos. Todo o que cair sobre esta pedra ficará em pedaços; e aquele sobre quem ela cair ficará reduzido a pó.

Senhor, graças te dou por estabeleceres o Teu reino de justiça mediante a vida, a morte e a ressurreição de Jesus. Peço-te que produzas o fruto do Teu reino em mim. Em nome de Jesus. Amém!

DEZEMBRO 25

Jesus, o Filho de Davi

SALMO 72:1-2

Concede ao rei, ó Deus, os teus juízos e a tua justiça, ao filho do rei. Que ele julgue o teu povo com justiça e os teus aflitos, com retidão.

2 SAMUEL 7:15-17

"Mas a minha misericórdia não se afastará dele, como a retirei de Saul, a quem tirei de diante de você. Quanto a você, a sua casa e o seu reino serão firmados para sempre diante de mim; o seu trono será estabelecido para sempre." Segundo todas estas palavras e conforme toda esta visão, assim Natã falou com Davi.

LUCAS 1:30-33

Mas o anjo lhe disse:
—Não tenha medo, Maria; porque você foi abençoada por Deus. Você ficará grávida e dará à luz um filho, a quem chamará pelo nome de Jesus. Este será grande e será chamado Filho do Altíssimo. Deus, o Senhor, lhe dará o trono de Davi, seu pai. Ele reinará para sempre sobre a casa de Jacó, e o seu reinado não terá fim.

Jesus nasceu na linhagem real de Davi para estabelecer o Seu reino na Terra e cumprir a promessa de Deus de que traria Suas bênçãos sobre todas as nações por meio do povo de Israel.

DEZEMBRO 26

Jesus, nossa cura

SALMO 30:1-3

Eu te exaltarei, Senhor, porque tu me livraste e não permitiste que os meus inimigos se alegrassem contra mim. Senhor, meu Deus, clamei a ti por socorro, e tu me curaste. Senhor, da sepultura fizeste subir a minha alma; preservaste-me a vida para que não descesse ao abismo.

NÚMEROS 21:8-9

O Senhor disse a Moisés:
—Faça uma serpente e coloque-a sobre uma haste. Quem for mordido e olhar para ela viverá.
Moisés fez uma serpente de bronze e a pôs sobre uma haste. Quando alguém era mordido por alguma cobra, se olhava para a serpente de bronze, ficava curado.

JOÃO 3:13-15

Ora, ninguém subiu ao céu, a não ser aquele que de lá desceu, o Filho do Homem.
—E assim como Moisés levantou a serpente no deserto, assim também é necessário que o Filho do Homem seja levantado, para que todo o que nele crê tenha a vida eterna.

De que maneira você experimentou a cura proveniente de Jesus — relacional, emocional ou física — em sua vida? Louve o Senhor visto que Ele veio para trazer a vida eterna a todos aqueles que se voltam e olham para Ele.

DEZEMBRO 27

Jesus, o Homem-Deus que morreu pela humanidade

SALMO 22:14-15

> Derramei-me como água, e todos os meus ossos se desconjuntaram; meu coração fez-se como cera, derreteu-se dentro de mim. Secou-se o meu vigor, como um caco de barro, e a língua se me apega ao céu da boca; assim, me deitas no pó da morte.

ISAÍAS 53:9,12

> Designaram-lhe a sepultura com os ímpios, mas com o rico esteve na sua morte, embora não tivesse feito injustiça, e nenhum engano fosse encontrado em sua boca. [...]
> Por isso, eu lhe darei a sua parte com os grandes, e com os poderosos ele repartirá o despojo, pois derramou a sua alma na morte e foi contado com os transgressores. Contudo, levou sobre si o pecado de muitos e pelos transgressores intercedeu.

ROMANOS 8:3-4

> Porque aquilo que a lei não podia fazer, por causa da fraqueza da carne, isso Deus fez, enviando o seu próprio Filho em semelhança de carne pecaminosa e no que diz respeito ao pecado. E assim Deus condenou o pecado na carne, a fim de que a exigência da lei se cumprisse em nós, que não vivemos segundo a carne, mas segundo o Espírito.

Senhor, Tu te tornaste humano e derramaste Tua vida até a morte a fim de carregar meus pecados em Teu corpo. Agradeço-te por me amares tanto e me concederes o Teu Espírito. Em nome de Jesus. Amém!

DEZEMBRO 28

Jesus, o Homem-Deus que traz nova vida

SALMO 111:9

Enviou ao seu povo a redenção; estabeleceu para sempre a sua aliança; santo e tremendo é o seu nome.

JÓ 14:14-16

Quando alguém morre, será que volta a viver? Todos os dias da minha luta esperaria, até que viesse a minha mudança. Tu me chamarias, e eu te responderia; terias saudades da obra das tuas mãos; e até contarias os meus passos e não levarias em conta os meus pecados.

ROMANOS 5:18-19

Portanto, assim como, por uma só ofensa, veio o juízo sobre todos os seres humanos para condenação, assim também, por um só ato de justiça, veio a graça sobre todos para a justificação que dá vida. Porque, como, pela desobediência de um só homem, muitos se tornaram pecadores, assim também, por meio da obediência de um só, muitos se tornarão justos.

~~~

Jesus viveu, morreu e ressuscitou para nos dar nova vida, para quitar legalmente os nossos pecados e reparar o nosso relacionamento com Ele e com os outros.

DEZEMBRO 29

As maravilhas do amor de Deus

SALMO 17:6-8

Eu te invoco, ó Deus, pois tu me respondes; inclina os ouvidos para mim e ouve as minhas palavras. Mostra as maravilhas da tua bondade, ó Salvador daqueles que à tua direita se refugiam dos seus adversários. Guarda-me como a menina dos olhos; esconde-me à sombra das tuas asas.

ISAÍAS 65:1-2

"Fui buscado pelos que não perguntavam por mim; fui achado por aqueles que não me buscavam. A um povo que não se chamava pelo meu nome, eu disse: 'Eis-me aqui! Eis-me aqui!'. Todo o dia estendi as mãos a um povo rebelde, que anda por um caminho que não é bom, seguindo os seus próprios pensamentos.

1 JOÃO 4:16-18

E nós conhecemos o amor e cremos neste amor que Deus tem por nós. Deus é amor, e aquele que permanece no amor permanece em Deus, e Deus permanece nele. Nisto o amor é aperfeiçoado em nós, para que, no Dia do Juízo, mantenhamos confiança; pois, assim como ele é, também nós somos neste mundo. No amor não existe medo; pelo contrário, o perfeito amor lança fora o medo. Porque o medo envolve castigo, e quem teme não é aperfeiçoado no amor.

Em que ou lugar você obstinadamente ignorou a presença e o amor de Deus? Converse com o Senhor sobre isso e agradeça a Ele por se revelar mesmo quando você não o busca. Peça a Ele para ajudar você a viver no amor dele.

DEZEMBRO 30

Nada nos separa do amor de Deus

SALMO 44:22-23

Mas, por amor de ti, somos entregues à morte continuamente, somos considerados como ovelhas para o matadouro. Desperta! Por que dormes, Senhor? Desperta! Não nos rejeites para sempre!

ISAÍAS 43:4-6

"Visto que você é precioso aos meus olhos e digno de honra, e porque eu o amo, darei homens por você e povos em troca de sua vida. Não tenha medo, porque eu estarei com você. Trarei a sua descendência desde o Oriente e a ajuntarei desde o Ocidente. Direi ao Norte: 'Entregue!'. E ao Sul: 'Não os impeça de sair!'. Tragam os meus filhos de longe e as minhas filhas dos confins da terra".

ROMANOS 8:35-37

Quem nos separará do amor de Cristo? Será a tribulação, ou a angústia, ou a perseguição, ou a fome, ou a nudez, ou o perigo ou a espada? Como está escrito: "Por amor de ti, somos entregues à morte continuamente; fomos considerados como ovelhas para o matadouro". Em todas estas coisas, porém, somos mais que vencedores, por meio daquele que nos amou.

Senhor, graças te dou porque nada, em toda a criação, pode me separar do Teu amor. Por causa de Cristo Tu estás sempre atento a mim e me tornas precioso aos Teus olhos. Em nome de Jesus. Amém!

DEZEMBRO 31

O amor de Deus nos torna nova criatura

SALMO 96:1-3

Cantem ao Senhor um cântico novo, cantem ao Senhor, todas as terras. Cantem ao Senhor, bendigam o seu nome; proclamem a sua salvação, dia após dia. Anunciem entre as nações a sua glória, entre todos os povos, as suas maravilhas.

ISAÍAS 65:17-18

Pois eis que eu crio novos céus e nova terra; e não haverá lembrança das coisas passadas, jamais haverá memória delas. Exultem e alegrem-se para sempre no que eu crio; porque eis que crio para Jerusalém alegria e para o seu povo, exultação.

2 CORÍNTIOS 5:17-19

E, assim, se alguém está em Cristo, é nova criatura; as coisas antigas já passaram; eis que se fizeram novas. Ora, tudo isso provém de Deus, que nos reconciliou consigo mesmo por meio de Cristo e nos deu o ministério da reconciliação, a saber, que Deus estava em Cristo reconciliando consigo o mundo, não levando em conta os pecados dos seres humanos e nos confiando a palavra da reconciliação.

Deus está fazendo uma nova criação, reconciliando consigo mesmo o mundo por meio do Seu amor em Cristo.

Se você gostou desta leitura, compartilhe com outros!

- Presenteie alguém com um exemplar deste livro.
- Mencione-o em suas redes sociais.
- Escreva uma avaliação sobre ele em nosso site ou no site da loja onde você o adquiriu.
- Recomende este livro para a sua igreja, clube do livro ou para seus amigos.

Ministérios Pão Diário valoriza as opiniões e perspectivas de nossos leitores. Seu *feedback* é muito importante para aprimorarmos a experiência de leitura que nossos produtos proporcionam a você.

Conecte-se conosco:

Instagram: paodiariooficial
YouTube: @paodiariobrasil
Facebook: paodiariooficial
Site: www.paodiario.org

Ministérios Pão Diário
Caixa Postal 9740
82620-981 Curitiba/PR

Tel.: (41) 3257-4028
WhatsApp: (41) 99812-0007
E-mail: vendas@paodiario.org

Escaneie o QR Code e conheça todos os outros materiais disponíveis em nosso site:

publicacoespaodiario.com.br